강간은 강간이다

KB142497

강간은 강간이다

조디 래피얼 지음 | 최다인 옮김

글항아리

\
TK 로건에게

내가 주장하는 바는 단지 이 세상에 역병과 희생자가 존재하며, 우리는 힘닿는 한 역병과 힘을 합치지 않으려 애써야 한다는 점입니다.

_알베르 카뮈, 『페스트』

"성교에 동의했으나 남성이 콘돔 사용을 거부한다는 이유로 여성이 마음을 바꾸었을 때 남성이 여성을 잡아 누르고 삽입 섹스를 시도한다면, 그는 강간범이다." 위키리크스 창립자 줄리언 어산지의 강간 혐의와 관련해 페미니스트 나오미 울프는 위 명제를 공개적으로 부정했다. 또 잠든 여성에게 삽입 섹스를 하는 것도 강간이 아니라고 보았다. 나중에 울프는 여기서 더 나아가 강간당했다고 신고한 사람의 이름을 비공개로 하는 것은 옳지 않다는 주장을 폈다. 그런 조치는 허위 신고를 조장하며, 여성이 성숙하게 자신의 진술을 떳떳이 책임지는 '도덕적 성인'으로 취급받아야 한다는 것이 주장의 근거였다. 그러나 어산지를 고소한 두 여성의 이름이 밝혀졌을 때, 이들은 살해 협박을 받았는가 하면 다양한 형태의 모욕을 겪었다. 이것이 현재 고소인의 이름이 공개되지 않는 이유다.

2011년 미국 하원 지도부는 '임신중절에 대한 세금 지원 금지법'으로 알려진 H.R.3 법안을 상정했다. 이 법안은 폭력을 수반하지 않은 강간에 따른 임신중절에는 연방 기금을 지원할 수 없다는 내용을 담고 있었다. 이 단서 조항은 미국 내에서 임신중절을 더 제한하려는 목적으로 기재되었으나, 나중에 법안에서 삭제되었으며 '진짜' 강간은 항상 폭력을 수반하며 약에 취했거나 의식이 없는 사람에게 삽입 행위를 하는 것은 강간이 아니라는 인식을 굳히는 결과를 가져왔다.

2010년 영국 연립정부는 허위 강간 신고가 많다는 의견에 대응해 강간 재판에서 피고의 이름까지 익명 처리하는 방안을 검토했지만, 광범위한 반대에 부딪혀 폐기했다. 이후 영국 법무부 장관은 지인에 의한 면식 강간이 '진짜 강간'에 비해 심각성이 떨어진다는 견해를 내비쳤다.

국제통화기금IMF 총재이자 프랑스 대통령 후보였으나 2011년 강간죄로 기소된 도미니크 스트로스칸을 옹호하는 이들은 호텔방에서 스트로스칸에게 폭행당했다고 진술한 청소 담당 직원의 진실성과 신뢰성을 가차 없이 공격했다. 이들은 그녀가 스스로, 혹은 스트로스칸에 대항하는 정적들의 사주로 사건과 관련해 거짓말을 하고 있다고 주장했다.

2012년에도 논란은 계속되었다. 미주리 주 공화당 대표이자 당시 미 상원의원 후보였던 토드 아킨은 강간에 의한 임신일지라도 임신중절은 옳지 않다는 의견을 밝히며 "진정한 강간"이 일어나면 여성의 몸이 원치 않는 임신을 막게 되어 있다고 말했다. 이

논리에 따르면 강간에 의한 임신으로 임신중절을 원하는 여성은 강간당했다고 거짓말하는 꼴이 된다. 인디애나 주 재무관이자 상원의원에 출마 중이던 리처드 머독은 강간에 의한 임신중절도 예외로 취급해서는 안 된다고 주장하며 강간의 끔찍함을 경시하는 발언을 했다. "강간이라는 끔찍한 상황에서도 생명이 잉태됐다면 그것은 하느님이 그렇게 의도하셨기 때문입니다."

일이 어떻게 되어가는 것일까? 면식 강간 신고 건수가 점점 더 늘어나고 검찰, 판사, 배심원이 면식 강간 사건을 심각하게 받아들일수록, 여성들이 강간당했다고 거짓으로 주장한다며 떠드는 사람도 늘고 있다. 이들은 또 고소인이 거짓말한 게 아니라면 술을 마시거나 성적으로 문란하게 군 데도 책임이 있으므로, 원치 않는 삽입 섹스가 일어났더라도 심각하거나 해롭다고 볼 수 없다고 말하기도 한다.

아이러니하게도 이러한 불협화음이 크고 격렬해진 시기는 강간 연구자들이 정부 지원을 받아 시행한 연구에서 미국의 면식 강간 문제가 상당히 심각한 상태라는 사실이 명백히 밝혀진 때와 거의 일치한다. 미 질병관리본부CDC의 최근 연구에 따르면 18세 이상 미국 여성의 12.3퍼센트, 즉 1400만 명이 넘는 여성이 평생 한 번 이상 강제로 삽입 섹스를 당한 적이 있다고 진술했다. 이 가운데 62만 명은 최근 12개월 안에 그런 일을 겪었다고 답했다. 하지만 이런 정보는 언론과 일반 대중에게 널리 알려져 있지 않다.

이와 동시에 강간 사건 기소 건수는 오히려 줄어들었다. 연구에 따르면 1975년 이래 미국 내 강간 신고 건수는 증가세였지만, 1990년대 이후로는 신고 건수가 증가해왔다는 주장과 달리 비슷한 수준을 유지하고 있다. 하지만 경찰에 신고된 강간 건수 대 실제 기소된 피고인 수의 비율은 1971년부터 2006년 사이 절반으로 뚝 떨어졌다. 이런 감소세는 검찰이 막무가내로 강간 혐의자를 기소한다는 주장을 정면으로 반박한다. 이 같은 사건에서 피고와 원고가 아는 사이인 경우가 80퍼센트를 훌쩍 넘는다는 사실은 이미 잘 알려져 있다. 강간 기소 건수가 줄어드는 것은 허위 강간 신고가 많다는 대중의 믿음이 점점 강화되는 까닭일까? 아니면 성적으로 개방되있다는 우리 사회가 피해자를 비난하는 데 특출한 재능을 보이기 때문일까?

어산지와 스트로스칸 사례에서 강간을 신고한 여성들에 대한 공격은 징벌적 의미를 띠었다. 이는 다른 사람들까지 부적절한 보복성 논평을 내놓도록 부채질했다. 2007년 커샌드라 허낸데즈 사건은 이런 종류의 역전을 잘 보여주는 예다. 미 공군 소속이던 19세 여성 허낸데즈는 파티에서 동료 공군 셋이 자신을 집단 강간했다고 신고했다. 가혹한 심문을 받은 뒤 허낸데즈는 세 남성에 대해 반대 증언을 하지 않기로 했다. 텍사스 주지사 릭 페리에게 보낸 편지에서 그녀는 "법률 자문단에게 상담을 받은 뒤 엄청난 스트레스를 받아" 고소를 포기하겠다고 밝혔다. "재판과정을 거치며 받을 압력을 견디기 어려울 것 같다"고도 적었다.

강간 사건이 흐지부지된 후 공군은 허낸데즈 본인을 미성년자 음주와 '풍기문란'으로 군사 법정에 세우기로 했다. 징역 1년에 불명예제대 처분까지 받을 수 있는 죄목이었다. 고발 내용은 그녀가 두 남성이 지켜보는 가운데 나머지 한 남성에게 음란한 행위를 했다는 것이었다. 나아가 공군 당국은 세 남성을 불러 허낸데즈에게 불리한 증언을 하면 강간 기소에 있어 면책권을 주겠다고 제안했다.[1] 몇몇 언론인은 미성년 여성과 성인 남성 셋이 관련된 사건에서 공군 측이 나이 어린 여성을 가해자로 지목했다는 점을 이해할 수 없다고 논평했다.[2] 이러한 범주화는 사건의 책임이 허낸데즈에게 있다고 못 박는 처사였다. 제시카 밸런티가 자신의 책 『순결의 신화』에서 지적한 대로 "그녀는 자신이 당한 강간으로 기소되었다."[3]

사실 이런 최근 사례는 사람들이 성적 자유를 누리기 시작한 이래 오랫동안 지속된 면식 강간 관련 논쟁의 일부에 불과하다. 페미니즘에 반대하는 이들, 심지어는 일부 페미니스트조차 면식 강간의 높은 출현율을 부정해왔다. 어떤 페미니스트들은 면식 강간 문제가 여성이 성적 자유를 획득하는 데 있어 장애가 될까 두려워하며, 이런 염려 탓에 면식 강간의 빈도와 폐해를 축소하려고 애쓴다. 한편, 보수주의자들은 강간이 만연한 상황을 저지하려는 페미니스트들의 노력을 남성과 핵가족에 대한 공격으로 인식한다. 이들은 면식 강간을 여성이 자초하는 성적 위험에 대한 대가라고 생각하며, 여성이 입은 피해를 여성 자신의 책임으로 돌린다.

면식 강간을 부정하는 이들은 두 가지 기본 전략을 활용한다.

첫째, 이들은 강간 출현율이 높게 나오는 이유가 단순히 '나쁜 섹스'까지 강간에 포함되기 때문이라며 통계를 비웃는다. 둘째, 많게는 전체 강간 신고의 50퍼센트가 의도적 허위 신고라고 단언한다. (이에 대한 근거로 강간 부정론자들은 2006년 듀크대학교 라크로스팀 사건에서 여러 선수에게 강간을 당했다는 여성의 주장과 DNA 검사 결과가 일치하지 않았던 사례를 든다.)

이 두 가지 방식에는 미디어와 대중을 현혹해 강간 피해 옹호자들이 증거에 기반을 두고 하는 주장을 믿지 못하게 하려는 의도가 숨어 있다. 25년 넘게 이어진 페미니스트 집단 간, 페미니스트와 보수파 여성 사이의 싸움 또한 확실히 면식 강간의 근절이라는 필수 과업에 마땅히 기울여야 할 관심을 분산시키는 원인이되었다.

이 책에서는 강간 부정론자들이 사용하는 전술과 그들이 이루려는 목표를 분석하고자 한다. 더불어 미국 내에서 면식 강간이 이토록 논란거리가 되는 이유를 더 자세히 이해하기 위해 그들의 주장이 어떤 타당성을 갖추었는지도 검토할 것이다. 면식 강간 출현율에 관한 공신력 있는 사회과학 연구 사례를 살펴보고, 계속되는 논쟁에서 왜 이러한 데이터가 인용되지 않는지 의문을 제기할 것이다. 또, 강간을 당했다고 신고한 이들과 강간 혐의를 받은 자들에 대하여 25년간 이어져온 논쟁이 오늘날 어떤 결과를 불러왔는지도 알아본다.

『강간은 강간이다』는 강간 부정론자들이 면식 강간을 공격하는 전술을 평가하고 강간 신고에 관한 부정확한 통계를 분석하는 동시에 부정론자들이 단 한 가지의 면식 강간 시나리오, 즉 알코올이 판단을 흐리고 사교적 상황을 복잡하게 하는 경우에만 집중하는 이유와 방식을 따져본다. 논의를 진행하며 중간중간 몇몇 젊은 여성이 용기 있게 고백한 실제 면식 강간의 사례도 살펴볼 것이다.[4] 이 책의 목표는 면식 강간 시나리오란 한 가지가 아니라 무수하며, 그러므로 다양한 사교적 맥락에서 여러 연령대의 여성이 강간당하는 상황을 모두 아우르는 대응이 필요함을 널리 알리는 것이다. 오늘날 우리는 어떻게든 강간을 축소하고 부정하려는 이들이 제시하는 왜곡된 개념이 아닌 실제 피해 여성들의 이야기에 귀를 기울여야 한다.

일러두기
· 원서에서 이탤릭으로 강조된 곳은 고딕으로 표시했다.

차례

도미니크 스트로스칸의 기소

2011년 5월 14일 맨해튼에 있는 고급 호텔 소피텔 뉴욕의 객실 청소 담당인 나피사투 디알로는 당시 국제통화기금 총재이자 프랑스 대통령 후보로 거론되던 도미니크 스트로스칸에 의해 성폭행을 당했다고 경비원에게 신고했다.[1] 이후 디알로가 뉴욕 경찰에 진술한 내용은 단순하고 간단했다. 그녀의 말에 따르면 방에 아무도 없다고 생각한 디알로는 방을 정리하러 스위트룸에 들어갔다가 벌거벗은 채 침실에서 나오던 스트로스칸과 맞닥뜨렸다. 스트로스칸은 객실 문을 닫더니 그녀를 침실로 끌고 가 침대 위로 밀친 다음 그녀의 입에 강제로 자신의 성기를 밀어넣으려 했고, 그러느라 디알로의 다문 입술에 그의 성기가 부딪혔다. 곧이어 스트로스칸은 디알로를 스위트룸 안의 좁은 복도로 밀쳐 쓰러뜨렸다. 그는 디알로의 유니폼을 걷어 올리고 스타킹을 일부 말아 내린 다음 팬티 안에 손을 집어넣어 그녀의 외음부를 강하게 움켜쥐었다. 그러고는 그녀를 꿇어앉힌 뒤 성기를 그녀의 입에 강제로 집어넣고 머리를 붙들고 있다가 사정했다. 해당 성행위는 객실 내부의 복도 끝에 위치한 욕실 근처에서 일어났다. 디알로는 스위트룸 내부 복도에 정액을 뱉어냈고, 방에서 빠져나오면서도 계속 뱉었다고 증언했다.

디알로의 진술은 사건이 매우 짧은 시간 안에 일어났음을 시사한다. 추가 조사 결과 디알로가 스트로스칸의 방문을 카드키로 연 시각은 낮 12시 6분이었던 것으로 드러났다. 스트로스칸이 나중에 함께 점심을 먹은 딸과 통화한 시각은 낮 12시 13분이었다. 그러므로 사건이 진행된 시간은 7~9분에 불과하다.

경찰은 존 F. 케네디 국제공항에서 유럽으로 출발 예정이던 에어 프랑스 항공기에 탑승한 스트로스칸을 찾아내 비행기에서 내리도록 한 후 구금 조치했다. 이후 용의자 식별 절차에서 디알로는 스트로스칸을 지목했다. 1차 DNA 테스트 결과 디알로의 옷에 묻은 얼룩 몇 군데서 스트로스칸의 정액이 검출되었고, 팬티 스타킹과 팬티 허리 밴드 안팎에서도 그의 DNA가 나왔다. 하지만 DNA는 결정적 증거가 되지 못했다. 스트로스칸이 성행위는 있었으나 합의하에 이루어졌다고 주장했기 때문이다. 디알로를 검사한 의료진은 눈에 띄는 외상은 없었으나 음부가 '붉어진' 것을 확인했다고 밝혔다. 사건의 결과일 수도 있으나 다른 원인으로 인한 것일 수도 있는 증상이었다.

법정에 등장한 스트로스칸은 보석 없이 구금되어 대배심 심사(배심원들이 피의자의 구속 및 기소 여부를 결정하는 심사―옮긴이)

를 기다리는 중이었다. 5월 19일 맨해튼 대배심은 두 건의 1급 성범죄를 포함한 일곱 가지 혐의에 대해 스트로스칸을 기소하기로 결정했다. 이후 스트로스칸은 현금 100만 달러, 채권 500만 달러의 보석금을 내고 전자발찌를 착용한 채 자택에 24시간 연금되었다.

이 사건은 순식간에 온갖 매체에서 화제의 중심이 되었다. 한 프랑스 언론 분석가는 첫 사건 보도 후 10일간 이 스캔들이 전 세계 15만 종 이상의 신문에서 1면을 장식했다고 발표했다.[2]

뒤이어 한 젊은 프랑스 기자가 나서서 2002년 인터뷰 도중 스트로스칸에게 강간당할 뻔했으나 어머니의 만류로 형사 고소를 포기했으며, 곧 경찰 당국과 접촉할 생각이라고 밝혔다.[3]

라일리

라일리는 대학에서 일하는 내 동료 리처드의 친척이다.[4] 리처드는 강간에 관한 내 강연을 듣고 나를 찾아와 라일리가 겪은 일을 들려주었다. 그리고 다음번에 라일리가 휴가차 시카고에 오면 이야기를 나눠보지 않겠느냐고 물었다. 얼마나 많은 여성이 강간이라는 주제를 입에 올리기 껄끄러워하는지 잘 아는 나는 직접 그녀의 이야기를 듣고 면식 강간에 관해 더 자세히 알아볼 기회를 놓칠 수 없었다.

라일리의 사례에서 데이트 상대인 루크는 그녀의 커다란 약점을 부당하게 이용했다(강간범들은 흔히 희생자를 고를 때 약점을 먼저 찾는다고 알려져 있다). 라일리는 치명적 유전질환인 낭포성 섬유증을 앓았다. 폐와 기관, 부비강에 쌓인 점액이 기도를 막고 박테리아가 성장하기 쉬운 환경을 조성하는 병이다. 낭포성 섬유증에 걸린 사람은 매년 폐 기능이 평균 2퍼센트씩 감퇴해 수명이 급

격히 단축된다. 소화 능력도 크게 떨어져 음식을 스스로 분해할 수 없게 되어 흡수 장애와 영양실조에 시달린다. 이런 상태는 췌장기능부전과 당뇨로 이어질 수도 있다. 비타민 D가 모자라 뼈가 약해지기도 한다.

루크를 만났을 때 라일리의 건강은 점점 더 위태로워지고 있었다. 라일리는 사건 몇 달 전 시작한 치료과정을 다음과 같이 묘사했다.

기침할 때 피가 나오고 숨쉬기가 힘들어지자 의사들은 내가 평생 따라야 하고 지금껏 지키고 있는 엄격한 처방을 내렸어요. 우선 매일 먹는 항생제가 늘어났죠. 매일 두 번 30분 동안 들이마셔야 하는 흡입형 항생제도 처방받았어요. 이 약은 네뷸라이저라는 기계를 써서 흡입해야 하고, 그러고 나면 들이마시는 부분에 박테리아나 곰팡이가 생기지 않게 본체와 부품을 꼼꼼히 닦아야 하죠. 흉벽 진동 조끼도 착용했어요. 말 그대로 입으면 가슴 부위에 진동을 주어 점액을 뱉어내게 해주는 조끼예요. 이 요법도 항생제 흡입과 마찬가지로 매일 아침저녁 20분씩 반복해야 해요. 종일 여러 종류의 항생제를 먹고 흡입기도 틈틈이 쓰고 있어요. 부비강 염증을 완화하려면 코 세척도 수시로 해야 하죠. 하루 두 번 콧구멍마다 식염수를 한 컵씩 부어야 해요. 밤에는 몇 가지 소화제를 같이 복용해요. 낭포성 섬유증이 소화 기능을 방해해서 내 힘으로는 음식을 소화할 수 없거든요. 더 많은 점액을 뱉어내고 폐를 가능한 한 깨끗하게 유지하려면 매일 꾸준히 운동도 해야 해요.

라일리가 루크를 알게 된 건 자신의 어머니를 통해서였다. 대학에서 근무하던 어머니는 캠퍼스에서 루크를 만났다. 루크는 자신이 캘리포니아에서 이사한 지 얼마 되지 않았으며, 만나는 여자마다 술이나 한잔하고 섹스하는 가벼운 관계만 원해서 여자 친구 사귀기가 쉽지 않다고 털어놓았다. 그 말을 들은 라일리의 어머니는 세 딸 가운데 한 명과 루크가 사귀면 딱 좋겠다고 생각했다. 알고 보니 루크의 말은 모두 새빨간 거짓이었다. 사실 그는 캘리포니아에서 지낸 적은 있지만 다섯 살 때 그곳을 떠났고, 거의 20년 동안 대학 근처에서 살았다. 툭하면 입에 올리던 캘리포니아 해변의 본가도 존재하지 않았다.

대학 3학년생이던 스무 살의 라일리는 성 경험이 그리 많지 않았고, 2년 동안 처음으로 진지하게 교제한 남자친구와 막 헤어진 참이었다. 그녀의 바람은 꽤 확고했다. 건강 문제를 고려하자면, 빨리 누군가를 찾지 않을 경우 아이를 낳을 기회를 영영 잃을 수도 있었다. 그렇기에 라일리는 하룻밤 불장난이 아닌 진지한 관계를 원했고, 비슷한 생각을 지닌 남자를 찾고자 했다.

라일리가 먼저 루크에게 이메일을 보낸 것을 계기로 두 사람은 자주 메일을 주고받는 사이가 되었다. 얼마 지나지 않아 이메일은 전화 통화로 바뀌었다. 라일리는 지병에 대해 털어놓았고, 곧 발 수술을 받아야 하지만 폐 상태가 좋지 않아 위험할 수도 있다는 얘기도 들려주었다.

루크는 내가 약을 복용해야 한다는 걸 알고 있었어요. 호흡기를 쓴다는 것도, 내가 힘들어한다는 것도 알았고요. 수술할 때가 되면 병원에 데려다주고 그 뒤에는 나를 돌봐주겠다고 했죠. 캘리포니아 해변에 있는 집에 바람 쐬러 가자고도 했어요.

첫 데이트는 루크가 라일리의 기숙사에 찾아오면서 시작되었다. 그날 밤 라일리는 그녀가 고른 영화를 자기 집에 가서 함께 보자는 루크의 제안에 동의했다.

그의 집에 가기로 한 건 믿음이 생겼기 때문이에요. 우리 사이에 뭔가 공감대가 있다고 느꼈거든요. 물론 그 공감대는 가짜였지만요. 내 생각엔 루크가 바로 거기서 내 약점을 발견한 것 같아요. 하지만 적어도 나는 그를 신뢰했고, 잘될 것 같은 느낌을 받았기에 루크를 따라간 거였어요.

영화를 틀자마자 루크는 곧 라일리에게 키스하기 시작했다. 라일리는 첫 데이트에서 키스까지는 괜찮다고 생각했지만, 그 이상 나갈 마음은 전혀 없었다.

처음에는 루크에게 끌렸지만, 서두르고 싶지 않았어요. 첫 데이트에서 무언가를 할 생각도 없었고요. 키스 이상은 허락하고 싶지 않다고 생각했던 게 기억나요. 누군가와 사귀려면 꼭 맞는 사람을 찾아 천천히 가까워지고 싶었으니까요. 하지만 상황이 점점 나빠졌어요. 갑자기 스위치가 나간 것처럼 루크는 더 거칠어졌죠. 내게 억지로 구강성교를 시도하고, 자기에게도 억지로 구강성교를 하도록 강요했어요. 나는 육체적으로 완전히 제압돼 움직일 수가 없었죠. 그러다 루크가 강제로 내게 삽입했어요.

라일리는 울부짖으며 "싫어, 안 돼!"라고 말했지만, 루크의 룸메이트는 그 소리를 듣지 못했던 듯하다.

루크의 눈을 똑바로 보면서 "싫어"라고 말했어요. 팔, 다리, 온몸을 전부 써서 싫다는 뜻을 전달하며 밀어내려고도 했고요. 루크가 내게 섹스를 강요하는 내내 이상하다고 생각했어요. '그의 룸메이트에게는 내가 울면서 싫다고 말하는 소리가 들리지 않는 걸까?' 거기 있는 내내 숨을 제대로 쉴 수 없었어요. 일종의 쇼크 상태였죠. 낭포성 섬유증이 있다는 말도 했어요. 그 집에 가기 전부터 루크는 내 병에 대해 알고 있었죠. 그런데도 루크는 구강성교를 강요하면서 내 가슴에 올라타서는 압박을 가했어요. 나는 말 그대로 숨 쉴 공기가 부족했죠.

하지만 루크는 여전히 사정하지 않았고, 라일리는 그 이유를 알 수 없었다. 루크가 처음으로 질에 삽입을 시도할 무렵 라일리는 완전히 맥이 빠졌다.

이제 육체적으로 저항할 힘이 없었어요. 힘이 다 빠졌죠. 싸우느라 기진맥진했기 때문에 거의 포기할 수밖에 없었어요. 루크가 뭘 할지는 몰랐지만, 짐승처럼 돌변했으니 원하는 것을 얻을 때까지 멈추지 않을 것 같았어요. 이 상황을 견디려면 마음을 여기서 분리하는 수밖에 없다고 생각했어요. 여태까지 몸으로 저항하다 힘이 빠져버렸으니까요. 살아남으려면 저항을 멈출 필요가 있었죠. 하지만 그건 정답이 아니었어요. 그건 루크가 원하는 바가 아니었으니까요. 나는 그걸 몰랐던 거죠.

라일리가 저항을 멈추자 루크는 발기가 수그러들어 성행위를 끝마치지 못했다. 라일리는 이런 전개가 이상하다고 생각했고, 그가 오르가슴에 도달하고 나면 빠져나갈 수 있으리라 예상했기에 한편으로 낙담하기도 했다. 하지만 루크를 흥분시키는 것은 폭력이었다.

라일리에게는 자신을 분리하는 방법밖에 남아 있지 않았다.

이 상황을 견뎌내려면 마음을 몸에서 분리해 다른 곳으로 보내야 했어요. 본능적 행동이었죠. 나는 스스로 그렇게 하고 있다는 것도 몰랐어요. 그냥 그렇게 됐죠. 버티기 위해서는 정신적으로 그곳을 떠나는 수밖에 없었어요.

소리치고 울면서 라일리는 일어섰다. 그녀는 옷을 걸쳐 입으며 기숙사로 돌아가 흡입기를 써야 한다고 말했다. 루크는 아래층까지 라일리를 따라 내려왔다.

현관 바로 옆에 소파가 있었어요. 루크는 나를 밀쳐 소파에 쓰러뜨리더니 다시 내 옷을 벗기고 강제로 삽입했어요. 이번에는 사정에 성공했죠. 그러는 동안 루크는 내게 사랑한다고 말했어요. 미친 것 같다고 생각했죠.

라일리를 강제로 범하는 동안 루크는 계속 라일리가 '심리 게임'이라고 표현한 말을 늘어놓았다. 라일리가 그날 밤 사건을 돌아볼 때 그의 의도를 파악하는 데 있어 혼란을 겪도록 유도하려는 듯한 말이었다.

루크는 계속 이렇게 말했어요. "오늘 데이트는 근사했는데, 지금 네가 망치고 있어. 네가 우리 관계를 망치려고 하는 거야. 우리는 진짜 잘될 수 있었는데 네가 망치는 거라고. 나는 너를 정말 좋아하니까 섹스하고 싶은 건 자연스러운 거야." 또, 이런 말도 했어요. "겨울이 되면 캘리포니아에 있는 집에 데려갈게. 너를 보살펴 줄 거야. 네가 원하는 남자친구가 될게. 네가 뭘 원하든 전부 해 줄 거야." 완전히 정신 나간 소리였죠.

루크가 사정한 뒤 라일리는 마침내 벗어날 기회가 왔음을 알아차렸다. 루크는 순순히 보내주었지만, 다시 한번 방금 일어난 일을 호도하려 들었다.

루크는 피곤하면서도 만족스런 표정으로 앉아 있었어요. "알았어, 그럼 가. 나한테 화났으리라는 건 알아. 그래도 화내지 말았으면 좋겠어. 나하고 헤어지고 싶대도 괜찮지만, 화는 내지 마." 내가 경찰에 신고하지 못하게 수를 쓰려던 거죠.

끝나지 않을 것처럼 느껴졌던 이 시련은 총 6시간에 걸쳐 일어났다. 둘 중 아무도 술을 마시거나 약물을 복용하지 않았다. 사건이 벌어지는 내내 라일리는 생명의 위협을 느껴야 했다.

무슨 조치를 취해야 한다고 생각했어요. 정말 심각한 사건이었으니까요. 거기 있는 내내 나는 계속 숨이 막히는 느낌이었어요. 그건 고문이었죠. 그런 고통을 겪으니 총을 맞는 편이 나아요. 그런 짓을 할 때 루크의 표정은 아예 나를 사람으로 보지 않는 것 같았죠. 사냥감을 보는 듯한 눈이었어요. 나라는 사람이 아닌, 물건을 보는 것처럼. 침이라도 흘릴 것처럼요.

결국 라일리는 루크를 고소하기로 했다. 하지만 사건과 재판이 끝나고 몇 년이 흐른 뒤에도 트라우마는 사라지지 않았다.

늘 생생한 악몽에 시달려요. 남자들이 날 붙잡고 아프게 하거나, 루크가 나와 내 가족을 해치려 하거나, 위험한 곳에서 도망치거나, 누가 나한테 총을 쏘는 꿈을 꿔요. 끔찍히 괴롭고, 꼼짝 못하게 갇힌 느낌이 들어요. 또, 어떤 이유에서든 벗어나고 싶은 장소

에 있게 되면 그게 트리거trigger(트라우마를 떠올리게 하는 심리
적 방아쇠—옮긴이)가 되어 어떻게든 그 자리를 뜨고 싶어져요.
누가 말이라도 걸면 심장이 마구 뛰고 식은땀이 흐르며 "나가야
돼요"라고 말하게 되죠. 원할 때 나갈 수 없을지도 모르는 장소에
가면, 극도로 불안해지고 심장이 쿵쾅거려요.

원래부터 좋지 않았던 라일리의 건강은 사건 이후 더 나빠졌
다. 불면증으로 인해 피로감과 고통이 심해지고, 낭포성 섬유증
도 악화됐다. 원래 병약했던 육체가 아예 망가져버린 것이다.

라일리의 사촌 리처드는 내게 이렇게 말했다. "라일리는 자신
의 병에서 무언가 의미를 찾으려 애쓰고 있어요. 그 애는 앞으로
도 낭포성 섬유증과 싸우며 살아야 해요. 아마 수명도 짧아지겠
죠. 삶의 질은 말할 것도 없고요. 물론 의학이 발전하고 있어요.
어쩌면 폐 이식이 가능할지도 모르고, 새로운 약도 나오겠지만,
라일리는 장애인 등록을 해야 할 처지예요. 세상에 보탬이 되고
싶어 사회복지사가 되려 하고, 실제로 해내리라 믿지만, 그 애 인
생에는 기회가 그리 많지 않아요. 건강이 허락지 않으니까요. 모
든 게 쉽지 않죠. 라일리는 엄마가 되고 싶어하지만, 그럴 기회가
있을지조차 확신할 수 없어요."[5]

리처드는 라일리의 약점이 쉽게 눈에 띄었으리라 생각했다.
"그 애는 사람들을 기쁘게 하고 싶어해요." 리처드가 말했다. "스
스로도 그 점을 알고 있어요. 자신에게 관심을 보이니 그가 좋은
남자라고 생각했을 거예요. 그런 남자가 '우리 집에 가서 영화를

보자고 말하니 라일리는 '좋아'라고 대답했겠죠. 그렇다고 라일리를 탓하자는 건 아니에요. 라일리가 어떤 식으로든 이 일을 자초했다는 식으로 말할 생각은 전혀 없어요. 그 애가 누군가와 그런 친밀한 관계를 원한다는 점을 악용해 그 남자가 라일리를 희생자로 삼은 거죠."

현재 라일리는 자신이 여성으로서 제구실을 할 수 없으리라 생각한다. 친밀한 관계가 시작되려 하면 그날 밤의 끔찍한 기억이 떠오른다. 루크는 라일리가 다른 사람과 관계를 맺을 가능성마저 파괴해버렸다.

그날 밤 나는 남녀관계에서 매우 중요한 요소를 빼앗겨버렸어요. 강탈당한 거죠. 상담사를 만났을 때도 나는 이 문제로 힘들어했어요. 악몽을 꾸고, 데이트라도 하면 히스테리 상태에 빠지죠. 다시 정신적으로 건강해지려고 온갖 노력을 다하고 있어요. 왜 아직도 이런 감정을 느끼는 걸까요? 왜 이런 온갖 트리거를 안고 살아야 하나요? 나는 행복해지고 싶어요. 지금 만나는 사람이 있는데, 그 사람을 믿고 싶다고요. 내게 이런 짓을 저지른 루크에게 몹시 화가 나요. 그 이후로 내 일부가 망가져버린 기분이에요. 말로는 표현할 수가 없어요. 삶이란 이래서는 안 된다는 생각이 들어요. 우리 같은 강간 생존자가 어떻게 하면 마음속 깊이 남은 두려움과 상처, 트라우마를 떨치고 섹스를 함께 나누는 특별한 행위로 여길 수 있을까요? 그게 가장 어려운 일이에요. 섹스 자체는 삶에서 가장 멋진 것이 될 수도 있어요. 사랑을 찬미하고,

아이를 낳고, 가족을 이루는 행위죠. 가족을 이룬다는 것은 여성의 본능이잖아요. 그러려면 섹스를 해야 하죠. 하지만 그런 식으로 능욕을 당하면 섹스는 물건 취급을 받고 힘에 의해 억눌리는 고문이 되어버려요. 다른 사람들처럼 섹스가 안전하다고 느끼기 어렵게 되는 거죠. 루크는 자기가 무슨 짓을 하는지 알고 있었어요. 자신이 하는 짓에 대해 똑똑히 알고 있었다고요. 내게 묻는다면, 강간은 사랑을 표현하는 능력을 빼앗는 행위라고 말할 거예요. 다른 사람과 연결되는 길을 끊어버리죠. 강간은 깊은 친밀감과 사랑의 자리인 마음 한구석을 건드리고, 그럼으로써 다른 사람과 연결될 가능성을 부숴버리는 일이에요.

라일리는 지금도 그 경험에서 벗어나지 못했다. 악몽을 꾸고 다시 상처 입게 될지 모른다는 두려움에 시달린다. 그녀는 만에 하나 또 그런 일이 일어난다면 "제정신을 유지하지 못할 것"이라고 말한다.

정상적인 생활로 돌아가 건전한 관계를 맺으려고, 남자도 안전할 수 있다고 믿고 실제로 안심하려고 애쓰고 있어요. 그래도 아직은 남자가 옆에 있으면 안심이 되지 않아요. 어떻게든 바꿔보려고는 해요. 하지만 그런 과정이 감정적으로 힘에 부쳐요. 신뢰가 느껴지는 관계를 맺으려고 노력 중이에요. 감정적으로 이어지면 육체적으로도 이어지기 마련이잖아요. 그러려면 육체적 애정 표현도 필요하고요. 그런데 그 부분이 굉장히 어렵고, 아직도 스스로가 정말이지 취약하다고 느껴요.

리처드는 이렇게 설명했다. "라일리는 여전히 그 사건 탓에 자신이 고립되고 망가졌다고 느낍니다. 스스로 온전하다고 느끼는 날이 오기는 할까요?"

몇 년 전 『애틀랜틱 먼슬리』에서 작가 웬디 캐머너는 여성해방운동 때문에 여성이 스스로를 피해자로 여기게 되었다고 비판하며 이렇게 말했다. "몇몇 페미니스트 단체에서는 (…) 데이트 상대에게 강간당하는 것이 한밤중에 침실에 침입한 괴한에게 강간당하는 것보다 덜 충격적이거나 덜 끔찍할 수도 있다는 말만 꺼내도 이단 취급을 받는다."[6] 어떤 학자는 이렇게 말하기도 했다. "진짜 강간과 데이트 강간을 비교한다는 건 암과 평범한 감기를 비교하는 것이나 마찬가지다."[7]

이렇게 말하는 사람들은 라일리 같은 데이트 강간 사례를 알지 못했던 걸까? 라일리는 이런 무지가 답답하기 이를 데 없다고 말한다.

나쁜 섹스 이야기를 꺼내는 사람들은 대체 뭘 이해하지 못하겠다는 걸까요? 내게 묻는다면 답은 이래요. 나쁜 섹스는 당사자 두 사람이 동의했지만, 즐겁고 의미 있는 시간을 보내지 못했다는 뜻이죠. 그러나 섹스는 섹스고, 강간은 강간이에요. 둘을 비교하는 건 삶과 죽음을 비교하는 것과 같죠. 삶과 죽음은 완전히 별개잖아요. 왜 그 둘이 비슷하다고 주장하는 거죠?

강간은 라일리에게 수치심을 떠안겼다. 정확히 루크가 의도한 바였다고 할 수 있다. 라일리는 왜 사람들이 면식 강간의 해악을 일축하고 심지어 정당화하는지 도저히 이해할 수 없다고 말한다.

나는 당혹감과 수치심을 느꼈어요. 사람들은 이해하지 못할 거라고 생각했죠. 이건 정상이 아니니까요. 루크가 왜 그런 짓을 했는지 사람들이 이해할 리가 없었어요. 루크는 나를 쓰러뜨리고 내가 짐승이라도 되는 양 내 위에 사정했어요. 사람들이 그걸 이해할 리 없었죠. 이해해줄 사람이 거의 없는 일을 겪었다는 것 자체가 수치스러웠어요.

과연 이러한 무지는 배심원들이 루크에게 무죄 평결을 내리도록 하는 결과를 낳았을까?

강간 통계의 왜곡:

누가, 왜 통계를 왜곡하는가

라일리 같은 젊은 여성을 강간이 아닌 '나쁜 섹스'의 피해자로 보는 시선은 어떻게 해서 생겨난 걸까?

문제는 1980년대에 면식 강간 출현율이 매우 높다는 사실이 밝혀지면서 시작되었다. 연구자들은 이런 사태에 경종을 울리고자 했지만, 이 같은 결과를 도저히 받아들이지 못하고 어떻게든 신빙성을 떨어뜨리려는 사람들이 존재했다. 면식 강간 관련 데이터를 공격하는 이들의 동기는 어디에 있을까? 자료에 이의를 제기할 때 그들이 특정 방법을 선택하는 이유는 무엇일까?

페미니즘에 대한 현재의 반발이 싹튼 계기는 1975년에 나온 수전 브라운밀러의 책 『우리 의지에 반하여』에서 찾을 수 있다.[1] 브라운밀러는 이 책에서 강간은 "단지 모든 남성이 모든 여성을 두려움에 빠진 상태로 묶어두기 위해 의식적으로 사용하는 위협 그 이상도 이하도 아니"라고 주장했다. 브라운밀러의 의도는 강간이 개인적 쾌락을 위해 성을 착취하는 행위일 뿐 아니라 린치와 마찬가지로 정치적 범죄라는 점을 강조하려는 것이었다. 그녀는 강간이란 남성이 여성을 지배하는 사회에서 생물학적 차이에 의해 창조된 강력한 도구라고 보았다.[2] '이달의 책 클럽(미국 최대의 도서 통판 클럽―옮긴이)'에서 추천 도서로 선정되고 『뉴욕 타임스 북 리뷰』에서 뽑은 올해의 책 10권에 들면서 베스트셀러가 된 이 책 덕분에 브라운밀러는 유명인이 되었고, 당연히 그녀의 주장도 널리 알려졌다.

브라운밀러의 분석은 "모든 남성"과 "모든 여성"이라는 말을 쓴 포괄적 주장에 문제를 제기하는 이들의 회의적 태도에 부딪혔다. 유감스럽게도 이는 빈번히 인용되는 "남자는 모두 강간범이다"[3]라는 문장과 연결되었다. 사실 이 인용문은 소설가 메릴린 프렌치의 1977년 작품 『여자들의 방』에서 한 등장인물이 한 말이다.

몇 년 뒤 저명한 페미니스트 법학자인 캐서린 매키넌은 성관계와 강간 사이의 모호한 경계를 지적했다. 매키넌은 남성과 여성이 불평등한 관계에 있다면 여성은 성교에 대한 동의를 암묵적으로 강요당한다고 말했다. "그러므로 여성보다 우위에 선 남성은 여성이 섹스를 원한 적이 없더라도, 원하지 않는다고 말할 자유로운 선택의 기회를 주지 않은 채, 합의된 것처럼 보이는 섹스 또는 실제로 합의된 섹스를 확보할 수 있다."[4] 이 말은 몇몇 사례에는 정확히 들어맞지만, 좀 더 생각해보면 이러한 주장이 불러올 역효과를 짐작할 수 있다. 매키넌은 합의된 행위를 성폭행으로 분류함으로써 강간의 의미를 희석하는 듯 보였고, 이를 빌미로 강간 부정론자들은 이런 유의 확장된 정의에 따라 강간을 집계하는 까닭에 강간 출현율이 그렇게 높게 나오는 것이라고 주장했다.[5] 따라서 상황을 전반적으로 고려하면 매키넌의 주장은 강간의 중요성을 떨어뜨리는 결과를 낳는다. 심리학자 린 시걸은 다음과 같이 지적했다. "모든 여성이 강간당했음을 시사하는 것은 실제 강간 피해자에게 모욕적이다. 이런 주장은 강간의 만연과 끔찍한 실상을 명확히 설명하기보다 오히려 축소한다."[6]

예나 지금이나 브라운밀러와 매키넌이 모든 페미니스트를 대변하지는 않지만, 반反페미니스트들은 이런 문제적 발언만을 용케 찾아내 이것이 여성운동 전체를 대변하는 관점이라고 주장한다. 나아가 여성운동이 반남성적이라는 잘못된 혐의를 씌운다. 강간 부정론은 대체로 강간을 부정하는 여러 관점 중 이 한 가지 노선에 대한 반박에 해당된다.

당연하게도 어떤 이들은 매키넌의 표현을 조롱거리로 삼았다. 칼럼니스트 캐슬린 파커는 매키넌이 강간과 섹스를 어처구니없을 만큼 유사한 것으로 묘사했다고 꼬집었다. 2008년에 출간한 책에서 파커는 이렇게 말했다. "말 그대로 여자에게 섹스를 강요한 남자를 옹호할 사람은 아무도 없지만, 5분 전에 매력적이라고 생각한 상대와 기꺼이 한 이불에 들어갔다가 '그만'이라고 말하는 것과 칼을 들이댄 괴한에게 강간을 당하는 것 사이에 엄청난 차이가 있다는 점은 거의 모든 사람이 인정할 것이다."[7]

많은 보수파 여성은 모든 남성이 여성에게 폭력을 행사하는 성향을 타고난 것은 아니라고 적절히 지적했다. 여성에 대한 폭력이 문제라는 사실은 부정하지 않지만, 이들은 가부장제가 유지되는 데 폭력이나 폭력을 무기 삼은 협박이 필요하다고는 생각하지 않았다.[8] 또, 일부 페미니스트가 주장하듯 일반 남성이 잠재적 가해자나 강간범이라고 생각하지도 않았다.

오늘날 몇몇 반페미니즘 활동가는 같은 인용을 반복하는데, 이들은 페미니즘 이론가들이 의도한 원래 의미를 훼손하며 이념적 논쟁에만 열을 올리는 모습을 보인다. 예를 들어 볼링그린 주립대학교 학생 공화당원들은 2008년 '반페미니즘 빵 바자'를 열었다.[9] 회원들은 간식거리를 50센트에 팔며 '급진적 페미니즘 강령'이라는 제목이 붙은 전단을 배포했다. 전단에는 "남자는 모두 강간범이고, 그게 바로 남자란 존재다.(메릴린 프렌치)"와 같은 인용문이 적혀 있었다.

현대 페미니즘에 반대하는 이들은 '가족의 가치'를 근거로 반론을 편다. 이들은 일부 페미니스트가 반남성적 태도를 보이며 남성 대부분이 여성에게 해를 끼칠 가능성이 있다고 주장함으로써 사회의 기본 구성 요소인 이성애에 입각한 가족을 위험에 빠뜨린다고 말한다. 그러므로 크리스티나 호프 소머스 같은 보수파 여성들이 남성을 향한 페미니스트들의 공격에 반대하는 것은 남성들을 안타깝게 여겨서가 아니라, 현대 페미니즘이 "남성을 향한 유해한 반감"을 드러낸다고 생각하기 때문이다. 보수파 여성들은 이런 관점이 여성만의 사회를 권장하고 미국의 전통적 가족상을 무너뜨린다고 여긴다.

남성이 집단적으로 여성을 억압한다는 추측은 페미니스트들이 분노에 찬 공동체를 형성하도록 유도한다. 하일브런이나 스타이넘 같은 이들이 남성은 이미 쥐고 있는 주도권을 포기하지 않을 것이라고 충고할 때, 그 말의 숨은 교훈은 여성들이 스스로를 보호할 공동체를 만들어야 한다는 것이다. 이들은 그런 집단에서 여성들이 안전하게 자기 의견을 말하고 가부장제하에서 겪었던 수모를 극복하도록 서로 도와야 한다고 주장한다. 또 교육과 직업 현장에 만연한 '남성 중심적' 제도를 어떻게 바꾸고 어떤 대안을 제시할지 고려할 수 있다고 말한다. 이들이 전하는 메시지는 여성이 '여성 중심석'으로 변해야 한다는 것, 오로지 여성과 연대하고 여성에게 충실해야 한다는 것이다.[10]

사실 여성이 남성을 영영 잊기로 마음먹었다면 다른 대안도 있지 않을까? '독립여성포럼'의 캐리 L. 루카스는 다음과 같은 글을 썼다.

남자를 멀리하라는 충고를 들은 젊은 여성들은 앞으로 어떻게 해야 할지 고민한다. 여기에 대안을 제시하는 여성학 교과서도 있다. 이런 책에서는 학생들에게 자신의 성적 취향을 시험해보고 자신이 반드시 이성을 좋아하도록 설계되지 않았을 경우의 가능성을 탐색해보라고 권한다.[11]

소머스 또한 남성에 대한 반감이 대학생들에게 미칠 영향에 관해 경고했다. 그녀는 웰즐리처럼 "성별이 여성화된" 대학에서는 학교 소식지 첫머리에 다음과 같은 성명을 싣는 편이 낫다고 지적했다.

> 우리는 여러분의 따님이 가부장제에 얼마나 푹 젖어 있었는지 깨닫도록 도울 것입니다. 또, 우리와 대화를 나누며 자신을 재구성하도록 촉구할 것입니다. 따님은 분노하고, 만성적으로 불쾌한 상태에 빠질지도 모릅니다. 여러분이 따님에게 가르친 종교적·도덕적 관습을 거부할 가능성도 상당합니다. 가족과 친구에게서 멀어질 수도 있습니다. 외모뿐 아니라 성적 지향마저 바뀔 수 있습니다.[12]

더불어 보수파는 폭력에 반대하는 활동가들이 수많은 피해자를 앞세워 정부 프로그램과 규제를 늘리려 한다고 생각한다. 보수주의 단체 독립여성포럼은 전미여성기구 같은 페미니즘 단체가 '큰 정부' 정책과 그 정책 실현을 위한 프로그램 확충을 위해 피해자 규모를 과장한다고 주장하며, "작은 정부 페미니즘"이나 "레드 스테이트red state(미국에서 공화당 지지자가 많은 주─옮긴이) 페미니즘" 같은 운동도 가능하다고 역설한다.[13]

하지만 더 중요한 것은 보수주의자들이 가정폭력과 강간 근절 프로그램을 진보적 사상 홍보나 남성에 맞서는 이념 전쟁에 필요한 자금줄로 여긴다는 점이다. 『내셔널 리뷰』의 워싱턴 편집자 케이트 오번은 이렇게 말했다.

지난 10년간 수천만 달러가 학대 피해자를 돕는다는 명목 아래 남성 및 결혼 제도에 대항하는 이념 전쟁에 쏟아부어졌다. [여성에 대한 폭력 방지법은] 설계와 시행 모두에 있어 남성을 공격하고 주변 남성들의 끊임없는 위협에 눈뜨도록 여성을 전향시키는 것을 목적으로 삼는다.[14]

보수 단체들은 가정폭력 프로그램 탓에 여성들이 문제를 정면으로 받아들여 견해차를 해소하려 하지 않고 배우자와 헤어지는 쪽을 택한다고 말한다. 한 보수 단체는 여성 폭력 방지법에 관한 보고서에서 가정폭력 사건이라고 해봐야 대부분 경미한 것들인데, 이 법안이 결혼을 해체하고 있다고 주장했다. "접근금지명령과 여성 쉼터 정책 등은 사람들이 부부 상담이나 중재를 받을 기회를 원천봉쇄한다."[15]

메리 코스의 연구에 대한 공격

\

보수파 여성들은 페미니스트들과 이념 전쟁을 벌이며 강간 관련 데이터의 정확성을 공격하는 방법을 택했다. 강간 출현율 통계에 결함이 있다면 강간이 만연하다고 볼 수도 없으며, 그렇게 되면 페미니즘은 주요 기반 중 하나를 잃게 되는 셈이다. 하지만 연구자들을 향한 이 같은 공격에는 심각한 오류가 있다.

여성 대학생 집단에서 면식 강간이 높은 출현율을 보인다는 점을 처음 밝혀낸 연구자로 꼽히는 메리 코스는 1990년대 초 집중포화를 받았다. 그녀의 연구는 캐서린 매키넌의 주장처럼 강간의 정의를 확대하는 듯 보였으므로, 코스는 만만한 표적이 되었다. 그때부터 지금까지 수없는 강간 출현율 연구가 충실히 이루어져 코스의 연구 결과가 대체로 정확했음이 증명됐지만, 놀랍게도 코스를 향한 공격은 여태껏 이어지고 있다.

문제는 25년 전에 시작되었다. 미국 국립정신보건원의 지원을 받아 1987년에 발표한 사회과학 보고서에서 메리 코스는 대학 캠퍼스 내 여성 3862명을 대상으로 한 설문조사 결과 강간 및 강간 미수가 27.5퍼센트의 출현율을 보였다고 밝혔다.[16] 코스는 이 출현율이 캠퍼스에서 일어난 강간뿐 아니라 14세부터 설문 시점까지를 기준으로 삼은 결과임을 분명히 설명했지만, 이 중대한 차이는 등한시되었다.[17] 코스의 연구는 면식 강간의 존재를 확실히 증명했다는 의의를 지닌다.[18] 코스의 조사에서 강간 피해자가 상대 남성을 알고 있었던 경우는 84퍼센트, 그 남성이 데이트 상대였던 경우는 57퍼센트였다.

코스는 여성들에게 강간을 당했느냐고 묻지 않았다. 그 대신 남자가 위협이나 일정 강도의 물리적 힘을 사용해서 스스로 원하지 않았음에도 성교를 한 적이 있는지 등을 포함해 여러 질문을 던졌다.[19] 설문에는 심리적 압박감으로 인해 원치 않는 성교를 한 적이 있는지를 묻는 문항도 들어 있었다. 코스의 연구를 비판하는 이들은 강간 출현율을 계산할 때 심리적 압박 사례도 포함했으리라 섣불리 추정했지만, 그렇지 않다. 통계에는 힘을 쓰

거나 취하게 해서 삽입한 경우만 합산되었다.[20]

이후 캘리포니아대학교 버클리 캠퍼스 교수 닐 길버트는 한 질문에서 애매한 지점을 찾아내 코스의 연구를 비판했다. 남자가 알코올이나 약물을 주었기 때문에 원치 않을 때 성교를 한 적이 있느냐는 질문이었다. 미국 여러 주에서 이런 유형의 성관계가 강간으로 인정됨에도 불구하고 길버트는 이 질문을 통해 코스가 강간의 정의를 폭력적 공격 이상의 것으로 확대했다고 보았다. 코스가 출현율 수치를 부풀렸다고 믿은 길버트는 다음과 같이 썼다. "위에 언급한 연구에서 사용한 성적 학대와 강간의 정의는 성폭행으로 간주해야 마땅한 행위의 경계를 확장하고 그것의 성격을 변질시킨다."[21]

코스는 이에 대응해 길버트가 비판한 질문과 관련된 데이터를 제외하고 출현율을 다시 계산했다.[22] 힘을 동원해 원치 않은 삽입 행위가 실행 또는 시도된 사례에만 초점을 맞추자 응답한 학생의 20퍼센트, 즉 다섯 명 중 한 명이 만 14세 이후 강간을 당한 적이 있다는 결과가 나왔다.

흥미롭게도 이후 코스의 연구를 비판한 유명 인사들은 오로지 길버트의 지적만을 근거로 삼는다. 한 논평가는 이렇게 꼬집었다. "이 논쟁 전체에서 가장 놀라운 점은 각종 매체에서 데이트 강간 회의론자들의 주장을 수없이 다루었음에도 연구의 방법론에 대한 실질적인 비판은 모두 단 한 명, 즉 버클리 캠퍼스의 사회복지학 교수 닐 길버트에게서 비롯된 한 줌의 궤변으로 압축될 수 있다는 사실이다."[23]

1993년 『뉴욕 타임스 매거진』에 실린 영향력 있는 기사에서 프린스턴대학교에 다니던 케이티 로이프는 길버트의 분석을 활용해 코스의 강간 출현율 수치를 공격하고 길버트의 비판을 널리 알렸다.[24] 다음 해 크리스티나 호프 소머스는 자신의 책 『누가 페미니즘을 훔쳤나?: 여성이 여성을 배신한 방식』에서 같은 비난을 반복했다. 소머스는 페미니즘 잡지 『미즈』가 코스의 연구를 후원했다고 암시하며 길버트나 로이프가 사용한 방식으로 연구를 조롱했다.[25] 소머스는 1992년 딘 킬패트릭의 연구에도 이의를 표했다. 생애 전체를 기준으로 8명 중 1명꼴의 출현율을 보인 이 연구에는 자신이 원하지 않을 때 누군가가 힘이나 협박을 동원해 질이나 항문에 손가락 또는 기타 물체를 집어넣은 적이 있느냐는 질문이 포함되어 있었다. 이유는 알 수 없지만 소머스는 질이나 항문에 강제로 손가락을 쑤셔넣는 정도는 강간 축에 들 수 없다고 생각한 듯하다.[26]

코스가 제시한 별도 문항에서 강제로 성행위를 당했다고 인정한 여성 가운데 73퍼센트는 이 폭행을 강간이라고 부르지 않았다. 이 수치 또한 소머스가 연구에 의문을 제기할 구실이 되었다.[27] 코스는 이에 대해 "의도적으로 그런 형태로 제시한 데이터"라고 답하며 상세 분석은 다음과 같다고 설명했다. 4분의 1은 그 행위가 강간이라 생각했고, 4분의 1은 범죄라고 생각했으나 강간의 요건을 충족하는지는 알지 못했고, 4분의 1은 심각한 성적 학대로 인식했으나 범죄인 줄 알지 못했으며, 4분의 1은 자신이 피해자라고 생각하지 않았다. "그러므로 대다수 강간 피해자는 그 경험을 매우 부정적인 단어로 개념화했고, 그 행위가 강간의 법적 요건을 충족한다는 사실을 알고 있었든 아니든 자신이 해를 입었다고 인식했다.[28]

하지만 이미 대본은 정해져버렸다. 코스의 연구는 강간을 지나치게 넓은 의미로 정의했다는 결함을 지니고 있으며, 따라서 페미니스트들이 날조한 강간 위기는 존재하지 않는 것이 되었다. 하지만 앞서 살펴보았듯 코스의 연구에서 실제로 강간은 폭력 또는 폭력을 쓰겠다는 위협으로 실행된 성교라고 정의되어 있다. 코스는 이렇게 말했다. "경험적 데이터를 모으는 데 이러한 〔넓은〕 정의를 사용했다고 비판하는 것은 잘못된 추측이다."[29] 사실 2011년 논문에서 코스와 동료들은 물리력을 포함하되 언어폭력과 심리적 압박, 알코올이나 약물 사용 여부 등을 별도로 측정하지 않는 연구 방식이나 정의를 비판했으며, 이는 연구자들이 여전히 신체적 폭력에 의한 성행위라는 강간의 보수적 정의에 초점을 맞추고 있음을 증명한다.[30]

하지만 계속 말하다 보면 사실이 되는 법이다. 1991년 윌리엄 케네디 스미스 강간 사건 기소 전날 『내셔널 리뷰』는 연구에 사용되는 강간의 정의가 용납할 수 없을 정도로 넓다는 내용의 사설을 실었다.

여기에는 "남성의 끈질긴 주장과 압박에 압도된" 섹스, 알코올을 섭취한 뒤의 섹스, 심지어 여성은 원치 않는데 남성이 한 발짝 더 나아가려 노력했으나 이내 퇴짜를 맞아 그 노력을 거둬들인 경우까지 포함된다. (…) 페미니스트식 절차를 따르지 않았을 뿐인 남녀관계를 정말로 폭력적인 강간과 엮어버림으로써 이런 연구들은 진짜 흉악범이 여성에게 저지르는 진정한 범죄의 심각성을 떨어뜨린다.[31]

코스의 데이터가 잘못되었으며 『미즈』가 이 연구를 홍보했다는 공격은 21세기에도 계속되었다. 다음 세대의 논객들은 『내셔널 리뷰』에 실린 것과 똑같은 주장을 폈다. 예를 들어 2004년 폭스뉴스닷컴의 해설자 웬디 매켈로이는 글로리아 스타이넘이 코스를 "직접 간택해" 연구를 맡겼다는 기존의 뜬소문을 그대로 반복하고 길버트의 비판을 활용해 코스의 연구를 무너뜨리려 했다.[32] 2006년 『내셔널 리뷰』 온라인에서 캐리 L. 루카스는 20년 묵은 소머스의 비판을 재활용했고, 독립여성포럼 웹사이트와 2006년 출간된 자신의 책 『정치적으로 옳지 않은 여성, 섹스, 페미니즘 가이드』에도 그 내용을 실었다.[33] 루카스는 코스가 이미 계산에서 제외한 출현율 데이터에 의문을 제기하고 설문 응답자들이 '강간'이라고 답하지 않았음을 꼬투리 잡아 코스의 연구를 깎아내렸다.

원래 설문에 존재했던 편향을 수정하기만 해도 결과로 도출되는 미국의 강간 출현율 양상은 완전히 달라진다. 알코올과 약물 문항에 그렇다고 답한 여성들을 제외하고[코스는 출현율을 계산할 때 이미 그렇게 했다] 자신이 강간당했다고 생각하지 않은 이들을 제외하면 전체 피해자 수는 응답자 중 3~5퍼센트로 줄어든다. 여전히 걱정스러울 만큼 높지만, 네 명 중 한 명보다는 훨씬 덜 우려스러운 수치다.[34]

2008년 맨해튼 연구소 선임연구원인 헤더 맥 도널드는 『시티 저널』에서 이와 똑같은 방식으로 코스를 공격했고, 이 내용은 『로스앤젤레스 타임스』에서도 발췌 인용되었다. 맥 도널드는 연간 출현율과 평생 출현율을 혼동하는 흔한 실수를 저질렀다. 다음에 인용된 그녀의 주장은 원래 평생 출현율인 숫자를 연간으로 착각해 통계를 잘못 해석한 결과다. 심지어 그녀는 다른 범죄의 연간 출현율과 기준을 달리한 이 수치를 비교함으로써 강간 위기가 존재하지 않는다는 결론에 이른다.

네 명 중 한 명이라는 통계가 정확하다면(가끔은 "다섯 명 중 한 명에서 네 명 중 한 명"으로 조정되기도 한다) 캠퍼스 강간은 유례 없이 높은 비율로 확산된 범죄라는 뜻이 된다. 강간보다 덜 심각한 범죄까지 포함해도, 심지어 여러 해에 걸친 통계를 내도 피해율이 20~25퍼센트에 근접하는 범죄는 단 하나도 없다. 미국에서 범죄율이 가장 높은 도시로 손꼽히는 디트로이트의 2006년 폭력 범죄 비율은 인구 10만 명당 살인, 강간, 강도, 가중 폭행 2400건, 즉 2.4퍼센트였다.[35]

애초 두 곳에 실렸던 맥 도널드의 글은 질긴 생명력을 자랑하며 수많은 블로그에 퍼지고 『내셔널 리뷰』 온라인을 비롯한 각종 매체에서 호의적으로 인용되었다.[36] 2008년과 2009년 강간 출현율 통계에 대한 맥 도널드의 비판은 전국에 발행되는 매체, 그리고 대학 신문에까지 종종 실렸다.[37] 이런 식으로 그녀의 분석은 다양한 경로로 비슷한 성향의 독자에게 읽혔을 뿐 아니라 구글 검색을 통해 일반에까지 퍼졌다. 이 점을 언급하는 이유는 맥 도널드의 글을 널리 퍼뜨리는 데 일조한 이들이 조직적으로 움직였다고 주장하려는 것이 아니라(실제로 그랬다는 증거는 없음), 그런 행동이 결과적으로 더 많은 청중을 확보하는 데 도움이 되었음을 지적하기 위해서다.

풀리처상 수상자이자 칼럼니스트인 캐슬린 파커는 2008년에 출간한 책 『남자를 구하라: 남자가 중요한 이유, 여자가 신경 써야 하는 이유』에서 1987년 이후의 강간 출현율 연구에 대해서는 전혀 언급하지 않고 코스에 대한 비판만을 되풀이했다.[38]

블로거 배리 도이치는 이에 관해 날카로운 질문을 던졌다. "그들은 왜 코스에 대한 공격을 진작 멈추지 않았을까?" 코스의 연구 결과는 더 규모 있고, 더 의미 있는 최근 연구에서 비슷하게 재현되고 있다. 그렇다면 왜 CDC를 공격하지 않는가? 도이치는 다음과 같이 지적했다.

페미니스트 단체가 아닌 CDC를 공격하는 것은 그들의 목적에 부합하지 않기 때문이다. 표적은 반드시 코스처럼 페미니스트여야 한다. 게다가 코스에 대한 비판이 틀렸다고 인정하는 것은 그들이 만들어낸 '남자를 싫어하는 사악하고 악랄한 페미나치'라는 캐리커처 또한 틀렸을지 모른다는 의미다. 반페미니스트들에게 이는 한마디로 생각할 수도 없는 일이다.[39]

도이치는 "코스의 연구는 (…) 두 가지 서로 다른 생애를 살았다"는 통찰력 있는 결론을 내린다.

> 하나는 우파 단체가 후원한 책과 반페미니스트 웹사이트 등에서 살았던 삶이다. 페미니스트들의 기만과 술수에 대한 영원한 상징인 코스의 연구는 불명예스러운 우스갯소리 취급을 받으며 대략 2년에 한 번씩 끌려 나와 조리돌림을 당했다. 하지만 또 하나의 삶, 학계 전문가 사이에서 누린 삶에서 코스의 연구는 놀랄 만한 성공을 거두었다. 몇십 년이 지난 지금도 그 연구는 상호 심사 연구에서 신뢰도 높은 자료로 인용되고 있다. 몇 년 전 직접 확인해본 바로는 코스의 논문 단 두 건이 600회가 넘는 인용 횟수를 기록했다.[40]

코스를 향한 비판에 지면을 할애하는 주류 언론은 강간을 부정하는 데 지대한 역할을 해왔다. 흥미롭게도 메리 코스에 대한 공격을 주도하는 편집자들은 어째서 1987년 이후에 나온 강간 출현율 데이터에 대한 이야기는 없는지 전혀 궁금해하지 않는 듯하다. 이 언론사들은 최근의 연구 결과를 싣는 대신 화석화된 논쟁에 계속해서 지면을 내준다. 아마도 보수파와 페미니스트 및 여타 위협적인 활동가들의 갈등과 논쟁 기사를 다루고 싶어하는 언론의 입맛에 반페미니스트들이 더 잘 맞기 때문일 것이다. 하지만 열띤 논쟁이 계속되는 동안 강간 출현율은 실제로 더 높아지고 있는지도 모른다(이 문제는 8장에서 다시 다룰 예정이다).

여기서 중요한 것은 보수파 여성들이 데이터에 문제를 제기함으로써 폭력 근절을 방해한다는 점이다. 실제로 최근 이들의 활동은 인터넷의 힘을 빌려 더 활발해지고 있다. '페미니스팅'이라는 블로그를 운영하는 작가 제시카 밸런티는 강간 부정을 통한 페미니즘 공격이 점점 더 강화되는 추세를 지적했다. "이 전국적 논의에서 가장 눈에 띄는 변화는 페미니즘을 탓하는 흐름이라는 생각이 강하게 든다."[41] 밸런티는 『순결의 신화』에서 이렇게 말했다. "강간을 페미니즘 탓으로, 여성의 평등 탓으로 돌리는 것이야말로 문제의 핵심이다." 밸런티는 왜 일부 여성이 "폭력에 맞서 싸우는 페미니스트들의 노력을 방해해" 다른 여성을 위험에 빠뜨리려 하는지 이해해보려 헛된 노력을 기울인다.[42] 하지만 언론인 레슬리 H. 겔브는 "신보수주의자들은 어떤 형태로든 이념 전쟁을 일으키지 않고는 만족하지 못한다"는 현실을 일깨워준다.[43]

실제 폭력 생존자들이 데이터 논쟁에 대해 어떻게 생각하는지 직접 들을 기회는 많지 않다. 어린 시절 엄마와 함께 4년 동안 가정폭력 보호소를 들락날락하던 한 여성은 이런 논쟁에 분노를 터뜨렸다. 그녀는 부정론자들에게 다른 사람의 연구에 대한 비판을 그만두라고 요구하며 다음과 같이 썼다. "매일 벌어지는 실재적 공포에 비하면 당신들의 비판은 하찮기 그지없다. 상아탑에 앉아 무슨 수로 이런 문제를 다루겠다는 것인가?!"[44]

하지만 때로 이념은 라일리의 사례처럼 사람들로 하여금 실제 여성에게 일어나는 일을 간과하게 만들 정도로 강력한 영향력을 발휘한다. 메리 코스는 비판 현상과 사실은 아무 관계가 없다고 말했다. "그들의 비판은 강간에 관한 학문적 연구와 아무 관련이 없으며, 우리가 어떤 통계 수치로도 낮출 수 없는 이념적 장벽과 싸우고 있음을 상기시킬 뿐이다."[45]

페 미 니 즘 을   공 격 하 는   남 성 들

\

출현율 데이터가 확장된 정의에 기반을 두고 있다고 비판하고 강간을 부정함으로써 페미니즘과 전쟁을 벌이는 남성들도 있다. 이러한 남성 강간 부정론자들은 강간 출현율에 대한 페미니스트들의 관점이 남성에 대한 터무니없는 비방이라고 주장하며 페미니즘에 대한 공격 강도를 한층 높였다. 유명 웹사이트에 게재된 허위 강간 신고에 관한 다음 인용문에는 이러한 견해가 잘 드러나 있다.

> 현 상황은 현대의 '치킨 리틀' 우화에 지나지 않는다. 단지 정치적 올바름을 무기 삼아 공포를 조장하는 이들은 "하늘이 무너진다고요!"라고 외치는 대신 "남자는 모두 잠재적 강간범이에요!"라는 주문을 발작적으로 욀 뿐이다. (…) 이 말은 물론 남자에게 모

욕적이다. 엄청난 숫자의 강간범이 존재한다는 이유로 남성 전체가 본질적으로, 그리고 치명적일 만큼 커다란 결함을 안고 태어났음을 부당하게 암시하는 말이기 때문이다.[46]

강간을 부정하는 남성들의 글에서 강간 반대 운동을 펼치는 이들은 "강간 제조업자" "페미니스트 엘리트" "광신자" 등으로 묘사된다.[47] 극단적 남성권 운동가가 운영하는 '앵그리 해리'라는 블로그는 이러한 독설로 가득하며, 그의 말은 다른 사이트에서도 자주 인용된다. 해리의 표적은 페미니즘이며, 그는 실제로 분노에 차 있다. 그는 "페미니즘의 핵심은 평등이 아닌 남성 혐오 조장"이며 "남성이 행복하지 않은데도 인류가 행복할 수 있는 곳은 지구상에 존재하지 않는다"고 주장한다.[48]

'앵그리 해리'는 자주 강간을 주제로 삼으며 이렇게 말했다. "1990년대 초 캠퍼스의 데이트 강간 근절 캠페인은 여성의 안전에 대한 순수한 걱정에서 출발한 것이 아니다. 이것은 남성을 강간범으로 취급함으로써 젊고 영향받기 쉬운 여성들을 이성애로부터 멀어지게 하려는 장기적 작전의 일부다."[49] 그는 강간 출현율이 과장되었으며 "남자를 악마 취급하고, 헐뜯고, 차별하고, 하나부터 열까지 타락해 어처구니없을 만큼 부당한 재판 절차에 밀어 넣으며, 여자가 단지 그러고 싶다는 이유만으로 남자의 삶을 철저히 망가뜨릴 수 있도록 돕는 데 이용된다"고 믿는다. 또 일부 여성 강간 부정론자와 마찬가지로 앵그리 해리는 강간 출현율 데이터가 강간의 확장된 정의에 기반을 두고 있다고 생각한다.[50] 예를 들어 그는 이 "엉터리 연구"가 다음 질문에 '예'라고 답한 수를 강간으로 집계했다고 주장한다. "그럴 기분이 아닐 때 압박을 받아 섹스를 한 적이 있는가?" 이에 따라 그는 다음과 같은 결론에 이른다. "소위 '강간'에 대한 이 연구는 대체로 정치적으로 올바른 말장난에 불과하다."

남성 강간 부정론자들도 과거에는 강간 신고가 진지하게 받아들여지지 않고 법체계 또한 피해자에게 불리했으므로 강간 근절 운동이 필요했다는 점은 인정한다. 하지만 그들은 이제 변화가 도를 넘었고 페미니스트들이 특히 학계에서 부당하게 큰 영향력을 행사한다고 생각한다. 나아가 사회 전체가 페미니스트들의 정치적 올바름이라는 함정에 빠졌다고 불만을 표한다.

이에 따라 그들은 2006년 듀크대학교 총장 리처드 H. 브로드헤드가 라크로스팀에 정학 처분을 내리고 코치를 해임한 것은 교수진 전체의 5분의 1에 해당되며 성차별과 인종차별에 강경한 목소리를 내는 교직원 단체의 눈치를 보았기 때문이라고 주장한다. 브로드헤드 총장은 수학·과학 과목에서 여성의 선천적 학습 능력에 대해 정치적으로 올바르지 못한 견해를 피력했다가 하버드 총장 자리에서 내려오게 된 로런스 서머스의 전철을 밟지 않으려 했다는 뜻이다.[51]

강간에 관련된 정치적 올바름의 다른 예로 스튜어트 테일러 주니어 기자가 『애틀랜틱』에 쓴 미국 해군사관학교 사건 기사를 들 수 있다. 해군사관학교 미식축구팀 주장이자 MVP로, 쿼터백으로 뛰는 스타 선수인 오언스는 강간으로 고소당했지만, 혐의를 부정하며 상호 합의된 일이었다고 주장했다. 어느 쪽이든 확정적인 증거는 없었다. 테일러는 해군사관학교 교장이자 해군 중장인 로드니 P. 렘프트가 대대적으로 강간 및 성희롱 근절 캠페인을 펼치는 와중에 문제의 학생이 체포되었다고 주장했다. "렘프트의 엄중 대응에서는 각 사관학교가 때때로 심각한 강간 혐의를 얼버무려 넘겨버린다고 날카롭게 공격하는 페미니스트들을 달래기 위해 희생양을 제공한 듯한 냄새가 풍긴다."[52]

> 해군사관학교 졸업생이자 미식축구선수로 이름이 알려진 피터 옵테커는 선서 진술에서 강간 무죄 선고 4일 후 자신의 집에 만찬 손님으로 초대된 렘프트에게 왜 오언스를 고등군법회의에 회부했는지 사적으로 물었다고 말했다. 렘프트는 이렇게 답했다고 한다. "피터, 내겐 선택의 여지가 없었네. 그 애를 고등군법회의에 보내지 않았으면 온갖 페미니스트 단체와 미국시민자유연맹이 우리한테 달려들었을 걸세."[53]

테일러는 정치적으로 올바른 대응이 피고 개인을 본보기로 만들고 있다고 지적했다. 그는 이런 부당한 현상의 증거로 『뉴스위크』에서 듀크 학생들이 무죄라고 해도 기소되었으면 좋겠다고 한 22세의 아프리카계 미국인 학생의 말을 인용했다. "과거에 일어난 일들을 생각하면 그래야 공평할 테니까요."[54]

페미니즘에 맞선다는 목표 아래 이 특정 남성들은 강간 근절 활동가들에게 정치적으로 올바르고 독선적이며 남성과의 섹스를 싫어하고 모든 남성이 잠재적 강간범이라고 믿는 광신자라는 딱지를 붙이는 데 성공했다. 강간 피해를 신고하는 여성들에게 도움이 되지 않는 이러한 캐릭터는 존 패트릭 섄리의 2005년 연극 〈다우트〉에 나오는 앨로이시어스 수녀를 연상시킨다. 1964년 가톨릭 학교를 배경으로 한 이 연극에서 교장 앨로이시어스 수녀는 증거도 없으면서 젊고 카리스마를 지닌 사제가 학교에 하나뿐인 흑인 남학생을 성추행했다고 굳게 믿는다. 한 비평가는 이렇게 설명했다. "〈다우트〉는 신념의 어두운 면, 믿음이 맹신으로 변질되는 지점에 초점을 맞춘다."[55] 강간 부정론자들은 강간 근절 운동가들을 앨로이시어스 수녀처럼 자기 확신에 눈이 먼 불온한 광신도로 그럴듯하게 포장해낸다.

"그런 블로그에 뭐라고 쓰여 있는지가 왜 중요한가? 어차피 읽는 사람도 없는데?"라고 묻는 사람이 있을지 모른다. 중요한 까닭은 두 가지다. 분노한 남성 블로거들이 인터넷을 통해 서로 연결됨으로써 생각이 비슷한 사람들이 상호작용하며 더 거친 목소리를 내는 현상이 일어난다. 한 연구자는 "생각이 비슷한 사람들과 이야기를 나눈 후 의견이 더 극단적으로 변하는 현상을 '집단 극단화'라고 하며, 이는 수십 가지 실험을 통해 증명되었다"[56]고 말했다. 전문가 캐스 R. 선스타인은 인터넷이 "비슷한 성향의 사람들이 훨씬 더 쉽게 자주 의견을 교환할 수 있는 곳이기에 종종 극단주의의 온상 역할을 수행"[57]하며(그는 이 현상을 "사이버 극단화"라고 불렀다), 잘못된 정보를 퍼뜨리기에 최적의 조건을 제공한다고 밝혔다.

더불어 남성 인권 단체들도 사회에서 영향력을 확대하고 있다. 예를 들어 이들은 2008년 가정폭력에 관한 네 가지 연방법안의 통과를 저지했다고 주장했고, 2011년에는 남성 연합의 회원 한 명이 여성 폭력 방지법 재승인 입안 위원회에 들어가는 데 성공했다고 밝혔다.[58] 이들의 전략에는 항상 성폭력 발생률을 낮춰 잡는 방법이 포함된다. 물론 앵그리 해리는 인터넷에서 가장 극단적인 강간 부정론자에 속하며, 최근 남성 인권 단체들은 의견을 개진할 때 더 세련되고 요령 있는 방법을 사용한다.[59] 하지만 최소한 주요 인사 한 명, 즉 '가정폭력 신고의 정확성을 지키는 모임Respecting Accuracy in Domestic Abuse Reporting, RADAR'의 마크 로즌솔은 실제로 앵그리 해리 같은 블로거가 중요한 역할을 한다고 말했다. "어떤 운동에나 이성적 목소리를 내는 사람이 있는가 하면 부당함에 마음을 다치고 크게 상처받은 나머지 한발 물러서서 감정을 통제할 수 없는 사람이 있다. 하지만 어떤 운동이든 극단주의자들이 없다면 정체되기 마련이다."[60]

이런 개인이나 단체를 대세와 무관한 과격분자로 치부해버리면 간단하겠지만, 이는 결과적으로 큰 실수다. 이들의 생각은 강간 기사에 달린 강간 부정론적 댓글 등을 통해 조금씩 대중의 의식에 스며든다. 이런 댓글을 보면 강간이란 다음 날 아침 후회되는 섹스를 가리킬 뿐이라고 생각하는 사람이 얼마나 많은지 뚜렷하게 드러난다.[61] "젊은 여자들에게 어떤 것이 강간이고 어떤 것은 강간이 아닌지 가르치는 일이 가장 중요하다고 생각한다. 페미니스트들은 여자가 섹스를 하고 기분이 좋지 않으면, 또는 섹스를 즐기지 못했으면 강간이라는 믿음을 퍼뜨리려 한다. 이는 사실이 아니며, 남자의 인생을 망칠 근거가 될 수도 없다." 또 이런 글들도 있다. "그건 그냥 하룻밤 불장난이었고, 남자가 밤중에 나가서 여자에게 다시 연락하지 않은 것뿐이다. '그 남자가 날 이용했어'가 '날 가지고 놀았어'로, 그러니까 '날 강간했어'로 변한 것이다." "요즘 세상에서 여자가 강간이라고 말하는 것은 다음 날 아침 후회한 것이 여자 쪽이었다는 뜻일 뿐 (…) 다른 의미는 없다."

오늘날 페미니스트들이 강간 개념을 확대하고 희석했다는 생각은 일반에 널리 퍼져 있다. 강산 부정론자들은 부당하게 넓은 정의가 강간에 적용된다는 주장을 뒷받침하기 위해 메리 코스의 선구적인 1987년 연구를 공격했다. 코스에게 씌워진 혐의는 전혀 근거 없는 것이었으나 유감스럽게도 대중은 이런 주장을 사실로 받아들였고, 면식 강간 피해자들은 더 어려운 상황에 처하게 되었다.

트레이시

처음 트레이시의 이야기를 들은 것은 그녀의 민사 소송을 맡은 변호사로부터였다.[62] 라일리와 달리 트레이시는 "완전히 진지한 관계"를 원한 건 아니었다. 트레이시는 3년간 사귀던 남자친구와 믹 헤어진 참이었고, 주변 사람들은 그녀에게 혼자 틀어박혀 있지 말고 새로운 사람을 만나보라고 조언했다. 트레이시의 이야기를 들으면 오늘날 젊은 여성들은 사람을 사귈 때 위험을 감수해야 한다고 생각하며 자신이 그러한 위험을 성공적으로 통제하는 법을 이미 알고 있다고 믿는다는 점을 알 수 있다.

하지만 트레이시는 여러 예방책을 취했음에도 여전히 사적 공간으로 유인되어 강간당했다고 말했다. 이 사건으로 그녀는 신체적 피해를 겪은 동시에 엄청난 수치심을 느꼈다. 처음에 트레이시는 스스로를 탓하며 폭행당했다는 사실을 아무에게도 알리지 않으려 했다. 자신이 "멍청하기 짝이 없었고" 더 분별 있게 행동했어야 한다고 생각했기 때문이다. 트레이시의 이야기는 여성에게 '착한 여자' '나쁜 여자', 부주의한 여자 등의 딱지를 붙이는 것의 위험성을 깨닫게 한다. 면식 강간이 항상 폭력을 동반하진 않지만, 트레이시는 심각한 신체적 상해를 당한 동시에 많은 사람이 제대로 인식하지 못하는 정신적 상처까지 입었다.

당시 스물여섯이었던 트레이시는 유명 사립대학의 대학원생이었다. 연구를 위해 그녀는 유럽으로 갔고, 중동도 자주 오갔다. 성적으로 경험이 없는 편도 아니었고, 현장 조사를 하며 위험한 상황도 적잖이 겪어보았다. 처음으로 댄스 클럽에 간 날 트레이시는 저스틴이라는 매력 넘치는 젊은 남자와 춤을 추게 되었다. 삭발한 머리에 탄탄한 상체의 저스틴은 트레이시와 가까운 곳에 살고 대학 졸업을 준비하면서 일도 하고 있다고 했다. 둘은 휴대전화 번호를 교환했다.

두 번 통화한 뒤에 트레이시는 저스틴을 만나 커피를 마시기로 했다.

커피 데이트는 일종의 안전장치였어요. 이 남자가 별종인지 아닌지 알아보려는 거죠. 커피는 매우 안전하잖아요. 우리는 대화를 나누고, 서로 추파도 좀 던지고, 커피숍이 문을 닫은 뒤엔 어둠 속을 걸으면서 이런저런 이야기를 했어요.

그들은 키스를 하고 저스틴이 차를 세워둔 곳과 트레이시의 집 사이에서 작별 인사를 했다. 저스틴은 트레이시가 사는 곳을 몰랐고, 트레이시는 아직 알려줄 때가 아니라고 생각했다.

며칠 뒤 저스틴은 일이 끝나면 술이나 한잔하자고 트레이시를 불러냈다. 그가 차로 데리러 와서 이번에는 진짜 데이트를 할 예정이었다. 근사한 곳에 가게 될 것에 대비해 트레이시는 검은색 니트 세트를 차려입고 굽 높은 샌들을 신었다. 여전히 조심스러웠던 트레이시는 저스틴에게 주소를 알려주지 않고 지난번 헤어졌던 곳에서 그를 만났다.

저스틴이 자기 집으로 가서 영화를 보자고 하자 트레이시는 내심 실망했다. 그의 룸메이트들이 집에 있다고 했다. 트레이시는 잘 차려입은 김에 외출하고 싶었지만, 풍파를 일으키고 싶지 않았다. 남자친구와 헤어진 뒤 친구들은 모두 "나가서 남자 좀 만나. 그리고 잊어버려"라고 말했다. 어차피 트레이시와 함께 춤추러 갔던 친구는 클럽에서 만난 저스틴의 룸메이트와 함께 이미 그 집에 다녀온 적이 있었고, 별문제는 일어나지 않았다. 트레이시는 결국 가겠다고 대답했다.

주방에서 룸메이트들에게 트레이시를 소개한 뒤 저스틴은 공동주택을 한 바퀴 구경시켜주었고, 둘은 저스틴의 방으로 가 한동안 이야기를 나누었다. 그 후 저스틴은 문을 닫고 불을 끈 채 영화를 틀었다. 술이나 마약은 전혀 개입되지 않았다. 키스가 시작되었을 때 두 사람은 침대에 앉아 있었다. 트레이시는 키스하게 되리라 예상했지만, 마음속으로 거기까지만이라고 선을 긋고 있었다. 그녀가 예상치 못한 것은 저스틴의 격렬함이었다.

나는 "굉장히 공격적으로 키스하네"라고 말했어요. 내가 아는 세상에서는 그 말이 '물러서'라는 뜻이었으니까요. 하지만 그는 물러서지 않았죠. 저스틴은 계속 내 치마를 들치고 웃옷을 걷어 올리려 했어요. 나는 두 번째 데이트에서 거기까지 갈 마음의 준비가 되어 있지 않았기에 그를 계속 밀어냈죠.

그러다 갑자기 저스틴은 옷을 전부 벗어젖히고 트레이시에게 구강성교를 강요했다. 순간적으로 트레이시는 순순히 따르기로 했다. 도망칠 생각은 하지 못했다. 어차피 다른 상황에서 해본 적 있는 일이라고 생각하기로 했다. 라일리와 마찬가지로 트레이시는 있는 줄도 몰랐던 생존 본능이 발동되는 것을 느꼈다.

그저 그를 달래려 했던 것이 기억나요. 다치고 싶지 않았으니까요. 나를 죽일지도 모를 일이었죠. 여자에게는 살아남기 위한 본능이 있잖아요. 눈앞에 닥친 문제를 해결하자고, 하고싶지 않지만 그러는 편이 쉬울 거라고, 괜찮을 거라고 생각했죠. 해달라는 대로 하면 나갈 수 있으리라 여겼어요. 머리로 생각한 게 아니었죠. 전에도 어느 정도 위험한 상황을 겪은 적이 있었지만, 그때는 다음에 무슨 일이 일어날지 생각할 시간도, 기도할 시간도 없었어요. 아무것도 없었죠. 그냥 눈앞에 닥친 일이 전부였어요.

불행히도 트레이시는 그를 사정시키지 못했고, 사실 저스틴은 그럴 만한 여유도 주지 않았다. 그는 강제로 트레이시의 옷을 벗기기 시작했다. 그러더니 다시 그녀의 입안에 혀를 밀어넣었다.

> 숨을 쉬기가 힘들었어요. 저스틴이 내 혀에서 살점을 뜯어냈거든
> 요. 끔찍하게 아팠어요. 피도 났고요. 내 혀를 강제로 빨더니 작
> 은 조각을 물어뜯었고, 그것 때문에 숨이 막혔죠. 게다가 말하기
> 도 힘들었어요.

이번에도 트레이시는 울고 싸우며 저항하는 것을 멈추기로 했
다. 단지 거기서 나가고 싶다고, 그것도 무사히 살아서 나가고 싶
다고 생각했다.

> 나는 생각했죠. 그래, 마음대로 하게 내버려두자. 하지만 점점 이
> 건 섹스가 아니라는 생각이 들기 시작했어요. 내 몸이 성욕을 느
> 껴서 그렇게 한 게 아니었어요.

라일리와 마찬가지로 트레이시는 다음과 같은 사실을 금방 깨
달았다.

> 강간범은 상대가 저항하는 데서 쾌감을 얻어요. 그래서 저항하
> 는 것만으로는 상황을 타개할 수 없죠. 저스틴은 자기가 쥔 힘을
> 휘두르고 싶을 뿐이라는 생각이 들었어요. 나를 죽인대도 막을
> 방법이 전혀 없었죠. 그저 그가 빨리 사정하기를 바랄 수밖에 없
> 었어요.

다음 순간 트레이시는 그가 강제로 항문에 삽입하는 것을 느꼈다고 말했다.

> 너무나 고통스러웠어요. 온 사방이 찢어지는 것 같았죠. 내가 비명을 지르자 이번에는 저스틴이 성기를 뺐어요. 계속 몸 안을 찢던 고통이 멈췄죠. 그가 말했어요. "그렇게 큰 소리 내지 않는 게 좋을 텐데." 나는 삽입하지 말라는 뜻을 정말이지 분명하게 밝혔어요. 하지만 그 상황에서 벗어나기 위해 할 수 있는 일은 아무것도 없었죠. 나는 그저 거기 놓여 있을 뿐이었어요. 이런 일은 나같은 여자에게는 일어나지 말아야 할 일이라는 생각이 들었어요. 나는 똑똑한데. 나이도 먹을 만큼 먹었는데. 그가 다시 나를 덮쳤어요. 벗어나려고 할 때마다 다시 나를 잡아 누르고 삽입했죠. 몸부림을 칠수록 더 아팠고, 강렬한 고통을 느꼈어요. 마침내 그가 사정하고 내게서 떨어졌죠.

트레이시는 옷을 입고 태연한 척 저스틴에게 말을 걸었다. 이 시점에서 트레이시는 그를 구슬려 집에 무사히 돌아가야 한다는 생각뿐이었다. 이 방법이 통해 그녀는 겨우 빠져나왔다.

"온 사방이 피투성이였어요." 트레이시는 이렇게 회상한다. 며칠 동안은 통증으로 인해 앉을 수조차 없었다. 나중에 생각하니 쇼크 상태에서 이리저리 걸어다닌 모양이었다.

> 정상적으로 생각할 수가 없었어요. 뭘 해야 할지도 몰랐어요. 완

전히 제정신이 아니었고, 제정신이 아닌 나머지 왜 앉을 수 없는 지조차 설명하지 못했죠. 정상이 아니었고, 어찌할 바를 몰랐어요. 그냥 정신이 나간 채 멍하니 있었을 뿐이죠.

이 사건은 계속해서 트레이시에게 영향을 미쳤다. 몇 년이 지난 지금까지 그녀는 어두워지면 밖에 나가기를 꺼리고 낮에만 학교에 간다. 원래 살던 동네에서 다른 곳으로 이사했는데도 소용없었다. 누가 자기 뒤에 서기만 해도 불안한 기분이 든다. 누군가를, 심지어 자기 자신까지 믿을 수 없게 되었기에 사람을 사귀기도 어렵다.

트레이시는 자신에게 일어난 일을 누구에게도 알리고 싶지 않았다.

그건 내가 멍청하고 헤픈 여자라는 뜻이니까요. 그런 일이 생기지 않도록 조심하지 않아서 강간당한 거죠. 아까도 말했다시피 내 탓이 되고 마는 거예요. 똑똑한 여자는 그런 상황에 빠지지 않으니까요. (…) 똑똑한 여자는 파티에 가서 술에 취해 쓰러지지 않죠. 남들이 나를 어떻게 볼지 두려웠어요. 차라리 낯선 사람에게 당했다면 훨씬 더 나았을 것 같아요.

사람들은 성폭행에 대해 항상 여자를 탓하게 되어 있다고 트레이시는 생각한다.

하지만 문제는 일단 피해자가 되어버리고 나면 헤픈 여자라는 낙인이 찍힌다는 거예요. 피할 도리가 없어요. 내가 누군가의 집에 갔고, 침대에 앉았다는 이유만으로 그렇게 되죠.

몇 년이 지난 지금도 트레이시는 자신이 망가졌다고 느낀다.

강간 피해자들은 스스로를 깨진 골동품 도자기처럼 고칠 수 없는 존재라고 느껴요. 나도 이 사건 때문에 다른 여자에 비해 모자란 사람이라는 느낌이 강하게 들어요. 사실이 아니란 걸 알아도 그런 느낌을 지울 수가 없어요. 지금까지도요. 어디서 나온 생각인지, 사회인지 내 머릿속인지는 몰라도 떨쳐지지가 않아요.

트레이시는 새로운 관계를 맺기가 쉽지 않다. 트레이시가 남자를 믿기 어려워할 뿐 아니라 남자들도 트레이시를 대하기 껄끄러워하기 때문이다. 남자들은 무심코 트레이시가 원하지 않는 행동을 할까봐 걱정한다고 한다. 강간은 이렇게 여성에게서 무언가를 앗아간다. 강간범은 피해자의 인생에서 사라진 뒤에도 그녀를 독점적으로 소유하는 것이나 마찬가지라는 말은 바로 이런 상황을 가리킨다.

지금까지 트레이시의 사례를 통해 현대 여성이 강간에 어떤 반응을 보이는지 살펴보았다. 트레이시는 성 경험이 없지도 않았고, 목숨을 지키기 위해 일단 굴복하고 재빨리 빠져나올 준비도 되어 있었다. 하지만 데이트 상대는 강제로 하는 섹스에만 관심이 있었기에 저항하지 않는다는 그녀의 전략은 효과가 없었다. 저스틴은 그녀가 반항할 때만 "쾌감을 느꼈기" 때문이다.

나중에 자세히 다루겠지만, 이후 트레이시가 경찰에 강간 사실을 신고했을 때 경찰은 저스틴의 아파트에 갔다는 이유로 그녀에게 책임을 물었고, 그녀가 겪은 폭력에는 별 관심을 보이지 않았다.

페미니스트들의 공격 :
면식 강간은 여성의 성적 자유에
따르는 대가다?

1990년대 초 면식 강간에 관한 통계가 알려지자 이 문제가 여성의 성 해방에 악영향을 끼칠 것을 우려한 몇몇 페미니스트는 부정적 반응을 보였다. 면식 강간은 문제가 아니라 성적 자유에 따르는 허용 가능한 위험이라고 주장한 것이다. 이들은 강간에 대한 논의 자체가 치명적이라고 생각했다. 페미니스트 저술가이자 문화비평가인 로라 키프니스는 2006년 자신의 책『여성의 문제』에서 이렇게 말했다.

하지만 이제 고민해봐야 할 역설은 강간에 대한 여성의 경각심과 분노를 일깨우는 행동이 뜻하지 않게 여성의 공포심과 취약성이라는 인습적 관념을 강화해 그리 이롭지 않은 부수적 효과를 불러일으킨다는 점이다. 또, 이러한 분노는 여성의 감정 구석구석에 스며들어 남성이 가한 감정적 상처에 신경 쓰게 함으로써 여

성의 삶을 방해한다.[1]

강간이 여성의 성적 해방에 따른 불가피한 결과라고 여긴다면 트레이시 같은 여성들은 피해를 보았더라도 자신이 잘못 판단한 탓이라고 자책해야 할 터이다. 강간을 더 큰 사회적 이익의 유감스러운 부산물이라고 정의하는 것은 면식 강간의 중요성을 축소하고 사법 체계가 이런 범죄를 대수롭지 않은 것으로 받아들이도록 유도하는 행위다. 일부 페미니스트는 여전히 면식 강간에 이런 식으로 대응한다. 2010년 위키리크스 창립자 줄리언 어산지를 강간 혐의로 고소한 두 스웨덴 여성이 마녀사냥을 당한 사례는 이러한 경향을 보여주는 증거다.

여성의 성 해방에 앞장선 선구자 가운데에도 강간을 가볍게 취급한 이들이 있었다. 여성 잡지 『코즈모폴리턴』 편집장 헬렌 걸리 브라운은 혼전 여성의 성적 자유를 열렬히 지지한 영향력 있는 인물이었다. 브라운의 전기작가 제니퍼 스캔런은 콘돔을 쓰지 않는 섹스의 위험성과 성폭력에 관한 내용이 잡지에서 거의 다뤄지지 않았다고 지적했다. 브라운은 HIV 감염이 성적 자유와는 거의 무관하다고 여성들을 안심시키는 내용의 글을 쓰기도 했다.

> 브라운은 오랫동안, 그리고 가끔은 문제 있는 방법까지 동원해 여성의 성은 긍정적이고 자기실현적이라는 명제 외에 그 어떤 것도 인정하지 않으려 했다. 이는 끊임없이 경계하지 않으면 여성의

성적 자유가 그저 일시적 상황으로 끝날지도 모른다는 그녀의 지극히 현실적인 불안을 잘 드러낸다. 브라운은 HIV 감염 위험에 대한 집중 보도가 여성을 도우려는 의도에서 비롯되었다기보다 섹스에 대한 일반 사회의 반발이라는 맥락에서 나왔다고 해석했다. 그녀는 에이즈에 집중되는 관심이야말로 여성의 성적 자유를 향한 공격이 재개되었음을 보여주는 징후라고 생각했다. "여성이 성적 평등을 얻기까지 엄청나게 긴 세월이 걸렸다." 그녀는 한탄했다. "그런데 이제 우리가 즐길 수 있게 되자마자 누군가가 나타나 섹스를 하면 죽을 수도 있다고 말한다."[2]

저명한 사회운동가이자 저술가인 커밀 팔리아는 여성들에게 자신을 성적으로 표현하고 "섹스라는 모험을, 위험을 받아들이라!"[3]고 촉구했다.

1960년대식인 내 사고방식은 그래, 부딪혀봐, 위험을 무릅쓰고 도전해보라는 거죠. 강간당해도, 어두운 뒷골목에서 두들겨 맞아도 괜찮아요. 그건 자유에 따르는 위험의 일부이자 우리가 여자로서 필요로 하는 것의 일부분일 뿐이에요. 그냥 받아들이세요. 툭툭 털고 일어나 계속 가면 돼요. 우리는 남성의 성을 통제할 수 없으니까요.[4]

1993년 『뉴욕 타임스 매거진』에 실려 널리 알려진 기사에서 케이티 로이프는 자신이 보기에 단지 '나쁜 섹스'일 뿐인 것들이 강간과 동일시되고 있다는 이유로 대학 내 강간 출현율 통계가 잘못되었다고 단언했다. 그러면서 강간이 섹스 도중에 일어날 수 있는 불쾌하고 불만스러운 모든 일을 가리키는 용어가 되었다고 주장했다. 페미니스트들이 "몸싸움 없는 섹스, 힘이 개입되지 않는 섹스, 설득이나 밀고 당기기도 없는 섹스"[5]라는 유토피아적 환상을 조장한다며 로이프는 다음과 같이 말했다.

사람들은 내게 데이트 강간을 당한 적이 있는지 물었다. 일이 꼬였던 밤, 지나치게 많이 마셨던 와인, 낯선 침대와 익숙한 침대 등등을 떠올려보면 아마도 그렇다고 대답해야 하리라. 그렇게 포괄적인 정의를 적용하면 남녀를 통틀어 데이트 강간을 한 번도 당하지 않은 사람이 몇이나 될지 의문이다. 사람들은 늘 서로 갖가지 일을 시키려고 압박하고 유도하고 회유하지 않던가?[6]

로이프는 누구나 가끔 감정적 압박의 무게를 느끼지만, 이런 사소한 일을 본격적인 성폭행으로 규정하는 것은 여성의 성적 자유에 해로운 영향을 끼친다고 말했다. 로이프의 메시지는 명확하다. 강간 반대 운동은 남자만이 적극적으로 섹스를 원하고 여자는 그다지 원치 않는다는 성행동 모형을 공고히 한다는 것이다. 그녀가 원한 것은 여성도 적극적으로 섹스를 추구한다는 새로운 패러다임이었다. 로이프가 보기에 라일리 같은 여성은 육체적 행위인 섹스에 "유사 종교적인 가치"를 부여하고 있을 따름이었다.[7] 강간은 그녀가 바라는 새 모형을 뒤흔드는 방해물이었다.

그래서 로이프는 실제로 힘을 사용하거나 폭력을 쓰겠다는 협박을 동원했을 때를 제외한 다른 경우는 강간으로 인정하지 않았다. 물론 라일리나 트레이시의 사례까지 강간이 아니라고 트집 잡지는 않았겠지만, 별 근거도 없이 면식 강간은 대개 라일리나 트레이시의 사례와는 다르다고 추정한 셈이다.

로이프는 알코올이나 약이 없었더라면 일어나지 않았을 성적 접촉이 면식 강간의 대부분을 차지한다고 주장했다. 나아가 술을 마시는 여성은 스스로 책임지고 그 결과를 감수해야 한다고 보았다. 그러나 "여성이라고 모두 무력하고 순진하지는 않다고 가정한다면, 술을 마시든 약을 먹든 여성은 자기 선택에 책임을 져야 한다"[8]는 로이프의 견해는 '책임'을 남성이 아닌 여성에게 떠넘긴다.

로이프는 책임을 전가하는 데 그치지 않고 용기를 내 강간을 신고하기로 한 여성들의 이야기를 믿을 수 없다고 주장하며 그들을 공격하기 시작했다. 젊은 페미니스트의 입에서 나왔기에 그녀의 비난은 여파가 더 컸다. "순간적으로 이성을 잃고 동정적 청중을 향해 노골적 세부 묘사까지 곁들여 고백을 쏟아낼 때 진실은 비틀리고 일그러지고 때로 완전히 잊히기 쉽다. 이런 고백 가운데 실제 일어난 일을 있는 그대로 진실하게 담은 이야기가 몇 건이나 될지 알아내기란 불가능하다. 모두 얄팍하고 꾸며낸 것처럼 들린다."[9]

로이프는 여기서 한발 더 나아가 면식 강간 사례 가운데 상당수가 강간에 해당되지 않는다는 주장을 폈다. "여성이 '판단력이 흐려진' 상태에서 섹스를 했다고 해도 그 사건이 항상 남성의 잘못은 아니며, 필연적으로 강간이 되는 것도 아니다."[10] 이러한 주장은 여러 시나리오를 하나로 뭉뚱그려버린다. 남성이 의도적으로 여성에게 많은 양의 술을 먹여 여성이 섹스에 동의할 수 없는 상태가 된 상황이라면 상식적으로 이는 남자의 잘못이다. 남성이 이미 술에 취한 여성과 맞닥뜨린 후 여성이 항의할 수 없는 상황을 이용했다면 이 또한 상식적으로 판단할 때 그 남성의 잘못이다. 그렇다면 이제 남은 시나리오는 하나다. 양쪽이 모두 취해 이성적 판단이 불가능한 상태에서 실제로는 원치 않았던 성적 접촉이 일어났다면 책임을 남성에게 물어야 할까? 판단은 여기서 엇갈린다. 실제로 미국 몇몇 주에서는 폭력적 사건보다 알코올이나 약물이 동원된 사건의 형량이 더 낮다.

하지만 로이프는 (신체적 폭력 없이) 알코올이나 마약이 개입된 섹스는 상황이 어떻든 '강간'이라고 부를 수 없다고 선을 그었다. 이는 다시 면식 강간 통계가 불합리하며, 의미가 확장된 강간의 정의에 기반을 두고 있다는 공격으로 이어졌다. 알코올과 약물 관련 질문을 근거로 삼은 닐 길버트의 주장을 한층 더 다듬은 로이프의 공격은 이후로도 한동안 강간 출현율 데이터의 신뢰도를 떨어뜨리는 역할을 했다.

숫자를 더 자세히 살펴봄으로써 길버트가 4명 중 1명이라는 통계가 틀렸음을 입증했다고 단언할 수는 없지만, 그가 통계의 의미를 명확히 밝혔음은 분명하다. 캠퍼스의 소위 강간 만연 현상은 실제 현상이라기보다 해석과 관점의 문제라는 뜻이다. 다시 말해 변한 것은 성적 행동 양식이 아닌 성의 정치학이다. 여대생 4명 중 1명이 강간당했는지 아닌지는 수학적 사실보다는 오히려 보는 관점에 달린 문제다.[11]

앞서 살펴본 바에 비춰보면 이 말에는 얼마간 오류가 있다. 코스가 제시한 수치는 27.5퍼센트와 20퍼센트이지, 25퍼센트가 아니다. 하지만 개념 정의가 의심스럽기에 모든 강간 통계에 의문의 소지가 있다는 발언은 대중이 강간 출현율 데이터를 사기라고 생각하게끔 유도하므로 상당히 유해하다.

로이프 본인은 이미 다른 주제로 관심을 옮겨갔지만, 다음 세대의 페미니스트 중에도 비슷한 주제를 계속 다루는 이들이 있다. 이 신세대 페미니스트들은 선배 페미니스트와 강간 근절 활동가들 탓에 여성들이 자기 자신을 피해자로 여기는 문화가 확산됐다고 비판한다. 실제로 오늘날 트레이시 같은 젊은 여성들은 피해자가 된다는 것에 강한 저항감을 품는다. 학자인 린다 마틴 앨코프는 이렇게 지적했다. "고도로 개인화되고 경쟁이 심한 우리 사회에서 피해자가 된다는 것은 나약하고, 해를 입지 않을 정도로 강하지 못하며, 자신이 입은 피해를 묵묵히 삼키지 못할 만큼 담대하지도 못하다고 경멸당하는 것과 마찬가지입니다."[12]

리즈 윈스테드가 사회를 보는 생방송 TV 인터뷰 프로그램 〈싱킹 앤드 드링킹〉의 2008년 방영분 중에는 강간이 미치는 영향을 경시하는 젊은 페미니스트의 모습을 잘 보여준 예가 있다. 이 방송에서 윈스테드는 웹사이트 '제저벨'(미국 내에서 매달 100만 명이 넘는 이들이 구독한다고 알려져 있다)에서 활동하는 블로거 모린 '모' 타식, 트레이시 이건과 인터뷰하며 젊은 독자들에게 낯선 사람을 집에 데려가는 행위의 위험성을 경고해줄 필요가 있다고 생각하는지를 물었다.

> 타식: 무슨 일이 일어나는데요?
> 윈스테드: 강간당할 수도 있겠죠.
> 타식: 그런 일이 일어나긴 하지만, 그 정도는 감당하고 살아야죠.
> 윈스테드: 살 수 없을 수도 있잖아요.
> 타식: 뭐, 상대가 무기를 갖고 있다면 그렇겠죠.[13]

나중에 몇몇 선배 페미니스트는 강간을 가볍게 보는 '힙스터' 후배들에게 공개 답변을 보냈다. 예를 들어 모와 트레이시가 나오는 프로그램을 인터넷으로 본 린다 허시먼은 웹진 '살롱'에서 이들을 비판했다. 무질서하고 '뭐든 상관없다'는 듯한 모와 트레이시의 태도를 매도하며 허시먼은 '제저벨'에 정치적 신념이 없다고 꼬집었다.

> 기분 좋은 일을 하는 것만이 유일하게 허용되는 기준이다. 문제는 기분이 그리 좋지 않은 일도 있다는 사실을 아무도 인정하려 하지 않는다는 점이다. 그 점을 인정하면 제한 없는 개인적 행동

이라는 전체 틀이 흔들리기 때문이다. (…) 제저벨의 이야기에서 알 수 있듯, 여성들은 뭐든지 다 괜찮다고 느끼도록 자신의 마음을 마비시킨다. 그럼으로써 그 무엇도, 심지어 강간조차도 당연히 경찰을 부를 만큼 나쁜 일이 아닌 게 되어버린다.[14]

허시먼의 편을 들어 논쟁에 참여한 칼럼니스트 카사 폴릿은 수많은 여성이 성적 자유를 느낀다는 이유만으로 세상이 변하지는 않으며, 아직도 여성 친화적 정책, 일과 가정이 양립하게 도와주는 지원 체계, 탄탄한 정치적 영향력이 턱없이 부족하다고 지적했다.[15]

2010년 트리거 경고문, 즉 주로 인터넷 사이트에서 특정 독자에게 고통스러운 기억을 불러일으킬 수 있는 내용이 담겨 있다고 경고하는 문구를 둘러싼 의견 충돌은 페미니스트들 사이의 대립이 때로 극단적이고 잔혹했음을 보여주는 예다. 블로그 '트루/슬랜트'에서 수재나 브레슬린은 페미니즘과 트리거 경고문, 강간당했다고 신고하는 여성들을 조롱했다.

요즘 페미니즘은 운동이라고 할 수도 없으며, 실제로는 대중문화가 여성을 피해자로 만든다고 줄곧 떠드는 블로그, 자신이 더 이상 존재하지도 않는 가부장제의 피해자라고 주장하는 여자들이 모이는 게시판, 앞으로 나아가려는 움직임이라곤 전혀 없는 보여주기식 활동, 태아처럼 웅크리고만 있으려는 욕구, 여성학 전문 용어로 불평하기, 10대 소녀들이 파자마 파티에서 선물 나눠주

듯 트리거 경고문 남발하기를 뭉뚱그린 것에 불과하다.[16]

트리거 경고문을 사용하는 사이트에 속하는 '페미니스팅'에서 한 여성 블로거는 브레슬린이 다른 여성의 고통에 무관심하다고 규탄하며 이제 "강간 피해자에 대한 관심은 쿨한 것이 아닌, 촌스러운 것이 되었다"[17]고 지적했다. 실제로 오늘날 젊고 성적으로 자유로운 여성 일부는 강간에 대한 우려가 빈사 상태인 구식 페미니즘의 산물이며 강간 피해자는 패자, 강간범은 승자라고 생각하는 듯하다.

로라 키프니스도 공격을 개시하며 페미니스트 강간 부정론자 대열에 합류했다. 그녀 또한 현재의 강간 출현율 데이터는 심각하게 잘못 해석되었기에 강간 통계를 믿을 수 없다는 분석을 내놓았다. 첫째, 키프니스는 1992년 이래 매년 강간 발생 건수가 줄어들어왔다는 주장을 폈다. 이 주장의 근거로 그녀는 경찰 신고 건수를 들었지만, 설문조사에서 강간당했다고 인정한 답변자 중 당국에 신고한 사람의 비율이 매우 낮다는 사실은 이미 밝혀졌다(8장 참조). 이어 키프니스는 미국에서 매년 여성보다 남성이 더 많이 강간당한다는 놀라운 발언을 했다. 하지만 그녀가 활용한 자료는 수감된 남성들의 사례였다. 이런 결론을 도출하기 위해 키프니스는 인권협회에서 내놓은 남성 수감자 강간 추정치와 경찰에 신고된 여성 강간 건수를 비교했다.[18]

하지만 실상은 판이하다. 2007년 미 법무부가 사상 최초로 수감자(남녀 모두 포함)를 대상으로 시행한 설문에서 다른 수감자 또는 교도소 직원에 의해 4만7200건의 강간이 발생했음이 실제로 밝혀졌다.[19] 2008~2009년에 시행한 교도소 강간 조사에서는 남성 수감자의 두 배에 달하는 여성 수감자가 성폭력을 당했다고 답했다.[20] 2007년 경찰에 신고된 강간 건수로 미 연방 수사국이 발표한 9만427건,[21] 또는 2007년 미 법무부가 시행한 전국 범죄 피해 조사에서 강간 및 강간 미수로 집계된 24만8300건(대다수 피해자가 여성)과 앞의 숫자를 비교해보라.[22]

여성의 성적 해방과 부담 없는 섹스의 가치를 공고히 하려는 키프니스의 의도는 13년 전 로이프의 목적과 다르지 않다. 키프니스는 강간에 대한 우려가 부담 없는 섹스와 페미니즘의 새로운 정의를 교묘히 공격하는 수단이라고 보았다.[23] 흉포한 강간범들이 존재한다는 사실을 알지 못한다는 듯 키프니스는 고집스레 남자란 "감정적으로 실망스러우며, 포르노나 보고, 중년의 위기를 겪고, 애정 결핍에다, 저속하고, 자기파괴적이면서 지배권을 쥔 척하는 광대"[24]라고 주장했다.

키프니스가 인정했듯 강간은 복잡한 문제다. 성적 폭행과 성적 쾌락이 한자리에서 일어나기 때문이다. "정치적으로든 다른 의미로든, 그 누가 혼란스럽지 않겠는가?"[25] 유감스럽게도 이 문제에 복잡하다는 꼬리표를 붙임으로써 강간은 정의하고 판단하기 어려운 것이라는 생각이 더 확산되는데, 이런 개념화는 면식 강간범에게 유리할 뿐이다.

2010년 말 위키리크스 창립자 줄리언 어산지가 강간으로 기소된 사건에 대한 반응은 진보적 대의가 여성에 대한 폭력을 격정하는 것보다 우선이라고 생각하는 사람들이 있음을 보여준다. 유명한 정치 활동가, 심지어는 페미니스트들까지 고소인들을 공격하는 여론을 조성해 어산지를 옹호했다. 이 사건은 여성의 행동과 동기에 초점을 맞춤으로써 면식 강간 혐의를 가볍게 하는 경향을 여실히 드러낸다.

이 사건의 자세한 내용은 다음과 같다. 한 여성은 어산지가 폭력을 사용해 강제로 팔을 잡고 자신의 위에 엎드린 채 다리를 벌려 콘돔 없이 삽입하려 했으나 실패했다고 진술했다. 다른 여성은 자신이 잠든 사이 어산지가 콘돔 없이 삽입했다고 말했다.[26] 영국 사법 당국은 강간 혐의로 어산지를 스웨덴으로 송환하는 조치를 승인했다. 어산지는 즉시 이의를 제기했지만 범죄인 인도가 확정되었다.

실제로 사건의 정황은 처음 알려진 것보다 더 복잡했다. 첫 번째 여성은 섹스에는 동의했지만 콘돔 없는 섹스에는 동의하지 않았고, 어산지가 힘을 사용해 콘돔 없이 섹스하려 했다고 말했다. 두 번째 여성은 잠들기 전 합의하에 어산지와 섹스를 했지만, 그녀가 콘돔 사용을 고집했음을 알면서도 어산지는 그녀가 잠들자 콘돔 없이 두 번째로 삽입했다고 주장했다.[27] 힘을 사용했고 잠든 사이에 삽입했다는 고소 내용에 어산지는 다음과 같이 답했을 뿐이다. "나는 일종의 남성 우월주의자일지는 몰라도 강간범은 아니며, 나를 강간범으로 모는 것은 대단히 왜곡된 성정치적 관점이다. 그 여성들은 각각 나와 섹스를 했으며 끝난 뒤에도 기꺼이 나와 시간을 보냈다."[28]

스웨덴 강제 송환에 반대하는 논거를 펴며 어산지의 변호사는 고객의 행동이 "무례"하고 "불쾌"했으며 "[여성들이] 편안하다고 느끼는 한계선을 시험하는" 행위였다고 인정하면서 사건이 끼친 손해를 교묘하게 희석하는 발언을 했다.[29]

어산지 사건은 면식 강간에 대한 대중의 인식에 혼란을 가져왔다. 두 여성 모두 어산지와의 성관계를 거절하지 않았으나 콘돔 없이 섹스하는 것은 원치 않았다. 그로 인해 면식 강간이란 성적으로 자유로운 파트너 사이에 오해가 생길 때 일어날 뿐이라는 인상을 남긴 것이다. 어산지가 폭력을 사용했다는 첫 번째 여성의 주장은 혼란한 가운데 묻히고 말았다. 더불어 면식 강간에서는 당사자들이 각각 동의의 범위와 피해 수준에 대해 합리적 의견 차이를 보일 수 있다는 생각이 널리 퍼졌고, 대중은 어산지의 고소인들뿐 아니라 라일리와 트레이시 같은 여성이 입은 피해까지 대수롭지 않다고 여기게 되었다.

어산지를 옹호하는 활동가들은 두 여성의 저의를 의심하며 이 사건이 어산지를 해치려는 정치적 음모라고 주장했다. 알렉산더 코번은 고소인 중 한 명의 이름을 밝힌 뒤 그녀가 미국의 지원을 받는 반카스트로·반공산주의 단체와 연결되어 있으며, CIA가 "이 스웨덴 여성들의 기소를 조장"했으리라고 비난했다.[30]

'허핑턴 포스트'에 올라온 글에서 원조 페미니스트 나오미 울프 또한 어산지의 혐의는 "첫 번째 여성과 사귀면서 두 번째 여성과 데이트하기 시작해 화가 난" 두 여성과 합의된 섹스를 했다는 것뿐이라며 사건을 축소했다.[31] 덧붙여 울프는 "세계적으로 데이트 상대에게 자기도취적 얼간이처럼 구는 남자들을 체포해 기소하는 색출 작업"이 벌어지고 있다고 주장하며 또다시 공개적으로 면식 강간의 심각성을 깎아내렸다.[32]

이후 울프는 익명성이 오히려 강간을 부끄러운 것으로 만든다며 강간을 신고한 여성들의 이름도 밝힐 것을 촉구했다. 하지만 어산지의 명성을 보호하려는 것이 그녀의 동기임은 명백했다.

> 심각한 범죄 혐의를 제기하는 사람이라면 마땅히 도덕적 성인으로 취급받아야 한다. 이 점의 중요성은 일반적인 경우보다 대중의 의견이 훨씬 더 중요하게 작용하는 어산지 사건에서 특히 명백하게 드러난다. 이 사건에서는 대중이 보이는 태도뿐 아니라 지정학적 상황의 압력이 대단히 큰 영향력을 행사한다. 피고인은 언론의 번뜩이는 시선과 미국 정부의 공격에 그대로 노출된 반면 원고들은 익명으로 남겨진 상태에서, 과연 배심원들이 공정한 판단을 내릴 수 있을까?[33]

페미니스트 칼럼니스트인 카사 폴릿은 어산지를 옹호하는 진보파가 다음 두 가지 개념을 한꺼번에 소화하지 못하는 것 같다며 실망감을 드러냈다.[34] 첫째, 대중이 알아야 할 정보를 공개하는 위키리크스는 유익한 것이다. 반면 둘째, 그 창립자는 스웨덴 법에 따르면 성범죄를 저질렀을 가능성이 있다. 하지만 이미 엎질러진 물이었다. 어산지의 고소인들에겐 경솔하며 앙심을 품고 있거나 정치적 저의가 있다는 낙인이 찍혔는데, 이는 면식 강간 신고자들에게 흔히 가해지는 비판이다.

이념이 성폭력 피해자에 대한 우려를 압도하는 방식을 적나라하게 보여주는 또 하나의 사례는 CBS 해외특파원 팀장 라라 로건이 2011년 2월 카이로에서 벌어진 소요에서 폭도에게 강간당한 사건 이후에 발생했다. 저널리스트 니어 로즌은 로건이 미국의 이라크 침공을 선전하는 치어리더일 뿐이므로 동정의 여지가 조금도 없다는 의견을 밝혔다.[35] 실제로 강간이 일어났다고 믿지 않는 듯, 로즌은 이 사건이 로건을 순교자로 만들어 카이로에서 공격당한 CNN의 앤더슨 쿠퍼와 겨룰 수 있도록 계산된 관심 끌기용 쇼에 불과하다고 일축했다.

나중에 로즌은 유감을 표하며 사석에서 농담으로 했던 말이 새어나갔다고 해명했다.[36] 강간이 농담에 적절한 소재라고 여겼다는 걸 보면 그것이 얼마나 대수롭지 않게 취급되는지 알 수 있다. 로즌의 고용주인 뉴욕대학교는 즉시 지원금 지급을 중단했다.[37]

2010년 아메리카대학교 캠퍼스에서 벌어진 논란은 성적으로 자유로운 생활 방식을 추구하는 이들이라면 강간의 위험을 감수해야 한다고 믿는 일부 진보주의자의 관점을 보여준다. 이러한 태도는 판사와 배심원에게도 영향을 미치기 마련이다. 커밍아웃한 게이인 2학년생 알렉스 네퍼는 학교 신문에 이런 칼럼을 썼다. "분명히 짚고 넘어가자. 누구나 올 수 있는 파티에 여자가 익명의 구경꾼으로 참석해서 독한 술을 다섯 잔 마시고 남학생 방에 따라갔다면 섹스를 원한다는 뜻이다. 알겠는가? (…) 실전을 감당할 수 없다면 섹스의 경기장에 뛰어들지 마라!"[38]

수백 명에 달하는 이가 신문사에 항의 서한을 보냈다. 이들은 해당 칼럼이 피해자를 비난하는 문화를 조장하고 강간을 용인함으로써 도를 넘었다고 주장했다. 한 학생은 이렇게 말했다. 여성이 섹스를 원하든 아니든 술에 취해 있을 경우 남자에게 그녀와 섹스할 권리가 있다는 생각이 전체 남학생의 관점을 대표한다면, "그와 같은 태도는 나를 포함한 여학생들의 안전에 심각한 위협이 된다."[39]

네퍼는 지금의 시대정신을 잘 잡아냈으며, 항의도 많기는 했으나 그의 관점은 젊은 남녀 다수가 공감할 만한 것임이 분명하다. 네퍼 같은 젊은이들에게 성적 자율권과 성적 탐험은 본질적으로 위험 부담을 수반하는 개념이다. 트레이시는 나름대로 주의 깊게 위험 요소를 제거하는 동시에 색다른 경험과 새로운 관계에 열린 자세를 취하려고 노력했다. 그 결과 자신의 의지에 반하여 항문 성교를 당한 것은 그녀가 스스로 부끄러워하고 후회해야 하는 문제가 되었다.

그 이후로 트레이시는 자신의 행동, 특히 강간범의 절정을 앞당김으로써 살아남으려 시도했던 일에 대해 깊이 생각해보았다. 다행스럽게도 그녀는 자신이 공격당하는 동안 조금이나마 통제권을 행사했다는 결론을 내렸고, 이 점은 그녀에게 매우 큰 의미를 지녔다.

이 일에 대해 진지하게 생각해봤어요. 자신에게 일어나는 일을 통제할 수 있는지 아닌지로 요약되는 문제니까요. 선택의 문제, 통제권의 문제죠. 사실을 인정하고 나니 기분이 좋았어요. 아니, 좋지는 않더라도 내게 조금이나마 선택의 여지가 있었다는 사실을 받아들이는 게 정말 중요하게 느껴졌어요. 아주 친한 친구 한 명은 이렇게 말했죠. "너는 거래를 했고, 그 결과 살아 나왔어. 그 점이 가장 중요해. 넌 그 거래를 선택한 거야. 네 방식대로 하기로 한 거지." 그런 의미에서 내가 완전히 수동적이지는 않았음을 깨닫는 건 정말 중요했어요.

피해자를 비난하는 가혹한 태도는 광범위한 영향을 미친다. 트레이시는 여자들도 자유와 경험을 원한다는 점에는 동의하지만, 이때 "무언가가 잘못되면 강한 비난을 받는다"고 말했다. 그녀는 여기서 중요한 건 알코올이 아니라고 생각했던 사실을 기억해 냈다. "차라리 그랬으면 좋았겠죠. 그렇게까지 아프지 않았을 테니까요." 그녀는 혹독했던 비난과 그 여파를 진솔하게 묘사했다.

사람들은 나를 비난했어요. 나는 비난받고 싶지 않았지만, 그들은 여전히 날 비난했죠. 그래서 대부분의 사람에게 말을 하고 싶지 않았어요. "걔는 뭘 어쩌려고 그 남자 집에 갔대?"라고 할 테니까요. 낯선 사람에게 폭행당했다면 훨씬 더 타당하게 받아들여졌겠죠. 절대로 이런 기분이 들지는 않았을 거예요.

보수주의자들의 공격 :
여성이 헤퍼서 강간이 벌어진다?

페미니스트들이 강간을 부정한 다소 극단적인 사례 중 몇몇은 사실 최근의 순결운동에 대한 반응에 해당된다. 일부 보수파 여성은 소위 '강간 유행병' 현상이 허황된 이야기라고 매도한다. 이들은 강간이 대부분 여성의 문란함으로 인해 일어난다고 믿기 때문이다. 크리스티나 호프 소머스는 이렇게 주장했다. "캠퍼스에서 발생한다고 알려진 데이트 강간 유행병은 존재하지 않는다. 지나치게 과장된 이야기일 뿐이다. 문제가 있기는 하지만, 이 문제들은 주로 음주, 그리고 폭음한 뒤 저지르는 터무니없고 때로 위험한 행위 등과 관련이 있다."[1]

최근 헤더 맥 도널드는 페미니스트들이 문란할 권리를 여성 평등의 초석으로 정의한다면, 그에 상응하는 위험이 따르기 마련이라고 단언했다. "술을 잔뜩 마시고 하룻밤, 또는 하룻밤의 얼마간을 함께 보내는 훅업hook-up 문화"[2]가 강간의 원인이라는 것이다. "물론 딱 붙는 탱크톱을 입는다고 꽉 막힌 사람들이 강간이라 부르는 사태로 이어지지는 않는다." 그녀는 이렇게 말했다. "하지만 그 탱크톱을 벗으면 나중에 후회하게 될 성관계가 벌어질 위험이 크며, 탱크톱 주인이 저녁 내내 럼앤콕을 마시고 있었다면 특히 더 그렇다." 맥 도널드는 다음과 같이 결론지었다.

> 어떤 학생들은 한 걸음 더 나아가 성적 절제를 지지하는 단체를 만들기도 한다. '사랑과 정절 네트워크'나 '진정한 사랑의 혁명' 등 새로 생겨난 이 대학생 단체들은 훅업 문화 탓에 만연한 후회스러운 섹스에 맞서 '결혼할 때까지 기다리라'는 대안을 제시한다. 캠퍼스에 조금이나마 바른 몸가짐을 돌려놓는 데는 강간 문화에 대해 끝없이 장광설을 펼치는 것보다 차라리 이들의 메시지가 훨씬 더 큰 효과를 발휘할 것이다.[3]

2006 『월스트리트 저널』에 실린 글에서 저널리스트 나오미 섀퍼 라일리는 자신이 보기에 상식이라고 판단한 관점을 지지했다. 그녀는 대학 내 강간 중 4분의 3은 피해자가 몹시 취해 거부할 수 없을 때 발생한다고 주장했다. "더구나 이는 그 사실을 인정한 사람만을 집계한 숫자다."[4] 현대 페미니즘, 그리고 그 신조에 따라 남자처럼 행동하려 애쓰는 여자들이 문제라는 것이다. 칼럼니스트 캐슬린 파커는 여성들에게 노출 심한 옷을 입으라고 부추기고 심지어 아기들에게까지 '포르노 스타' 티셔츠 같은 성적인 옷을 입히도록 유도하는 "창녀 문화ho culture"가 문제라고 지적했

다. 이런 논의를 강간에까지 확장한 파커는 2008년에 쓴 글에서 "여성이 자신을 성적으로 상품화하기 시작하면 다른 사람에게 그러지 말라고 주장하기가 어려워진다"[5]고 말했다.

보수주의자들은 계속 이런 식으로 강간 출현율의 신뢰성을 깎아내리고 대학 내 면식 강간이 미치는 영향을 축소한다. 2010년 『위클리 스탠더드』에는 『워싱턴 포스트』에서 매년 젊은 여성 15만 명이 강간당한다고 말한 재클린 프리드먼을 비판하는 기사가 실렸다. "프리드먼은 학생들이 술에 취한 채 맺은 성관계를 강간으로 집계함으로써 그런 높은 수치를 도출해냈다."[6]

이런 사람들이 보기에 문란한 여성들은 강간 피해자가 될 수 없었다. 제시카 밸런티는 이를 정확히 짚어낸다.

순결 신화의 영향하에서 실제로 강간을 당할 수 있는 여성은 순결한 여성뿐이다. 순결 신화가 허용하는 범위가 얼마나 좁은지, 그리고 그 좁은 틀 안에 포함되는 여성이 얼마나 적은지를 감안하면, 여성 대부분은 애초에 강간당하는 것이 불가능하다는 결론에 이른다. (…) 성 경험이 있는 여성인가? 그렇다면 전에도 이미 해봤으니 문제없지 않은가? 강간이라니 당치 않다. (…) 맥주를 과하게 마셨다고? 자기 행동에 책임을 져야지! (…) 순결한 여성은 술집이나 거리에 나다니지 않는다. 그들은 개방된 공간이 아닌 집 안에, 여성이 있어야 할 곳에 있다.[7]

놀랍게도 『브로드스트리트 리뷰』의 창간 편집장 댄 로텐버그는 2011년 이집트 소요에서 윤간당한 기자 라라 로건이 강간을 자초했다고 비판했다. 로텐버그는 사건 이전 로건이 사교 모임에 가슴골을 드러내는 드레스를 입고 참석해 찍은 사진을 보았다. 그는 남자라는 동물은 여자를 성적으로 정복하는 극적인 사건을 갈구하며, 이러한 성벽은 바뀌기 어렵다고 말했다. "해방된 여성들은 부디 정신 차리길. 당신이 다리, 허벅지, 가슴골을 내놓을 때 일부 해방된 남성은 이를 스스로의 몸과 성적 매력에 자신이 있다는 뜻으로 이해할 수 있다. 하지만 대다수 남성은 섹스를 원한다는 신호로 받아들일 것이다."[8] 게다가 로텐버그는 여성 기자들을 이렇게 꾸짖었다. "저널리스트로 진지하게 받아들여지고 싶다면 가슴골을 강조하는 자세로 사진을 찍지 마라."[9]

이런 주장은 표현만 바뀌었을 뿐 보수파 여성들의 순결에 대한 의견과 다르지 않다. 하지만 이집트 광장에서 윤간을 저지른 폭도들은 라라 로건이 이브닝드레스를 입은 사진을 본 적도 없으며 처음부터 섹스를 원해서 그녀를 성폭행한 것이 아님을 고려할 때 로텐버그의 확대 해석은 강간에 대한 이해가 얼마나 부족한지를 여실히 보여준다. 한 논평가가 말했듯, "그들은 로건을 다치게 하고 싶어서 그녀를 성폭행한 것이다."[10]

가볍고 분방한 혹업 문화를 기록하고 있는 로라 세션스 스텝은 쌍방이 술을 마시고 오해의 여지가 있는 신호를 보내 원치 않는 섹스에 이르는 사례를 가리키는 '회색 강간'이라는 용어를 만들어냈다. 스텝은 『코즈모폴리턴』 기사에서 이런 상황에서는 강간이 일어났는지 아닌지가 분명치 않다고 설명했다. 피해 여성들은 가해자가 누구인지 알지만, 자기가 한 행동(주로 각자 술을 마시고 남자의 방으로 따라간 것) 탓에 자신도 사건에 책임이 있다고 생각했다. 성관계가 시작될 때 이들은 항의했지만, 결국에는 폭행이 일어나는 동안 멍하게 굳어지고 말았다. 이 여성들은 모두 섹스를 원하지 않았으며, 개인마다 정도의 차이는 있으나 모두 사건의 여파로 고통을 겪었다.[11]

합의되지 않은 성적 접촉 중 상당수를 덜 심각한 용어를 사용해 새로 분류하는 것은 '진정한 강간'은 만연하지 않았다고 부정하는 이들을 도울 뿐이며, 여성들에게 사건이 자신의 탓이라는 생각을 주입한다. 차라리 그런 사례를 강간이라고 부르고 혹업을 주의해야 한다는 주장의 근거로 삼는 편이 낫지 않은가? 스텝 자신도 글에서 이런 어중간함을 드러낸다.

때때로 스텝은 여학생들이 강간당했으며 법에 따르면 술이나 약에 취한 사람은 동의를 할 수 없다는 점을 이해하는 듯 보이지만, 또 어떤 부분에서는 남학생들이 술을 지나치게 많이 마셨고 "언제 침대까지 가게 되었는지"[12] 혼란스러워한다고 말하기도 했다.

결국 스텝은 혹업 문화로 화살을 돌리고 여학생들에게 회색 영역을 피하는 요령을 알려줌으로써 자신의 모호함을 해결하려 한다. 이는 남성이 아닌 여성에게 책임을 돌리는 것이다. '회색 강간'은 젊은 여성들이 무모하게 행동하며 그 결과로 일어난 일에 스스로 책임을 져야 한다는 보수파 강간 부정론자들의 생각과 다를 바 없는 개념이다.

여학생의 정숙함을 지지하는 젊은 활동가 웬디 샬릿은 강간 출현율 통계를 의심하지 않았으며, 메리 코스에 대한 공격이 기만적이고 사실에 기초하지 않았다는 점을 인지하고 있었다.

보수주의자들도 데이트 상대의 신체적 자유를 빼앗지 않고는 성관계를 맺지 못하는 남자들에게 해야 할 말이 있을 터이다. 페미니스트들이 강간의 정의를 확장한다고 공격하는 것은 우리 사회의 남성들을 사회화한다는 더 어렵지만 필수적인 과제에 쏟아야 할 관심을 다른 곳으로 돌리는 행위다.[13]

그러나 샬릿도 강간과 가정폭력을 성적 해방 탓으로 돌렸다는 점에서는 같으며, 여성들이 당장 정숙함을 되찾아야 한다고 촉구했다.

남성이 여성보다 신체적으로 강하다는 사실을 부정하는 유니섹스 사회를 지향하다 보면 여성을 전혀 존중하지 않는 주정뱅이들 (그리고 취하지 않은 기회주의자들)이 여성을 노릴 기회가 늘어날 수밖에 없다. 성별 구분을 짓지 않는 우리 사회가 여태껏 이룬 것은 여성이 부당하게 이용당할 기회가 훨씬 더 많아졌다는 현실뿐이다. (…) 특히 남성이 신체적으로 더 강하고 여성에게 성관계를 강요할 능력이 있을지라도 그것은 문명화된 사회에서 허용되는 방식이 아니기에 그래서는 안 된다.[14]

하지만 샬릿은 남성을 변화시키는 일이 가능하다고 생각지 않았으므로 여성이 먼저 정숙함을 추구해야 한다고 주장했다.

유감스럽게도 남자가 신사답지 못하게 굴고 여자를 존중하지 않는다면 여자가 그런 태도를 바꾸기 위해 할 수 있는 일이란 거의 없다. (…) 반면 적절한 역할 모델이 없다 해도 젊은 여성들은 자신이 기꺼이 내줄 수 있는 것 이상을 바라는 남자를 돌려세우는 방법을 배울 수 있다.[15]

훅업 문화와 '회색 강간'에 관해 계속되는 논의는 페미니즘 내부의 혼란과 견해차를 드러낸다. 일부 페미니스트는 로라 세션스 스텝이 가벼운 섹스의 위험을 과장해 여성의 성적 자유를 무효화하려 든다고 생각한다.[16] 다른 이들은 보수파의 의도적 공격 표적이 된다는 이유만으로 훅업 문화를 옹호하거나 그 영향을 축소하려 해서는 안 된다고 경고한다. 여성의 성적 해방이 여성을 성적으로 착취하는 수단으로 사용될 수도 있기 때문이다. 한 젊은 여성은 온라인 토론방에서 이렇게 말했다.

대학 캠퍼스에는 여학생이 성적으로 접근 가능해야 한다는 기대치가 있다. (…) 성적으로 자유로운 여성의 의미는, 항상 기꺼이 섹스를 하려는 여성을 뜻하는 것으로 변해버렸다. (…) 가부장제가 여성의 성 해방을 남성에게 이득이 되는 방향으로 완전히 바꾸어놓았다. 여성이 쿨해지려면 섹스를 해야 한다는 압박을 느

끼는 상황은 성적 해방이 아니다.[17]

　이런 맹렬한 논쟁은 성적 해방의 교리를 온전히 받아들일 능력이 없는 젊은 여성들을 원치 않는 섹스에 대한 걱정으로 옭아맨다. 각종 매체와 대중에 널리 퍼진 혼란이 면식 강간에 대한 강경 대응을 막는 역할을 한다는 것은 전혀 놀라운 일이 아니다. 최근 이러한 이념적 공격과 반격에 관련된 수많은 글이 쏟아졌고, 페미니즘에 반대하는 전쟁 또는 페미니즘 내부의 분열은 강간을 막는다는 과제에 쏠려야 할 관심을 앗아갔다. 성적 해방이라는 흐릿한 장막을 배경으로 약탈자들은 취약한 피해자들을 마음껏 골라잡는다.

　보수주의 활동가 수전 벵커와 필리스 슐라플라이는 그들의 책 『페미니즘의 이면』에서 면식 강간을 여성이 섹스에 적극적으로 나서게 한 성적 해방 탓으로 돌리며 정작 가해자에 대해서는 한마디도 하지 않았다. 이들은 오늘날 여성들이 "스스로 저지른 실수로부터 자신을 보호하기 위해 싸우는가 하면, 동시에 그런 실수를 저지를 자유를 위해 싸운다. 자유로운 섹스를 원하지만, 마음이 바뀌면 남성을 벌할 권한까지 원한다"[18]고 썼다.

　벵커와 슐라플라이는 남자란 항상 손에 넣을 수 있는 것을 이용하게 되어 있다고 주장했다. "술에 취한 뒤 뜻하지 않게 섹스를 하게 된 여자가 데이트 강간이라고 목소리를 높이면, 남자는 감옥에 갈 수도 있다!"[19] 술 취한 상태에서의 우연한 섹스에만 초점을 맞추는 이들의 주장은 모든 면식 강간을 한 가지 시나리오로 축소하며, 심지어 그 시나리오 안에서도 위험을 감수한 탓이라며 피해자를 비난하는 유감스러운 결과를 낳는다.

2011년 5월 TV 인터뷰에서 새로 입안된 형량 정책에 대해 영국 법무부 장관 케네스 클라크가 한 말은 벵커와 슐라플라이의 관점이 얼마나 널리 받아들여졌는지를 보여주는 예다. 원로 법조인이자 정치가인 클라크는 '심각한 강간'과 '데이트 강간'을 명확히 구분해야 하며 '심각한 강간'을 저지른 범죄자는 '데이트 강간'을 저지른 이들만큼 빨리 풀려나서는 안 된다고 말했다. 맹렬한 반발이 일자 클라크는 다시 TV 스튜디오에 나와 "모든 강간을 심각한 범죄로" 여긴다고 해명했다.[20] 하지만 법무부 장관이 즉흥적으로 한 말은 의심의 여지 없이 그의 진심이자 많은 사람이 믿는 바를 표현하고 있다. 장관 해임을 요구하는 목소리가 높아지는 와중에 한 논평가는 "클라크의 발언은 강간이 그 외의 폭행과는 다른 범죄로 간주된다는 사실을 강조한다"[21]고 지적했다. 이런 분류는 면식 강간 피해자에게 불리하게 작용한다.

하지만 기억해야 할 요점은 다음과 같다. 강간을 부정하는 페미니스트들과 순결을 옹호하는 보수주의자들은 모두 여성이 입은 피해를 여성 자신의 탓으로 돌린다. 이런 생각은 우리 사회에서 강간범에게 책임을 물을 때 강력한 악영향을 미친다. 완전히 다른 두 가지 사상이 피해자 비난이라는 유해한 주제로 수렴되고 있다. 카린 마도로시안 교수는 이 주제를 명료하게 설명했다.

책임은 여전히 피해자에게 지워진다. 이 문제를 두고 오랫동안 대중을 교육한 결과로 얻은 것이라곤 이제 여자들이 강간당하지 않도록 알아서 잘 처신하리라는 기대뿐이다. (…) 강간이나 가정 폭력처럼 피해자를 비난하는 반응을 불러일으키는 범죄는 오로지 젠더 관련 범죄뿐이다. 도난 경보를 켜는 것을 잊어버렸든 '주민 방범대'가 순찰했는데도 강도를 당했든 절도범이 무죄 방면될 리 없는 반면, 강간 사건에서는 항상 피해자가 사건에 책임이 있을 수도 있음을 전제하는 방식으로 수사가 이루어진다. 그릇된 판단이 사건을 초래했다는 것이다.[22]

피 해 자 가   과 다 하 다 ?

\

페미니즘을 비판하는 사람 중에는 가끔 "피해자 차별주의자"라고 불리는 저술가들도 있다.[23] 이들은 일부 피해자가 한데 모여 스스로의 행위에 책임지기를 거부하고 자신의 문제를 남의 책임으로 돌린다고 비판한다. 가짜 피해자들 탓에 진짜 피해자가 받아야 할 사회적 관심까지 사라진다는 주장이다. 물론 피해자인 척하는 사례, 예를 들어 고용주가 징계 조치를 취하려 하자 인종, 성별, 나이 등으로 차별받았다고 주장하는 수준 이하의 직원도 흔히 볼 수 있다. 하지만 강간 피해자까지 이런 식으로 분석하는 것은 강간 신고자가 책임을 회피한다거나 피해를 과장한다는 인식을 퍼뜨리며, 궁극적으로 면식 강간에 대한 무관심을 조장한다.

자신의 책 『피해자들의 나라』에서 찰스 J. 사이크스는 강간에도 피해자 분석을 적용했다. 그는 강간이 심각하고 끔찍한 범죄이기는 하나 허위 신고 탓에 진짜 강간 피해자들이 공감을 얻지 못한다고 설명했다. 그리고 가짜 피해자란 성희롱 같은 사소한 문제까지 포함하도록 강간의 개념을 확장하는 이들을 가리킨다고 덧붙였다. 사이크스는 이렇게 말했다. "이들은 성폭행을 구성하는 요건을 재정의하고 성적 억압의 영역을 확장해 남녀관계를 둘러싼 온갖 미묘함과 복잡함, 애매함을 전부 포괄하게 하는 데 훨씬 더 많은 힘을 쏟는다."[24]

이 주장을 뒷받침하기 위해 사이크스는 메리 코스의 연구에 주의를 돌렸고 앞서 언급한 것과 같은 방식으로 코스의 방법론을 비난했다. 그는 코스의 강간 출현율 연구가 지나치게 넓은 강간의 정의에 기반을 두었다는 결론을 내렸다. 이미 반복되어 주류에 편입되고 대중에게 면식 강간에 관한 그릇된 인식을 심은 주장이었다. 강간 전문가들은 이런 관점이 극도로 유해하며, 부정론자들이 "거의 단정적으로 강간을 무시하고 피해자들이 지나치게 예민하거나 사건을 과장한다고 비판한다는 점에서 특히 소름 끼친다"[25]고 지적했다.

심리학자 샤론 램의 관점은 약간 다르다. 그녀는 라일리나 트레이시 같은 젊은 여성들이 지나친 자책으로 인해 오히려 가해자의 책임을 덜어주는 것이 문제라고 설명했다. 램이 제시한 중립적 대안은 상식적이며 현실을 더 정확히 반영한다. 피해자는 아무 잘못이 없음을 지나치게 강조하면 강간 신고자에게 책임과 주체성을 허락하지 않는 셈이라고 그녀는 설명한다. 이때 책임을 분배한다는 것이 가해자가 무죄라는 뜻은 아니다.

> 자기 성찰은 종종 자기비판으로 이어진다. 그리고 자신이 완전히 물건으로 여겨질 만큼 엄청난 강압을 받은 경우가 아니라면 폭행 피해자도 어느 정도의 책임을 느낄 수 있다. 피해자 비난을 막으려고 나서는 것은 좋지만, 피해자만 빼고 나머지를 모두 비난하는 것은 유용하지도 올바르지도 않다. 그런 언행은 회복의 기초가 되는 자기 확신과 용기, 변하고자 하는 의지를 꺾을 수도 있다. 하지만 피해자에게 책임을 일부 나누어준다고 해도 가해자에게 현실적이고 완전한 방법으로 책임을 지워야 한다는 사실에는 변함이 없음을 기억하자.[26]

피해자 비난에서 언론이 수행하는 역할

\

언론 종사자 중에도 면식 강간을 피해자 탓으로 돌리는 이가 적지 않다. 1990년대 초반부터 각종 매체는 면식 강간이라는 개념을 받아들이는 데 어려움을 겪었다. 예를 들어 데이트 강간 사건 처리 방식에 항의하는 시위를 취재하며 ABC 뉴스 기자 존 스토셀은 마이크를 들고 시위대에게 강간을 정의해볼 것을 요청했다. "제가 보기에 강간이란 남자가 총이나 칼로 여자를 위협해 일어나는 사건입니다." 그가 말했다. "그런데 강간에 대한 새로운 시각도 있는 것 같습니다."[27]

그 이래 지금까지도 별다른 발전이 있었던 것으로는 보이지 않는다. 학생 신문 칼럼니스트 알렉스 네퍼는 낯선 사람이 "성적이지 않은 상황에 성기를 억지로 집어넣을 때"[28]만 강간이 발생한다는 생각을 명확히 밝혔다. 언론 종사자와 일반 대중 가운데에도 이에 동의하는 사람이 적지 않은 듯하다.

2009년 신문 200종과 공중파 라디오 방송 네 개에서 칼럼을 연재하는 에이미 디킨슨에게 한 독자가 자신에게 일어난 일이 강간인지 아닌지 조언해달라고 요청했다. 그 여학생 독자는 남학생 사교클럽 파티에서 술에 취했으나 섹스를 원하지 않았고, 남학생 방에 따라가기 전에 그 점을 밝혔다고 말했다. 그녀는 편지에 이렇게 썼다. "그러니까 제 질문은요, 제가 몸부림치며 저항하지 않았더라도 강간이라고 할 수 있나요? 그렇게 말하는 것은 조금 지나치다는 생각도 들지만, 그 일이 있었던 뒤로 기분이 예전 같지 않아요. 저는 피해자인가요?"[29]

디킨슨은 뭐라고 답했을까?

피해자냐고요? 맞습니다.

우선, 당신은 스스로 내린 그릇된 판단의 피해자입니다. 현명하지 못하거나 원치 않은 성적 접촉에 관여하게 될 위험(혹자는 가능성이라고 하겠죠)이 크기에 남학생 클럽 회관에서 술에 취한다는 건 누구에게나 위험한 선택입니다.

상대 남학생도 취해 있었는지는 언급하지 않았는데요. 만약 그랬다면 그의 판단력도 떨어져 있었을 겁니다.

술에 취한 여학생, 게다가 섹스할 생각이 없다고 미리 밝힌 여성을 부당하게 이용한 남학생에게 어떤 종류의 책임도 묻지 않는 디킨슨의 태도는 매우 우려스럽지만, 오랫동안 피해자를 비난해 온 강간 부정론자들을 생각하면 그리 놀랍지도 않다. 조언을 구한 여성이 자기 의지에 반하여 압도되었다고 말했는데도 디킨슨은 "원치 않은 성적 접촉에 관여하게 될"이라는 표현을 씀으로써 실제 사건의 본질을 흐려놓았다.

상당한 강도의 항의가 들어오자 디킨슨은 나중에 쓴 칼럼에서 이에 대해 사과를 시도하기는 했다.("벌어진 일에 대해 그녀를 탓하거나 공격하려는 의도는 결코 아니었습니다.") 하지만 디킨슨은 그 여성이 "유일하게 자신이 조절할 수 있는 것, 즉 자기 자신의 선택과 행동에 책임을 져야 한다"[30]는 관점을 반복하며 다시 한번 그 여성에게 잘못을 돌렸다.

이런 경과를 살펴보면 디킨슨은 사건 전체를 알코올 섭취가 초래한 오해에 불과하다고 생각하는 것이 분명하다. 또, 취할 때까지 술을 마신 여성은 대체로 스스로 섹스를 허락한 것이나 마찬가지라는 데 상당한 수의 대중이 동의한다는 점도 명백하다.

이러한 믿음은 비슷한 상황에서 벌어진 사건의 유죄 판결에 큰 걸림돌이 된다. 2010년 영국에서 시행된 온라인 설문에서 응답자의 3분의 1은 도발적인 옷차림을 했거나 가해자의 집에 술을 마시러 갔다면 폭행은 피해자의 탓이라고 답했다.[31]

2011년 3월 『뉴욕 타임스』의 한 기자는 텍사스 주 클리블랜드에서 청년 18명이 11세 소녀를 윤간한 사건을 취재했다. 짧은 기사에서 그 기자는 소녀가 나이에 비해 성숙하게 꾸미고 다녔으며 "화장을 하고 20대 여성에게 어울릴 법한 옷을 입었고"[32] 운동장에서 10대 소년들과 어울려 놀았다는 동네 주민의 말을 굳이 인용했다. 또 소녀의 어머니가 무관심하게 아이를 방치했으며 그 청년들이 "평생 이 짐을 지고 살아야 한다"며 사건을 호도하는 주민의 말도 기사에 넣었다. 동네 청년 18명이 열한 살짜리 소녀를 이런 식으로 착취해도 괜찮다고 생각했다는 게 수치스럽다는 의견을 표한 주민은 없었던 모양이다.

결과적으로 사건이 열한 살짜리의 잘못이라고 시사하는 듯한 기사가 완성되었다. 그러자 전국적으로 이 신문을 규탄하는 운동이 벌어졌고 며칠 만에 4만 명의 서명이 이뤄졌다.[33] 며칠 후 해당 신문사의 공공 편집자public editor(보도윤리 준수를 감시하고 오보를 정정하는 편집자—옮긴이) 아서 브리즈번은 그 기사가 소녀를 조롱거리로 만들었음을 인정하는 글을 온라인에 게시했다.[34] 그는 자사 기자가 청년들의 인생이 망가지리라는 우려를 표하면서도 소녀가 받은 고통은 언급하지 않았다고 말했다. 또 자사 신문이 공정 보도 원칙을 지키지 않았다고 비판했다. 원래 기사에는 지역 주민들이 청년들의 인생과 소녀의 불량한 행실을 걱정한다는 내용만이 실려 있었지만, 브리즈번은 그 인용문들이 지역 전체의 감정을 대변하지는 않을 것이라고 지적했다.[35]

이 사건에서 몇 가지 충격적인 사실을 발견할 수 있다. 열한 살짜리 아이가 제 잘못으로 강간당했다는 지역 주민들의 말은 피해자를 비난하는 문화가 우리 사회에 얼마나 깊이 뿌리박혀 있는지를 보여준다. 기자 역시 그런 태도에 무의식적으로 동조했을 가능성이 크다. 그런 관점을 지닌 사람은 그들만이 아니다. 이 비극적 사건이 발생하고 얼마 지나지 않아 플로리다 주 하원의원 캐슬린 패시도모는 플로리다에서 학교 복장 규정을 제정해야 한다고 주장했다.

"소녀의 부모는 아이가 그런 차림으로 학교에 가게 내버려두었습니다." 패시도모는 이렇게 말했다. "그리고 나는 텍사스에서 벌어진 일이 우리 학생들에게 일어나지 않게끔 학생들이 적절한 차림으로 등교해 학교에서 안전하게 지낼 수 있는 환경을 만드는 것이 우리 의무라고 생각합니다."[36]

『뉴욕 타임스』 웹사이트에 달린 수많은 댓글이 지적한 대로 핵심은 공정 보도 문제가 아니다. 윤간에 핑계가 존재할 수 있을까? 여성이 살해 또는 강도를 당했을 때 그럴 만했는지 아닌지 공정한 논평을 실으라고 신문사에 요구할 필요가 있을까?

윤간 관련 보도 중에서 『뉴욕 타임스』 기사가 딱히 이례적인 것은 아니다. 가장 끔찍한 윤간 사례를 보도할 때도 언론은 종종 피해자가 술을 마셨다는 점을 강조한다. 1980~1996년의 주요 강간 사건 10건에 대한 언론 보도를 분석한 연구자들은 윤간까지 포함한 다섯 가지 사례에서 기자들이 피해 여성의 행동에만 집착했다는 실망스러운 사실을 밝혀냈다. 연구자들은 이렇게 지적했다. "음주와 같은 피해자의 행동은 여전히 매우 중대한 고려 사항이기에 심지어 복수의 범인이 존재한다는 사실조차도 강간 사건에서 원인, 동기, 사건 촉발 등을 피해자에게 돌리려는 태도를 바꾸지 못한다."[37]

최근 들어 이러한 태도가 미국의 공공 정책과 수사 절차에도 영향을 미친다는 증거가 나타나고 있다.

임신중절 예외 조항의 재정립

\

오랫동안 임신중절 반대 운동가들은 강간과 근친상간 피해자 예외 조항에 맞서 싸웠다. 이러한 예외가 더 많은 임신중절을 촉진한다고 보았기 때문이다. 이들의 전술은 강간 반대론자들이 쓰는 방법과 판에 박은 듯 똑같다.

첫째, 이들은 '정당한 강간' 또는 '폭행 강간'이라는 구분 방식을 확립하려고 애쓴다. 다른 비폭력적 사건은 사실 강간이 아니며, 그 일을 당한 사람도 진정한 피해자가 아니므로 원치 않는 임신에 대해 사람들이 신경 쓸 필요가 없다는 것이다. 이런 접근 방식은 상당수의 강간이 진짜가 아니라는 인식을 공고히 한다. 2011년 초 H.R.3 법안이 찬성 173명으로 미 하원에 제출되었을 때도 이러한 전략이 개입되었다. 이 법안은 강간으로 인한 임신중절 비용 일부를 세금으로 지원해주지만, 대상은 폭력적 강간 피해자에 한정되었다.[38]

둘째, 임신중절 반대 운동가들은 폭력적 강간 상황에서는 임신이 되지 않으므로 예외 조항이 불필요하다고 주장한다. 이런 상황에서는 숨겨진 방어 기제가 작동해 임신을 막는다는 것이다. 따라서 폭력적 강간 상황에서 임신했다고 주장하는 사람들은 거짓말쟁이라는 결론이 나온다.

임신중절 반대론자들의 강간 부정 전략은 성과를 거두는 듯 보인다. 2012년 하원의원이며 미주리 주 상원의원 자리에 도전하던 토드 아킨은 다음과 같은 유명한 말을 남겼다. "진정한 강간이 일어날 때 여성의 몸은 문을 닫아버리는 기능을 지니고 있습니다."[39] (끔찍하게도 아킨의 주장은 나치의 실험 결과에 근거를 두었을 가능성이 있다. 여성들에게 가스실로 보내질 예정이라고 말한 다음 그들을 살려둔 실험에서 산부인과 의사는 여성들의 배란이 멈추었다고 보고했다.)[40] 미국 산부인과의 협회는 이 이 엉터리 생명 과학에 응수해 강간당하는 여성은 배란, 수정, 수정란의 착상과정에 전혀 개입할 수 없다고 분명히 밝혔다. 오바마 대통령 또한 이에 대해 "그런 관점을 표명하다니 불쾌하군요. 강간은 강간입니다"라고 말했다.[41]

강간으로 인한 임신 건수는 알려지지 않았지만, 미국에서는 매년 강간을 신고한 후 그 강간으로 임신한 여성 가운데 1만 ~1만5000명이 임신중절 수술을 받는다.[42] 대부분의 강간이 진짜가 아니라고 주장하며 엉터리 과학이나 통계를 내세우는 행위는 거짓 현실을 꾸며낸다. 그 같은 현실 속에서 강간으로 임신했다고 주장하는 여성은 거짓을 말하고 있으며, 그렇게 주장함으로써 임신중절 금지법을 피해가려 한다는 한 가지 결론만이 존재한다.

원 고 과 실 을 내 세 워 항 변 하 기

\

한때 로 리뷰(로스쿨에서 발행하는 정기간행물—옮긴이)에서는 범죄 혐의에 대한 항변으로서의 기여 과실(피고와 더불어 원고에게도 사건 조성에 기여한 과실이 있다는 개념—옮긴이)의 개념이 화제가 되었다. 럿거스대학교 뉴어크 캠퍼스 로스쿨 교수인 비라 버겔슨은 피해자와 가해자의 상호작용 맥락을 고려해 가해지의 법적 책임을 평가해야 한다고 주장했다. 그녀는 범죄를 신고한 사람의 행위가 피고의 형사 책임을 경감할 근거가 되는 상황이 있다고 결론지었다. 버겔슨의 관점에서 이러한 상황은 범죄 피해자가 자신의 권리를 (동의 또는 위험 감수를 통해) 자발적으로 포기했을 때, 또는 (타인의 법적 권리를 침해 또는 위협함으로써) 비자발적으로 상실했을 때 발생한다.[43]

버겔슨의 새 이론을 실제로 적용하기란 쉽지 않다. 예를 들어 버겔슨은 해를 입었다고 주장하는 사람이 위험한 시도, 가령 러시안룰렛 등에 자발적으로 참여했다면 피해자 과실 참작을 인정할 것이다. 하지만 피해자가 단순히 범죄에 대해 충분한 예방책을 취하지 않았다가 범법 행위에 의해 희생되었다면, 가령 밤에 공원에서 조깅을 하던 상황이라면 앞의 사례와는 다르게 취급할 것이다. 버겔슨은 강간죄가 후자에 속한다고 보았기에 자신의 제

안에 포함하지 않았다.[44] 버겔슨은 단순히 대중이 생각하는 도의적 책임을 법제화하기 위해 애써 새로운 법적 이론을 세운 것은 아니지만(그녀는 "강간 피해자는 강간에 대한 책임을 지지 않고, 져서도 안 되며, 대중의 생각이 이에 반할지라도 이 점은 변하지 않는다"[45]고 말했다), 형법상 기여 과실은 강간 부정론자들이 두 팔 벌려 환영할 만한 개념이다. 2010년 변호사 버네사 플레이스는 자신의 책에서 바로 이런 관점을 옹호하며 미국 강간법에 기여 과실을 적용할 필요성을 입증하려 했다.

> 본질적으로 위험한 활동에 자발적으로 참여했다면 예측 가능한 피해에 대해서는 가해자의 책임을 배제할 수 있다. 예컨대 어떤 여성이 바에 가서 술에 취한 다음 방금 만난 남성과 잠깐 시간을 보내기로 했다면, 그 남성에게 강간에 대한 책임을 물을 수 없다. 이는 매우 미묘한 문제이므로 주의 깊게 위험 감수의 한계를 설정해야 한다. 다시 말하자면, 여성이 동의를 철회했으나 남성이 그에 따르지 않은 경우가 아니라면, 그는 강간에 대해 책임이 없다.[46]

그러므로 플레이스가 보기에 그런 상황에서 여자는 적극적인 동의를 표하지 말아야 할 뿐 아니라 이미 건네졌다고 가정된 동의에 대해서도 적극적으로 철회했음을 보여주어야 한다는 뜻이다. 게다가 플레이스는 술이나 약에 취한 사람은 섹스에 동의할 수 없다는 추론도 받아들이지 않았다. "여성이 취하지 않은 상태였다면 동의하지 않았으리라는 실질적 증거가 없는 이상 남성이 확정적 고의를 품고, 다시 말해 동의의 부재를 인식하면서 행동했다고 간주해서는 안 된다."[47] 여기서도 플레이스가 강간 관련 형법에 피해자를 비난하는 관점을 거리낌 없이 끼워넣으려 시도하고 있음을 확인할 수 있다.

사 법 종 사 자 들 의 태 도

\

최근 경찰과 법조인 중에도 이와 같은 관점을 수용한 이들이 있다는 증거가 심심찮게 눈에 띈다. 예를 들어 얼마 전 대학 캠퍼스에서 열린 '밤길 되찾기 행진' 현장에 있던 경찰은 "성폭행은 사라져야 한다"는 구호에 맞서 확성기에 대고 "그러면 술을 마시지 말든가!"라고 외쳤다.[48] 2011년 1월에는 한 경찰관이 토론토 요크대학교 학생들에게 강간을 피하려면 "걸레"같이 입고 다녀선 안 된다고 말하기도 했다.[49] 놀랍게도 판사라는 자가 공개석상에서 한 말은 일부 사람이 술 취한 여자는 손쉬운 먹잇감이라는 생각을 얼마나 깊이 내면화하고 있는지를 보여준다. 볼티모어 카운티에서 이 판사는 술 취한 여성을 강간해 유죄 판결을 받은 남성에게 실형 대신 집행유예만을 선고했다. 남성과 친구 사이였던 피해자는 술을 잔뜩 마신 뒤 자고 가려고 옷을 모두 입은 채 자발적으로 남성의 침대에 누웠다. 판사는 술에 취해 의식을 잃은 여성이 누워 있는 모습은 "솔직히 말해 수많은 남성이 꿈꾸는 광경"

이라고 말했다.[50]

고등교육을 받은 한 배심원은 다음과 같은 사건 이야기를 들려주었다. 한 여성이 바에서 두 남성을 만났고, 그들과 다른 술집으로 자리를 옮기는 데 동의했다. 하지만 두 남자는 그녀를 자기네 집으로 데려가 삽입 섹스를 했다. 남성들은 합의된 성관계라고 주장해 무죄 평결을 받았다. 원고는 배심원단에게 자신이 레즈비언이며 남자와의 성관계에 동의했을 리 없다고 말했지만 소용없었다. 그 배심원은 여성이 차에 탔으므로 그다음에 무슨 일이 일어났든 간에 모두 동의한 것으로 보고 그런 평결을 내렸다고 설명했다.[51]

영국에서 벳시 스탠코와 동료들이 시행한 연구는 원고가 취약성을 지녔을 때 강간 사건 기소가 어려워진다는 사실을 밝혀냈다. 이 연구에서는 2005년 4~5월 런던 메트로폴리탄 경찰서에 신고되어 기록으로 남은 697건의 강간을 검토하고 장기간에 걸쳐 사건의 진행과정을 추적했다. 연구자들은 원고가 사건 발생 당시 18세 미만이거나, 경찰 기록에 명기된 정신 건강상의 문제가 있거나, 사건 당시 또는 사건 이전에 가해자와 친밀한 관계였거나, 사건 직전에 알코올을 섭취 또는 약물을 복용했다면 취약성을 지닌 것으로 보았다. 검토된 사건 중 87퍼센트가 적어도 하나 이상의 취약성 항목에 해당되었다. 복수의 취약성을 지닌 원고는 재판에서 승소할 가능성이 더 낮았으며, 정신 건강상의 문제가 재판에 가장 불리하게 작용했다.[52]

이런 결과에 연구자들은 우려를 표했다. "강간범들이 의도적으로 이런 취약성을 표적으로 삼을 가능성이 상당히 크기"[53] 때문이었다. 다시 말해 강간범들은 자신이 강간하고도 빠져나갈 여지가 커 보이는 피해자를 고를 수도 있다는 뜻이다. 그렇기에 사법 당국과 대중이 강간 신고자를 비난하지 않는 태도를 보이는 것이 더 중요해진다. 대신 취약한 여성을 공격하는 이들에게 법적 책임을 물을 방법을 강구해야 한다.

강간범들이 라일리처럼 취약한 표적을 찾는다는 연구자들의 말이 옳다면 자발적으로 취한 여성은 강간당하기 쉽다는 뜻이다. 전직 검사 테리사 스캘조는 이런 글을 썼다.

> 강간 재판에서 몹시 유감스러운 사실은 피해자가 가해자의 표적이 되게 했던 바로 그 약점이 배심원 앞에서 피해자의 신빙성을 떨어뜨리는 원인이 되기까지 한다는 점이다. 예를 들어 바에 가서 토할 때까지 술을 마시고 인사불성이 된 여성은 쉽게 강간범의 표적이 된다. 배심원단은 피해자가 자신의 행동으로 위험을 자초했다고 생각하며 그녀를 반감 어린 회의적 시선으로 바라볼 것이다.[54]

강간 가해 남성들을 연구해온 데이비드 리잭 교수는 상습적 강간범들이 만취한 젊은 여성을 노린다고 말한다. 이런 유의 강간 사건은 검찰이 종종 기소를 거부하므로 사법제도가 강간범에게 면책권을 주는 것이나 마찬가지인 결과로 이어진다. 리잭은 이렇게 지적했다. "신입생, 즉 1학년 여자 대학생이 특히 강간당할 위험이 크다는 점은 교직원들 사이에서 널리 알려진 사실입니다. 캠퍼스의 강간범들은 새로 들어온 여학생들이 더 어리고 경험이 적다는 사실을 잘 알고 있어요. 이 여성들은 공동체에 받아들여지기를 원하므로 위험을 감수할 가능성도 더 크죠. 이러한 이유로 상습 강간범들은 특히 이런 여학생들을 노립니다."[55]

고등학생 에이드리언 미스브레너가 강간 혐의로 기소된 사건은 여성이 성적으로 해방되었다는 현대사회에서 피해자 비난이 발휘하는 영향력을 잘 보여준다. 소설가 스콧 터로는 이 사건을 토대로 중편소설『한계』를 썼지만, 터로의 책은 남학생이 처벌을 받는 결말로 끝난다.[56] 유감스럽게도『한계』는 소설일 뿐이다. 실제 사건은 완전히 다른 결말을 맞았고, 얼마 동안 언론의 격렬한 반응을 불러일으켰다.

이 사건은 2002년 시카고 교외 부촌에 있는 미스브레너의 집에서 열린 10대들의 파티에서 발생했다. 파티가 진행되는 동안 참석자 한 명은 세 남학생이 만취한 16세 소녀에게 삽입 섹스를 하는 장면을 비디오로 촬영했다. 여학생은 보드카를 두세 모금 삼킨 뒤 토했고 그 뒤로는 아무것도 기억나지 않는다고 진술했다. 다음 날 오후 눈을 뜬 그녀는 허리 아래로 벌거벗은 채였고, 허벅지와 가슴에는 검은색 매직펜으로 '걸레' 등의 성적 욕설이 적혀 있었다.[57]

사건을 기록한 비디오는 배심원과 법조인들만 시청했다. 세 남학생이 삽입할 때 여학생이 취해 있었음은 분명했다. 테이프가 끝나갈 무렵 소녀는 의식을 잃은 듯 보였다. 그러자 세 남학생은 합세한 다른 두 소년과 함께 성적 욕설을 쓰고, 그녀의 몸에 침을 뱉고, 얼굴에 콘돔을 펼쳐놓고, 질에 담배를 집어넣었다.

검찰은 이 사건으로 10대 소년 네 명을 기소했다. 둘은 무죄 판결을 받았고, 세 번째 소년은 동유럽으로 도주했다. 네 번째이자 비디오를 촬영한 학생은 아동 포르노 촬영 혐의에 대해 유죄 판결을 받고 소년원에서 단기 복역을 했다. 배심원단은 2006년 3월 에이드리언 미스브레너에게 무죄를 선고하면서, 소녀가 의식 불명 상태가 아니었고 미스브레너가 삽입했을 때 동의했을지도 모른다는 변론에 설득되었다는 이유를 댔다. 한 배심원은 이렇게 말했다. "우리는 이 소년들의 행위가 잘못되었음을 분명히 압니다. 그들이 소녀를 부당하게 착취했다는 점도 명백합니다. 하지만 합리적 의혹도 존재합니다."[58]

검찰의 생각은 달랐다. 검사는 테이프에서 촬영하던 소년이 미스브레너에게 소녀의 다리를 들어 올리라고 하는 소리가 들렸고, 미스브레너가 요청을 실행할 때 소녀가 말하거나 움직이지 않았다는 점을 지적했다. 더불어 "비싼 약은 제값을 한다니까"[59]라는 말이 들렸으며, 그 시점에서 화면에 보이도록 들어 올려진 소녀의 다리가 축 늘어져 있었다는 점도 언급했다. 유감스럽게도 소녀는 검사로 약물 사용 여부를 확인할 수 있었을 시점에는 사건을 신고하지 않았다.

하지만 헤드라인을 온통 장식한 것은 판사가 명령에 따르지 않으면 소녀를 법정모욕죄로 구치소에 보내겠다고 위협했다는 이야기였다. 피고 측 변호인이 반대신문을 할 수 있도록 비디오테이프를 시청하라는 명령에 피해자가 불복했기 때문이다. 그녀는 아무것도 기억하지 못했으므로 영상을 보며 사건을 다시 한번 겪고 싶지 않았다. 검찰은 피해자가 그 테이프를 보면 심각한 충격을 받을 것이며 이는 피해자를 모욕하고 당황시키려는 피고 측의 작전이라고 주장했다. 판사는 당시 스무 살이 된 이 여성에게 스스로의 처지를 밤새 다시 생각해보라고 지시했다.[60]

뒤이어 엄청난 논란이 일었다. 당시 일리노이 주 주지사였던 로드 블라고예비치까지 항의에 가세했다. 다음 날 아침 강간 근절 및 인권운동가들이 법원에 모여들자 판사는 명령을 재고하고 철회했다. 하지만 많은 논평가가 판사의 무신경함을 비판했다.[61]

무죄 판결을 받은 뒤 에이드리언 미스브레너는 『시카고 선타임스』 인터뷰에서 이렇게 떠들었다. "내가 그 여자보다 더 고통받았어요. 텔레비전에 잔혹한 윤간범, 아동 포르노 제작자라고 보도되었죠. 내 말은, 참 어처구니가 없더군요."[62] 사건에 대해 『시카고 트리뷴』 칼럼니스트 에릭 존이 내린 해석은 아마도 중론과 일치할 것이다. 그는 술에 취한 10대 소년들이 소녀를 부당하게 이용했다고 썼다. "그녀 역시 취해 있어 자신에게 일어난 일에 유의미한 동의를 할 수 없는 상태였다. 이게 사실이라면 나는 그런 행위를 처벌하지 않고 넘어가서는 안 된다고 생각하는 한편, 젊은이에게 20년 형을 선고해 인생을 망치게 하는 것이 사회적으로 도움이 되는 일이라고도 생각지 않는다."[63]

윤간 사건의 무죄 판결은 상식적으로 말이 되지 않는다. 경험 많은 검사라면 배심원단에게 강간의 유죄 판결은 오직 확정적 동의가 있었을 때만 배제될 수 있다고 지적했을 것이다. 다시 말해 원고가 스스로 위험한 상황에 자리했더라도 원고를 부당하게 이용한 피고의 죄가 없어지지는 않는다는 뜻이다. 판사와 배심원들은 정말로 10대 소녀가 스포츠 팀 전체, 또는 그 일부와 섹스하는 데 동의했으리라고 믿는 것일까? 아니면 젊은 여성이 과도하게 술을 마시면 무슨 일을 당해도 싸다거나 자기 자신의 과실 탓에 강간에 기여했다는 말을 진심으로 내뱉는 것일까?

2011년 4월 17일 CBS의 〈60분〉에서 다뤄진 대학생 베킷 브레넌의 사례를 살펴보자.[64] 파티에서 보드카 여섯 잔을 마신 브레넌은 대학 농구선수 두 명과 함께 차를 타고 퍼시픽대학교 학생 기숙사 건물로 돌아가는 데 동의했다. 브레넌의 진술에 따르면 도착 후 두 남학생은 그녀를 빈방으로 끌고 가서 강간했다. 그 뒤 세 번째 선수가 방에 들어와 그녀를 벽장 안에 밀치고 다시 강간했다.

스톡턴 경찰서 형사와 대화를 나눈 후 브레넌은 그들을 고소하지 않기로 했지만, 대신 학교 징계위원회에 사건을 신고했다. 선수 중 두 명은 합의된 섹스였다고 주장했고, 나머지 한 명은 그 자리에 있지도 않았다고 진술했다. 세 남학생은 모두 징계를 받았지만, 처벌 수위는 각각 달랐다. 학교 측은 그 자리에 없었다고 주장한 선수를 퇴학시키고 합의가 있었다고 항변한 선수 한 명을 1년간 정학 처분했다. 브레넌이 파티에서 자신에게 추파를 던졌다고 주장한 세 번째 선수는 한 학기 정학만을 받았다.

브레넌은 세 남학생이 왜 각기 다른 처벌을 받았는지 이해할 수 없다고 말했다. 위원들은 최소한 한 명과는 실제로 합의된 성관계가 이루어졌으며 다른 한 남학생은 합의가 있었다고 생각했음이 분명하다고 판단한 듯했다. 징계위원회는 정말로 젊은 여성이 몇 분 간격으로 두 남성과 합의하에 성관계를 맺을 가능성이 있다고 여겼을까? 물론 아닐 것이다. 다만 브레넌이 술을 많이 마셨고 추파를 던졌다는 증언도 있었으므로 위원회는 사건이 온전히 그 남학생들의 잘못이라고 선뜻 받아들이지 못했을 뿐이다. 미스브레너 사건과 흡사한 이 태도는 면식 강간이 수그러들지 않는 이유 가운데 하나다.

2012년 한 인터뷰에서 CBS 기자 라라 로건은 이집트 시위대에게 윤간당한 후 외상후 스트레스 장애를 겪었다고 설명했다. 『뉴욕 데일리 뉴스』의 기사에는 길고 끔찍했던 성폭행에 대해 그녀가 털어놓은 생생한 내용이 상세히 담겨 있다. 이에 대해 다음과 같이 말하는 사람이 있다는 사실은 어이가 없을 뿐 아니라 이제 피해자 비난이 일부 대중에게 깊이 파고들어 반사적으로 튀어나오는 지경에 이르렀음을 보여준다.

로건은 자신을 지키려는 노력을 전혀 하지 않았다. 주류 언론에서 다이앤 소여나 케이티 커릭처럼 영향력이 큰 페미나치 엘리트주의자가 되고 싶었기 때문이다. CBS도 어차피 한통속이었기에 나는 일말의 동정심도 느끼지 않는다. 로건이 그런 출세주의자가 아니었다면 처음부터 거기서 취재하는 데 동의하지 않았을 것이다. 그 여자는 애초부터 거기 가지 말았어야 했다.

더 말할 것도 없다.[65]

자신의 저서 『우리 본성의 선한 천사』에서 심리학자 스티븐 핑커는 피해자 비난이 우리 문화에서 명백한 목적, 오랫동안 유지되어왔으며 남성들이 포기하지 않으려 하는 목적을 실현하는 역할을 한다고 설명한다. 그의 말에 따르면 남성은 오랫동안 자신의 소유물을 보호하려 애써왔기에 여성을 배타적으로 소유하려는 경향을 보인다. 강간이 늘 여성의 잘못으로 간주된다면 여성은 결코 합의된 성관계를 두고 강간이라며 발뺌할 수 없을 것이다. 그렇다면 여성에게는 위험한 상황을 피하고 강간범에게 저항해야 할 강력한 동기가 생긴다.[66]

드폴대학교 법과대학 교수 데버러 투어크하이머는 경찰, 검사, 판사, 배심원들의 생각이 현재의 사회적 기준에 비해 뒤처졌다고 생각한다. 일부일처제를 벗어난 섹스, 빈도수가 높은 섹스, 청소년의 섹스, 여자 쪽에서 시작한 섹스는 모두 일탈적 성행위로 간주되어 "강간이 될 수 없다"는 추정을 발생시킨다고 그녀는 설명한다. 이러한 성적 한계를 넘어서는 여성은 "성관계에 항상 동의하는 성향을 지녔다고 의심받는다. (…) 탐탁지 않은 섹스를 무조건 합의된 성행위로 분류함으로써 강간법은 성적 주체성보다 여성이 해도 되는 행위와 해서는 안 되는 행위에 대한 판단을 우선시한다."[67]

투어크하이머는 여성의 성적 주체성을 바라보는 이 관점이 시대에 뒤떨어졌다고 주장한다. 하지만 몇몇 영향력 있는 여성 저술가는 여전히 여성에게 새로운 사회적 기준을 적용하는 데 반대하며 새로운 자유를 누리는 여성들은 위험을 감수해야 한다고 목소리를 높인다. 아직도 위험은 여성의 몫이라고 생각하는 페미니스트들이 존재하는 상황에서 강간법이 시대를 따라잡기란 쉬운 일이 아니다.

때는 2009년 10월이었다. 라일리는 폐를 깨끗이 하느라 보름째 병원에 머무르고 있었다. 정맥 주사로 항생제를 맞고, 하루에 네 번 물리치료를 받았으며, 영양과 비타민 치료도 병행했다. 라일리는 루크와의 사건 이후로 건강이 더 나빠졌다고 말했다. 박테리아를 완전히 없애기는 불가능하므로 그녀는 항상 폐와 부비강 염증에 시달릴 수밖에 없다. 하지만 이제는 감염이 진행되어 정상적인 생활이 불가능한 지경에 이르렀다. 병원에서 지내는 동안 불행하게도 라일리는 처음으로 이 병에 의한 발작을 몇 번 겪었다. 이 새로운 증상 때문에 검사도 더 받아야 했으며, 결국 점점 더 길어져가는 '매일 복용할 약 목록'에 발작 억제제도 추가되었다.

거기 있는 동안 라일리는 이 책의 초안을 읽었다. 하필 10월은 루크가 그녀를 강간한 사건이 일어난 달이었다. 좋지 않은 시기에 원고를 정독하는 바람에 그녀는 끔찍한 기억을 다시 한번 떠올렸다.

"끝까지 읽기가 정말 힘들었어요." 그녀가 말했다. 라일리는 이 책에 나오는 강간 부정론, 특히 이 4장에 격렬한 반응을 보였다.

강간을 신고한 다른 여성들처럼 라일리도 피해자를 비난하는 말에 마음이 찢어졌다고 말했다.

그런 말을 듣고 나면, 항상 다시 생각하게 돼요. 내가 정말 그랬던 것은 아닐까? 그렇게 생각하는 건 자기 자신에게 정말 못 할 짓이죠. 루크가 정말 자기 얼굴을 억지로 내 성기에 밀어붙였던 걸까, 아니면 내가 루크를 막지 않고 내버려뒀던 걸까? 아니면 원래 했던 대로 하지 말고 루크를 발로 차거나 뛰쳐나와야 했을까? 이런 게 일반적인 반응이에요. 신체적으로 너무나 익숙하지 않은 상황에 처했기에 없었던 일로 치거나 일어났던 일에 핑계를 갖다 붙여서 상황을 만회해보려고 하는 거죠. 그러다 보면 했어야 할 행동이나 말을 하지 못했으니 내 잘못이라는 죄책감과 수치심이 점점 부풀어 올라요. 예를 들어 강간당한 다음 나는 왜 강간범의 집에 갔는지 스스로를 의심했어요. 내가 그 집에 간 건 그를 실제로 잘 알았고 공격당하기 전까지 그를 믿었기 때문인데도 그런 자신을 믿을 수 없었어요. 거기 갔던 건 내 잘못이 아니었고, 나를 속인 루크의 잘못이었죠. 하지만 남들이 어떻게 보고 뭐라고 말할지 두려워지면 그 두려움이 스스로 사건을 생각하는 방식에 영향을 미치거든요.

라일리는 루크가 자신을 자책하게 함으로써 경찰에 신고하는 것을 막으려 했다는 사실을 알고 있었다.

루크는 자기가 무슨 짓을 하는지 알고 있었어요. 아니면 왜 "내게 화내지 마"라는 말을 했겠어요? 자기가 하는 짓을 잘 알고 있었던 거죠. 다음 날 나한테 계속 전화를 하더군요. 내가 전화를 받지 않자 메시지를 남겼어요. "전화 안 받을 줄 알았어. 술집에 가서 재미 보고 남자 많이 낚아라." 이것도 내가 헤픈 여자라고 스스로 생각하도록 만들려는 수작이었죠. 그래서 경찰서에 가야겠다는 생각이 더 강하게 들었어요. 나쁜 쪽은 루크라는 게 확실해졌고, 따끔한 맛을 봐야 정신을 차릴 테니까요.

라일리는 피해자 비난에 대해서도 단호한 의견을 밝혔다.

침묵이나 비난, 싸움에 맞서는 여성들에게 하고 싶은 말은 절대 당신 잘못이 아니라는 거예요. 치마가 얼마나 짧든, 추파를 얼마나 던졌든, 가슴골을 얼마나 드러냈든, 어디에 가고 누구와 함께 있었든, 무슨 말을 하고 무슨 말을 하지 않았든, 어떤 반응을 보였든 상관없어요. 스스로에게 계속 내 잘못이 아니라고 말하세요. 하지만 세상에 그런 사람들, 강간 부정론자들이 있다는 사실을 아는 것만으로도 분개하게 돼요. 이 동네에도 도와주겠다고 나섰다가 뒤로 빠져서 사실은 아무 일도 없지 않았느냐고 말하는 사람들이 있다고 들었어요. 정말 답답하고 힘들어요. 상황을 이해하고 도와주려는 사람들이 주변에 있어서 나는 정말 운이 좋았어요. 아니면 내가 상황을 잘 받아들이고 현명한 판단을 내릴 것 같은 사람에게만 털어놓았던 게 행운이었다고 할 수도 있겠죠. 내 말을 잠시라도 의심한 사람은 없었어요.

이 장의 내용을 읽은 라일리는 페미니스트와 비페미니스트 강간 부정론자들에 대해 단순하지만 통찰력 있는 의견을 내놓았다. "그 사람들은 전부 섹스와 문란함 얘기만 하네요." 그녀가 말했다. "하지만 강간은 섹스와 전혀 관계가 없어요."

강간은 나쁜 섹스가 아니에요. (…) 어떻게 그렇게 생각할 수가 있죠? 강간은 아예 섹스가 아니에요. 섹스는 합의하에 이루어지고 강간은 그렇지 않죠. 그건 섹스가 아니에요. 강간범에게는 섹스일까요? 강간범은 섹스를 섹스로 이해하지 않는다고 생각해요. 강간은 섹스를 무기로 사용하는 행위죠. 누가 뭐래도 섹스는 무기가 될 수 있어요.

대니엘과 섀

수많은 면식 강간에 알코올이 얽혀 있다는 점을 생각할 때 라일리와 트레이시의 이야기가 오늘날 벌어지는 면식 강간을 적절히 대표하는 사례라고 할 수 있을까? 그렇게 폭력적이지 않은 면식 강간도 많지 않은가? 이 책의 초안을 읽은 몇몇 독자는 이 두 여성의 이야기에는 논란거리가 별로 없지 않느냐는 의문을 표했다.

상습적 강간범이 필요한 만큼의 폭력만을 사용하며 의심할 여지 없이 통제하기 쉽고 나중에 신고해도 아무도 믿어주지 않을 만큼 취약한 대상을 노리는 것은 사실이다. 라일리와 트레이시의 사례는 면식 강간 시나리오 중 한 가지만을 대표한다. 하지만 여성 대학생을 대상으로 시행한 연구에서 알코올 관련 강간보다 폭력적 강간을 당한 여성이 더 많은 것으로 밝혀졌음에도(8장 참조) 이 유형은 거의 언급되지 않는다.

그렇다면 알코올이 관련된 사례는 어떨까? 나는 성관계를 하고 싶지 않았으나 취하는 바람에 자기 의사를 표현할 수 없었던 여성들을 인터뷰하고 싶었다. 다행스럽게도 대니엘과 섀가 인터뷰에 응해주었고, 그들이 이용당하기 쉬운 상황에 자기 발로 들어갔다는 데서 느끼는 수치심의 무게를 생각할 때 이는 매우 용기 있는 일이다. 하지만 나는 사람들이 그들의 취약한 상태를 거리낌 없이 이용했다는 데 충격을 받았다. 더불어 대니엘과 섀의 이야기는 중대한 문제를 제기한다. 만약 강간 재판의 판결이 원고의 행동을 기준으로 이루어진다면 무방비 상태인 사람에 대한 공격을 용납한다는 뜻이 된다. 과연 이런 결과를 받아들여도 괜찮은 것일까?

미국 중서부의 소도시 출신인 열아홉 살 대니엘은[68] 고향에서 수천 킬로미터 떨어진 대규모 주립대 2학년에 재학 중이었다. 독실한 가톨릭 집안에서 자란 그녀는 고등학교에서 만나 결혼까지 생각한 남자친구와, 또는 그 누구와도 결혼 전까지는 성관계를 맺을 생각이 없었다.

하지만 대학에 다니면서 자존감이 떨어진 대니엘은 친구들과 어울리려고 필사적으로 노력했다.

아침 7시에 할 일이 있는데 새벽 2시에 사람들이 "파티에 가자"고 하면 따라갔어요. 분위기 깨는 애로 찍히기 싫었던 것 같아요. 그래서 술도 마시기 시작했죠. 친구가 잔뜩 생겼고 다들 나를 좋아했지만, 내가 같이 술 마시러 가기 좋은 친구여서였는지 아니면 나라는 사람이 재미있어서였는지는 모르겠어요. 대학에서는 다들 그렇게 지내잖아요.

대니엘과 룸메이트는 연상의 남자 두 명을 만났고, 대니엘은 그중 한 명인 톰과 이미 키스를 한 상태였다. 하지만 대니엘은 톰에게 자신이 아직 숫처녀이며 앞으로도 섹스할 생각은 없다고 말해두었다. 당시 대니엘은 톰이 이 말을 도전으로 받아들였다는 점을 알지 못했다. 대니엘과 톰, 그의 친구 딕은 파티에 열 번 정도 함께 참석했다. 딕은 최근 대니엘에게 그녀가 맨정신일 때는 너무 "뻣뻣하고" 술에 취했을 때만 재미있다고 불평을 했다.

그래서 그날 밤 집에서 파티를 열기 전 청치마에 목둘레가 파인 티셔츠를 입고 끈 샌들을 신은 대니엘은 룸메이트와 함께 테킬라를 몇 잔 마셨다. 사람들이 모이자 남자들은 카드 게임을 하자고 했다. 대니엘은 나중에 생각해보니 게임이 자신에게 불리하게 조작된 것이 아닌가 싶다고 말했다. 진 사람은 매번 벌칙으로 보드카 한 모금을 마셔야 했다. 마른 체구의 대니엘은 연거푸 지는 바람에 보드카를 열 잔 가까이 마셨다. 그녀는 비틀비틀 자기 방으로 들어가 문을 닫고 옷을 입은 채 침대에 누운 것까지 기억이 난다고 했다.

정신을 차려보니 아침이었고, 몸에 걸친 거라곤 브래지어뿐이었어요. 티셔츠는 바닥에 치마는 침대 아래 처박혀 있었고, 나는 팬티도 입지 않은 채였죠. 질 근처가 약간 아팠어요. 영문을 알

수가 없었죠. 피가 나는 것은 아니었어요. 쓰라린 느낌이었죠. 찝찝하고 끈끈한 느낌이 들었어요.

대니엘이 옷을 입고 거실로 나가자 거기 있던 딕이 물었다. "어젯밤에 재미 좀 봤어?" 그가 말했다. "톰이 들어가서 둘이 재미보는 것 같던데." 실제로 무슨 일을 당했다는 사실을 깨달은 대니엘은 울음을 터뜨렸다. 다리 사이에는 멍이 들어 있었다. "여러 명이 나를 범했을 수도 있다고 생각했어요."

그녀는 톰에게 전화를 걸었다. 그의 첫 반응은 다음과 같았다. "어젯밤 즐거웠어. 정말 좋았어. 너 끝내주더라." 대니엘은 아무것도 기억나지 않는다고 말했고, 자기가 결혼할 때까지 순결을 지키려 했던 걸 알지 않느냐고 물었다. 톰은 합의하에 한 섹스였다고 두어 번 더 우기다가 곧 사과했고, 상처 줄 생각은 없었다고 말했다.

대니엘의 룸메이트는 냉담한 태도를 보였다. 그날 밤 그 자리에 있었던 자기 남자친구와 사이가 틀어질까봐 걱정했기 때문이었다. 그녀는 별일도 아니니 "그냥 잊어버리라"고 충고했다. 하지만 대니엘의 마음은 어지럽기만 했다.

일주일 뒤 대니엘은 딕의 여동생을 만나 저녁을 먹었고, 그녀는 톰과 딕이 술 취한 여자애를 가지고 놀았다고 농담을 하더라는 이야기를 꺼냈다.

그 애 말로는 톰이 낄낄 웃으면서 여자애가 의식을 잃었는데도 개의치 않고 섹스했다고 하더래요. 그쯤 되니 나는 참을 수가 없어 울음을 터뜨렸고, 그녀는 "그게 너였어?"라고 묻더군요. 그 애 말을 듣고 내가 깨어 있지 않았다는 걸 확실히 알았어요. 정신을 잃었던 거죠. 그걸 알고 나니 기분이 조금 나아지더군요. 물론 누가 멋대로 내 방에 들어와서 내게 그런 짓을 했다는 사실은 여전히 끔찍했죠.

2년 동안 대니엘은 계속 스스로를 탓했다.

내가 그렇게 취하지 않았다면, 치마를 입지 않았다면, 그 자리에 있지 않았다면 그런 일이 없었을 거란 생각이 들었어요. 그러다 방에 틀어박히게 됐죠. 술도 끊고, 외출도 하지 않았어요. 어울리던 친구들은 모두 내게 "어떻게 된 거야?"라고 물었죠. 걔들은 술 마시는 것 외엔 관심이 없었으니까요. 내가 술을 안 마시려고 하니 연락도 끊기더군요.

대니엘은 우울증에 빠졌다.

그 일이 일어나고 얼마 지나지 않아 성격이 완전히 바뀌었어요. 거의 즉각적이었죠. 나는 원래 태평하고 겁도 별로 없는 사람이었어요. 높은 곳이나 어두운 복도도 아무렇지 않았고, 딱히 무서운 게 없었죠. 그 일 이후로는 해가 떨어진 뒤에 밖에 나가는 게 무서워졌어요. 일하는 곳에서 밤 11시에 집으로 돌아올 때면 최대한 빨리 뛰어서 아파트 계단을 올라갔어요. 떨어질까 무서워서 아파트 발코니에도 못 나갔고요. 다리가 붕괴될까봐 차로 다리를 건너지도 못했죠. 지금도 어두운 곳을 좋아하지 않아요. 누군가 내 뒤에 서면 불안해지고요.

그런 일이 다시는 일어나지 않게 하겠다는 다짐의 의미로 대니엘은 그날 입었던 옷을 거듭 입었다. 1년 반 뒤 대니엘은 마침내 용기를 내 어머니에게 사실을 털어놓았고, 어머니는 곧바로 그녀를 상담소에 데려갔다. 그곳에서 대니엘은 자신이 반복해서 그 옷을 입음으로써 스스로에게 벌을 주고 있었음을 알게 되었다. 톰에게 편지를 써서 하고 싶은 말을 쏟아낸 다음 편지를 태워보라는 조언을 듣고 대니엘은 열 쪽짜리 편지를 써서 옷과 함께 태워버렸다.

이제 대니엘은 행복한 결혼생활을 하며 어린 아들을 키우고 있지만, 6년이 넘게 지난 지금도 혼자 어두운 곳에 있는 것을 두려워한다. 뒤에서 사람이 나타나는 것도 여전히 꺼림칙하다. "지금도 최대한 빨리 차에 타지 않으면 누군가가 나타나서 공격할 것 같은 느낌이 들어요."

그들은 내 인생을 훔쳐갔어요. 내가 기억하지 못한다고 해도요. 꿈을 꾸기도 했고 무슨 일이 있었는지 상상도 해봤어요. 꿈에서는 내가 자진해서 섹스에 참여하기도 하고, 톰이 누워 있는 나를 올라타고 웃으면서 내 뺨을 때리기도 했어요. 매번 다른 꿈을 꿨죠.

그 자리에 있던 자기 남자친구와 문제가 생길까봐 몸을 사렸던 룸메이트는 "적어도 기억은 안 나잖아"라는 말을 반복했다.

그때 나는 "톰은 내게서 나 자신을 빼앗아갔어"라고 답했어요. 정말 내가 많이 바뀌었다는 느낌이 들어요. 내 삶이 완전히 변해버렸죠. 지금은 모든 게 의심스럽고 쉽게 겁을 먹으니까요.

대니엘은 약혼자에게 전화로 무슨 일이 있었는지 털어놓았는데, 그는 사실을 받아들이지 못했다.

그는 내 얘기를 듣고 완전히 정이 떨어진 듯 전화를 바로 끊어버렸어요. 내 얘기를 받아들이지 못한 거죠. 그는 이렇게 말했어요. "그럼 넌 이제 처녀가 아니란 말이구나." 그 순간 지금 내게 필요한 사람이 그가 아니란 걸 깨달았죠. 그 사람이 앞으로의 내 인생에 없을 거란 사실도 그때 알았어요. 당시에는 정말 고통스러웠지만요.

1년 뒤, 대니엘은 예전 룸메이트로부터 연락을 받았다. 그녀는 자기가 지금 군대에서 강간당한 적이 있는 남자와 사귀고 있다고 말했다.

그녀가 말했어요. "나는 그게 그 사람 잘못이라고 생각했어. 그러다가 그게 아니란 걸 깨달았지. 내가 널 믿지 않아서 네게 상처를 주고 우리 우정을 망가뜨렸어. 그때 나는 남자친구에게만 신경을 썼어." 나는 그녀를 용서했어요. "고마워. 지금까지는 네가 날 믿지 않고 신경도 쓰지 않고 계속 내 잘못이라고 말해서 너한테 앙금이 남아 있었어." 그녀는 내가 섹스를 해놓고 기억하고 싶지 않은 마음에 강간이라고 주장한다고 생각했죠. 자기와 남자친구 사이를 불편하게 했으니 내 잘못이라고요. 사람들은 인생이 그런 식이라는 걸 믿지 않으려 해요. 믿고 싶지 않은 거죠.

대니엘의 이야기는 순진한 젊은 여성에게 앙심을 품고 그녀가 소중히 여기는 것을 빼앗기 위해 계획적으로 취약한 상대에 삐뜨려 저지른 범죄를 생생히 보여준다. 의식을 잃은 여성과 섹스를 하려 드는 남자는 대체 어떤 사람일까? 게다가 그렇게 하기 위해 일부러 여성을 취하게 만드는 사람을 대체 뭐라고 불러야 할까?
　라일리는 답을 알고 있었다.

여자가 누워 있고 반응이 없는데 여자에게 그런 짓을 해야겠다고 생각한다면 뭔가 단단히 잘못된 사람이에요. 나는 그것도 자기가 원하는 것을 얻으려는 침해 행위이자 기만이라고 생각해요.

이 사례에서는 강간이 평생 지속적으로 영향을 미치며 심지어 대니엘처럼 본인이 사건을 기억하지 못한다 해도 마찬가지라는 사실을 알 수 있다.

여전히 매일 그런 느낌을 안고 살아요. 기억하지도 못하는 사건 하나가 인생을 영구적으로 바꾸어버리다니 놀라운 일이죠.

대니엘이 진지한 관계를 선호한다는 점에서 라일리를 닮았다면, 새는 자신감 있고 경험이 있다는 점에서 트레이시와 비슷하다. 그런데도 새 또한 충격적인 사건을 겪었다.[69]

미국 남부의 소도시로 갓 이사했다는 것이 새의 취약점이었다. 2년 동안 필로폰에 중독되었던 새는 약을 끊고 새 삶을 살기 위해 집에서 멀리 떨어진 조부모 댁으로 들어갔다. 그녀에게는 새 친구, 마약을 하지 않는 친구가 간절히 필요했다.

일주일이 조금 넘는 기간 동안 새는 동네 컨트리클럽 수영장에서 몇몇 청년을 알게 되었다. 그중 한 명은 실제로 마약 반대운동 단체에서 일하고 있었으므로 그녀는 그들이 마약 사용자는 아닐 거라고 생각했다. 그중 한 청년의 집에서 열리는 파티에 초대받은 새는 참석해보기로 했다. 게다가 그날은 그녀의 스물한 번째 생일이었다. 새는 바지에 반소매 셔츠를 입고 그 집까지 시골길을 운전해 갔다.

파티에 가서 술을 반 잔 마시고 정신을 차려보니 침대 위였어요. 그렇게 아픈 건 평생 처음이라고 생각될 정도로 지독하게 고통스러웠어요. 숙취는 전에도 겪어봤지만, 그 정도는 아니었죠. 오후 내내 계속 토했어요.

새의 바지는 벗겨져 있었고, 엉덩이가 끔찍하게 아팠다. 누군가 항문에 삽입했음을 알 수 있었다. 누군지는 몰라도 손가락에 있던 반지와 지갑 안의 현금까지 몽땅 훔쳐가버렸다. 반지는 값이 나갈 뿐 아니라 추억이 담긴 물건이었다.

집에 돌아와 내리 3시간 동안 토한 후 새는 술에 약이 들어 있었으리라고 확신했다. 항문에 삽입한 것이 한 사람 이상일 가능성도 크다는 생각도 들었다.

그녀는 그런 상황에 스스로 발을 들인 것을 자책했다.

그 사람들을 잘 알지도 못했으니 거기에 가지 말았어야 했어요. 나는 조부모님과 함께 [살고] 있었고, 그래서 파티에 갈 수 있다는 데 유혹을 느낀 것 같아요. 조부모님 댁에서 파티를 할 수는 없으니까요. 그건 일종의 도피였죠.

새는 강간 사실을 신고하러 나서기가 수치스럽고 두려웠다고 말했다. 워낙 작은 마을이었기에 자신에게 보복을 하려는 사람이 있을까봐 겁이 났다. 필로폰으로 지옥을 맛보았다고 생각했지만, 아이러니하게도 약을 끊자마자 더 끔찍한 경험을 하게 된 셈이었다.

미칠 듯한 기분이 들었고, 나 자신을 믿을 수가 없었어요. 예전에는 내 몸 하나 챙기는 건 자신 있었거든요.

오늘날 여느 젊은 여성이 그렇듯 새도 자신이 피해자임을 알면서도 그 사실을 인정하기 싫어했다.

> 침범당했다는 기분이 들었어요. 하지만 이 일로 내 인생을 망치
> 기도, 피해자가 되기도 싫었어요. 그 전까지 강간당했다고 말하
> 는 여자애들을 많이 봤어요. 그 일이 내게 일어나고 나니 비로소
> 그 애들의 말에 더 믿음이 가더라고요. 사람들 사이에 강간당했
> 다는 여자는 거짓말쟁이로 보자는 합의라도 있는 것 같아요. 관
> 심을 끌려고 그런다고 생각하는 사람도 있죠.

자기가 부서진 꽃병 같다던 트레이시처럼 새도 남자를 만나면
여자로서 스스로 부족하다고 느낀다. 그러다 보니 누군가와 가
까워지는 것도 부담스럽다. 자기 집안 여자들은 "다들 남자 복이
없었다"고 말하면서도 새는 사실 라일리처럼 진지한 관계를 맺고
싶어한다.

> 누군가를 사귀고 싶어요. 이걸 극복해야 해요. 내게 끌리는 남자
> 들도 있다는 건 알아요. 다만 내가 그들에게 끌리지 않는다는 게
> 문제죠. 이제 슬슬 걱정이 되기 시작했어요.

새의 삶은 자신이 기억조차 하지 못하는 사건으로 산산이 부
서졌다. 강간의 정황을 낱낱이 기억하는 피해자의 심정은 어떨지
짐작조차 가지 않는다. 라일리와 트레이시처럼 대니엘과 새도 자
신의 취약함을 알고 나니 삶을 헤쳐나가는 일조차 버겁다. 이들

에게 세계는 더 이상 안전하지 않다. 위험의 존재를 직접 겪고 나니 사람을 믿기도 어렵다. 강간이 이들을 다른 사람들과 갈라놓은 것이나 마찬가지다.

대니엘과 섀의 사례는 강간당했다고 말하는 여성들이 겪는 불신을 잘 보여준다. 대니엘의 룸메이트는 자기 나름의 이유로 대니엘의 말을 믿지 않는 쪽을 택했다. 섀도 자신이 강간당하기 전까지는 다른 여자들이 강간에 대해 거짓말을 한다고 생각했음을 인정했다.

강간이 '유행병'인가?

강간 관련 데이터를 왜곡하고 연구 신뢰도를 떨어뜨리려는 시도는 계속되지만, 사실 미국의 강간 출현율에는 논란의 여지가 없다. 연구 결과를 부정하는 주장은 정보가 부족한 경우를 제외하면 사회과학 연구, 특히 강간 연구자들에 대한 대중의 믿음을 흔들기 위해 의도적으로 계산된 것이다. 그렇다면 견실한 방법을 사용한 최근 연구는 미국의 강간 출현율에 대해 어떤 사실을 밝혀냈을까?

강간 출현율 연구자들은 원치 않는 접촉이나 알코올이 관련된 강간, 강간 미수 등 광범위한 성범죄에 관해 질문하기도 한다. 강간이 일어난 시기의 범위를 최근 12개월로 잡을 수도, 평생으로 잡을 수도 있다. 평생 출현율은 강간 부정론자들이 종종 간과하는 아동 강간 건수를 추정하는 데 도움이 된다. 하지만 이제 연구자들은 대부분 강간과 강간 미수, 그리고 물리적 폭력 없이 약물이나 알코올, 또는 심리적 압박을 사용한 강제적 성관계에 일관성 있는 정의를 적용하고 그 결과를 따로따로 기록하는 방법을 쓴다. 덧붙여 설문은 구체적 행위와 사건에 대한 질문으로 구성되며, 응답자가 그 사건을 강간이라고 부르는지 아닌지는 결과에 영향을 미치지 않는다.

최근 연구를 종합하여 평생 강간 출현율을 정확히 확인하기 위해 여기서는 논란의 여지가 전혀 없는 강간의 보수적 정의를 활용할 예정이다. 일생에 걸쳐 경험한 폭력적 삽입(질, 항문, 구강 삽입)만을 강간으로 집계하는 좁은 정의가 출발점으로 삼기에 적당할 듯하다. 물론 이는 강간에 대한 법적 정의가 이것뿐이라는 뜻은 아니다. 주마다 기준이 다른 의제강간(성교 동의 연령[한국은 만 13세 미만]에 이르지 않은 미성년자와의 성교를 강간으로 간주하는 것—옮긴이), 폭력을 동반하지 않으나 알코올 섭취로 판단력이 저하된 사람에 대한 강간 등 법으로 인정되며 종종 연구에도 포함되는 성폭행도 여러 가지가 있다. 하지만 가장 보수적인 형태인 이 정의는 일반 대중의 생각과 일치하는 통일된 기준이 되어줄 것이다.

사우스캐롤라이나대학교 의과대학의 딘 킬패트릭이 동료들과 1992년, 2007년 두 차례에 걸쳐 시행한 연구는 강간 출현율에 관해 귀중한 자료를 제공한다. 두 번 다 거의 같은 방법을 사용했기에 킬패트릭은 17년이라는 기간에 걸쳐 평생 강간 출현율이 증가했는지 혹은 감소했는지를 확인할 수 있었다. 첫 번째 연구에서 킬패트릭은 무작위로 전화를 거는 방식으로 18세 이상 미국 여성 4008명을 인터뷰했다. 폭력적 삽입이라는 보수적 정의를 적용해 집계한 평생 강간 출현율은 13퍼센트(피해자 수로 환산하면 1210만 명)였고, 연구 당시를 기준으로 1년 이내에 폭력적 강간을 겪은 여성은 0.7퍼센트(68만3000명)였다. 한편 경찰에 강간을 알렸다고 답한 여성은 16퍼센트에 불과했다.[1]

마찬가지로 무작위 전화 걸기 방식으로 18세 이상의 미국 여성 3001명을 인터뷰한 2007년 연구에서는 폭력적 강간의 평생 출현율이 16.1퍼센트로 집계되었다. 이 비율은 대략 1800만 명의 여성(설문 1년 내에는 전국적으로 0.74퍼센트, 즉 82만9000명)이 강간을 당했음을 나타내며, 이는 17년 전에 비해 27.3퍼센트 증가한 수치다. 사건을 경찰에 신고했다고 말한 여성의 비율은 18퍼센트였다.[2]

여성들은 자신이 피해자가 되었다는 사실을 알리지 않으려는 (특히 전화상으로는) 경향이 있다고 보는 관점도 있으므로 이 조사 결과는 실제보다 낮게 나왔을 가능성이 있다. 게다가 강간 위험이 큰 사람들, 예를 들어 구치소, 교도소, 약물중독 치료센터, 정신병원 등에 있는 이들이나 노숙인은 전화기가 없거나 통화가 불가능하다.[3]

2010년 CDC는 미국 법무부와 국방부의 지원을 받아 전국적으로 성관계 상대 및 성폭력에 관한 설문조사를 시행했다. 2010년 1월부터 12월에 걸쳐 시행된 이 조사에서는 50개 주와 컬럼비아 특별구에서 1만6504건이라는 방대한 전화 인터뷰 자료가 수집되었다. 평생 강제 삽입을 당한 적이 있느냐는 질문에 12.3퍼센트의 여성이 그렇다고 답했고, 이는 1461만7000명으로 환산된다. 1퍼센트, 즉 158만1000명의 남성도 그런 적이 있다고 답했다. 이 가운데 62만 명의 여성(0.5퍼센트)이 지난 12개월 안에 폭력적 강간을 당했다고 말했다. 강간당했다고 답한 여성 대다수는 가해자를 알고 있었다.[4] 전혀 모르는 사람에게 강간당했다고 답한 여성은 전체 피해자의 14퍼센트에 불과했다. 마찬가지로 이 출현율도 실제보다 낮게 나왔을 가능성이 크다. 설문 대상에서 18세 미만은 제외되었고, 병원, 구치소, 교도소, 요양 시설 등에 있는 사람이나 노숙인은 설문에 응할 수 없었기 때문이다.

하지만 유감스럽게도 CDC는 보도자료에서 굳이 엉뚱한 부분을 강조했고, 당연히 주요 신문들도 이 내용을 그대로 인용했다.[5] 설문에는 강제 삽입에 관한 질문 외에 술 또는 약물에 취했거나 의식을 잃어 동의가 불가능할 때의 강간에 대한 질문도 포함되어 있었다. 이에 관한 답변은 폭력적 강간 통계와는 별도로 집계되었다. 하지만 이 두 가지를 합치면 출현율은 18.3퍼센트로 늘어났고, 그 이유는 알 수 없지만 CDC는 보도자료에서 이 수치를 20퍼센트로 반올림했다.

CDC의 합산 발표는 알코올 관련 강간과 지나치게 넓은 강간의 정의에 관한 해묵은 논란을 부활시켰다. 사실 그 두 가지를 합친 것이야말로 강간의 법적 정의에 가깝다는 점은 무시되었다. 크리스티나 호프 소머스는 이를 빌미 삼아 『워싱턴 포스트』에서 이 연구를 공격하고 설문을 다시 시행해야 한다고 주장했다. 평생 한 번 이상 폭력적 강간을 당한 여성이 무려 1450만 명 이상이라는 사실은 깡그리 무시한 채 소머스는 취한 상태에서 한 섹스를 강간이라고 불러야 하는지에 대해 의문을 제기하며 조사 전체가 의심스럽다고 말했다. 동시에 그녀는 1년, 그리고 평생 출현율을 혼동하는 흔한 실수를 저질러 이 조사의 평생 출현율을 2010년 강간으로 신고된 8만4767건 및 해당 연도 전국 범죄 피해 조사의 18만8380건과 비교했다.[6]

소머스는 이 대규모 조사가 또 하나의 "부주의한 편파적 연구"라고 일축했다. 사실 이 일련의 사태는 견실한 연구 결과를 부주의하고 혼란스러운 형태로 발표하면 강간 부정론자들에게 좋은 구실을 제공할 뿐이라는 교훈에 가깝다.

1995~1996년에 진행된 한 연구와 2001~2003년에 시행된 설문에서는 평생 출현율이 각각 14.8퍼센트와 10.6퍼센트로 집계되었다.[7] 이 다섯 가지 주요 연구를 종합해볼 때 미국 여성을 대상으로 완료된 강제 삽입의 평생 출현율은 10.6~16퍼센트라고 할 수 있다.

CDC의 2010년 설문 이전에도 방법론적으로 문제없고 권위 있는 강간 출현율 연구가 네 차례나 진행되었지만, 뉴스에서는 전

표 1. 살면서 강제 삽입을 경험한 여성

킬패트릭(1992)	13%	1210만 명
티아덴 & 테니스(1995~1996)	14.8%	1770만 명
배슬(2001~2003)	10.6%	1170만 명
킬패트릭(2007)	16.1%	1800만 명
CDC(2010)	12.3%	1460만 명

표 2. 최근 12개월 이내 강제 삽입을 경험한 여성

킬패트릭(1992)	0.7%	68만3000명
티아덴 & 테니스(1995~1996)	0.3%	30만2091명
킬패트릭(2007)	0.74%	82만9000명
CDC(2010)	0.5%	62만 명

혀 언급되지 않았다.[8] 실제로 CDC 대변인은 "미국에서 강간이 이 정도로 만연한 줄은 우리도 몰랐다"[9]고 말하기까지 했다. 기존 연구에 대해 이토록 인식이 부족하다는 건 놀랍고 우려스러운 수준이다. 이에 대한 책임은 CDC와 이 연구를 지원한 정부에 있다. 언론도 마찬가지다. 각종 매체는 기존 강간 출현율 연구에 전혀 관심을 보이지 않으며, 이는 강간 부정론자들의 명분에 힘을 실어준다.

캠 퍼 스   강 간

\

언론과 대중의 관심이 쏠리기 쉬운 캠퍼스 강간 조사 결과를 해석할 때는 서로 다른 시간적 기준에 주의를 기울여야 한다. 연구자들은 대개 학생 집단의 평생 강간 출현율을 확인할 목적으로 다음 항목을 측정한다. (1) 대학 입학 전부터 재학 기간을 포함해 설문 당시까지 일어난 강간. (2) 이번 또는 지난 학년에 일어난 강간. (3) 두 가지 모두. 이런 설문은 학년과 관계없이 재학 중인 여학생을 대상으로 한다는 사실을 기억할 필요가 있다. 1학년은 다른 학년에 비해 가장 취약하고 강간범의 표적이 될 가능성도 크다. 이런 이유로 연간 출현율에 4 또는 5를 곱한다고 재학 기간 전체에 해당되는 신뢰성 높은 수치가 나오지는 않는다. 같은 학생 집단을 4~5년의 재학 기간 내내 장기적으로 추적하는 조사만이 재학 기간 전체의 출현율을 얻을 유일한 방법이다.

CNN은 여대생 다섯 명 중 한 명이 졸업 이전에 강간 또는 강간 미수를 겪는다고 보도한 적이 있고,[10] 『크로니클 오브 하이어 에듀케이션』은 "연구에 따르면 무려 여대생 네 명 중 한 명이 강간 또는 강간 미수 피해자로 추정된다"[11]는 기사를 실었다. 자주 인용되는 이 숫자들은 기존 연간 출현율에 4 또는 5를 곱하는 지극히 부정확한 계산법을 써서 도출된 것으로 추측된다. 혹은 메리 코스의 20퍼센트에서 나온 숫자일 수도 있지만, 코스의 데이터는 14세 이후의 평생 출현율이지 캠퍼스 강간 출현율이 아니다.

딘 킬패트릭과 동료들은 2006년 미국 전역에서 4년제 대학에 재학 중인 여학생 표본 2000명을 대상으로 인터뷰를 시행해 폭력적 강간에 대한 평생 출현율 8.7퍼센트와 연간 출현율 3.23퍼센트라는 수치를 얻었다.[12] 강간당했다고 답한 학생 중 경찰에 신고한 비율은 약 12퍼센트에 불과했다.[13] 그 이전인 2000년에 보니 피셔와 동료들은 이보다 더 큰 표본, 즉 2년제와 4년제 전문대학 및 종합대학에 재학 중인 학생 4446명을 대상으로 조사했다. 거의 3퍼센트가 학년이 시작된 이후(평균 7개월) 강간 또는 강간 미수를 당했다고 답했다. 이를 기준으로 연구자들은 대학에서 1년 동안 강제 삽입 또는 삽입 시도를 겪는 학생 비율을 5퍼센트로 추산했다.[14] 경찰에 강간을 신고했다고 말한 응답자는 놀라울 정도로 낮은 비율인 5퍼센트였다.[15]

2007년 대학에서 5466명의 여학생을 인터뷰한 연구에서 대학에 입학한 이래 폭력적 강간을 당했다고 답한 응답자 비율은 3.4퍼센트였다.[16] 더 어린 학생들을 대상으로 한 연구에서는 비율이 더 높았다.[17] CDC가 2009년 158개교 9~12학년생 1만 6460명을 대상으로 시행한 청소년 위험 행동 조사 연구에서는 여학생 10.5퍼센트, 남학생 4.5퍼센트가 자기 의지에 반하여 성적 삽입을 당한 적이 있다는 결과가 나왔다.

알 코 올 로   인 한   강 간
\

대부분의 강간 부정론자는 면식 강간이 대개 일방 혹은 쌍방의 알코올 섭취와 관련되어 있다고 생각한다. 킬패트릭의 최신 연구는 이런 주장이 반드시 옳지는 않다는 사실을 알려준다. 킬패트릭은 피해자가 술 또는 약물에 취했거나 의식을 잃은 상태에서 원치 않는 성적 삽입이 일어난 사례를 수집했다. 설문 내용은 두 가지 상황, 즉 여성이 자발적으로 약물이나 알코올을 섭취한 경우와 지인이 여성의 허락 없이 약물을 먹였거나 의도적으로 술에 취하게 한 경우로 나뉘어 있었다. 이 문항들은 폭력적 강간 질문과는 별도로 집계되었다.

예상했던 대로 대학에 재학 중인 여성은 일반 집단 표본에 비해 알코올 또는 약물 관련 강간을 경험한 비율이 더 높았으며, 자발적으로(의도적으로 유도되지 않고) 술이나 약물에 취한 사례도 대학생 집단에서 유의미한 수준으로 많았다. 일반 집단 표본에서는 폭력적 강간 비율이 알코올 또는 약물 관련 강간 비율보다 훨씬 더 높게 나왔다(14.6퍼센트 대 6.4퍼센트).

하지만 중요한 것은 대학생 표본에서도 폭력적 강간이 알코올 또는 약물 관련 강간보다 더 높은 비율을 보였다는 사실이다.[18] 알코올로 인한 강간을 당했다는 응답자는 6.4퍼센트, 폭력적 강간을 당한 적이 있다는 응답자는 8.7퍼센트였다. CDC 연구에도 알코올이나 약물의 영향으로 동의할 수 없을 때 이루어진 삽입 여부를 묻는 질문이 있었다. 킬패트릭의 연구에서와 마찬가지로 이 문항의 결과는 폭력적 강간 관련 데이터와 따로 집계되었다. 이 연구에서는 8퍼센트, 즉 952만4000명의 여성이 그런 경험을 한 적이 있다고 답했고, 0.7퍼센트, 곧 78만1000명이 지난 12개월 이내에 그런 성적 삽입을 당했다고 말했다.[19]

강 간 범

\

여러 연구에서 강간은 대부분 피해자가 아는 사람에 의해 저질러진다는 사실이 확인되었다. 2006년 킬패트릭의 일반 집단 표본 조사에서 밝혀지고 CDC 연구로 뒷받침된 사실은 다음과 같다.[20] 낯선 사람이 강간을 저지른 사례는 전체의 11퍼센트에 불과하다. 가해자의 14퍼센트는 남자친구, 10퍼센트는 남편 또는 전남편, 12퍼센트는 친구, 11퍼센트는 양아버지, 18퍼센트는 기타 친척이었다. 이보다 10년 앞서 이루어진 주요 연구에서는 강간당했다고 응답한 여성 중 16.7퍼센트만이 가해자가 모르는 사람이었다고 답했다.[21] 가해자의 24퍼센트는 배우자, 동거인 또는 전 배우자였고, 4.3퍼센트는 당시 또는 예전 동거인, 21.5퍼센트는 당시 또는 예전 데이트 상대, 남자친구 또는 여자친구였다.

상대적으로 높은 배우자 간 강간 출현율은 면식 강간을 논의할 때 제외되는 경향이 있다. 부부간 강간이 자녀에게 미치는 영향도 더 많은 관심이 필요한 문제다. 예를 들어 한 연구에서 표본의 5퍼센트에 달하는 여성은 배우자가 자녀에게 강간을 돕도록 강요했다고 말했으며, 18퍼센트는 자녀가 부부간 강간을 한 번 이상 목격한 적이 있다고 응답했다.[22]

특정 전략을 동원해 피해자를 노리는 상습 강간범이 존재한다는 흥미로운 결론을 보여주는 연구 두 가지가 있다. 리잭과 밀러는 1991~1998년 도시에 있고 기숙사가 없는 중간 크기의 대학교에서 2000명에 가까운 학생들을 대상으로 상대방의 의지에 반하여 성관계를 맺거나 시도한 적이 있는지를 물었다. 결과가 실제보다 더 낮게 나왔을 것이 분명함에도(연구자에게 강간을 인정하지 않은 응답자가 많을 것으로 예상) 표본의 4퍼센트에 달하는 120명의 남학생이 그렇다고 대답했다. 이 가운데 63.3퍼센트(76명)가 강간을 반복했다고 답했으며, 강간 건수는 총 483건으로 개인 평균 6회라는 계산이 나온다. 강간을 단 한 번만 저지른 학생은 44명뿐이었다.[23] 연구자들은 이 청년들이 어떻게 기소를 피했는지 의문을 표했다.

해답은 부분적으로 이들의 피해자 선택과 상대적으로 불필요한 폭력을 자제하는 성향에 있는 듯하다. 자신의 사회 연결망 안에 있는 여성, 즉 면식 있는 지인을 노리고 신체적 상해를 초래할 수 있는 종류의 폭력을 사용하지 않음으로써 이 남성들은 여성들이 신고할 가능성이 거의 없고 검찰이 기소할 가능성도 비교적 낮은 '사건'을 만들어낸다.[24]

스테파니 맥호터와 동료들도 1996~1997년 해군 입대 절차를 밟은 남성 1146명을 대상으로 한 장기적 조사에서 비슷한 결과를 얻었다. 13퍼센트의 남성이 14세 생일부터 입대 1년 후까지의 기간 동안 적어도 한 번 이상 강간을 저질렀다고 답했다. 이 가운데 한 사건에만 연루된 경우는 29퍼센트였고, 71퍼센트는 두 번 이상 강간을 범했으며 평균 횟수는 6번이었다. 전체 865건 중에서 상습 강간범이 저지른 건수가 95퍼센트를 차지했다. 리잭과 밀러의 연구에서처럼 응답자들은 폭력보다는 약물을 사용(83퍼센트)했다고 말했으며, 92퍼센트가 피해자를 알고 있었다고 답했다. 흥미롭게도 이들 가운데 대다수가 한 가지 방법만을 사용했다고 말했으며, 이는 강간범들이 특정 방법과 특정 표적을 선호한다는 의미다.[25]

전 국 범 죄 피 해 조 사

\

강간 출현율 정보 출처로 자주 언급되는 전국 범죄 피해 조사 National Crime Victimization Survey, NCVS는 매년 미국 법무부의 의뢰로 통계국이 전화상으로 시행한다. 2007년 조사에서는 전국 4만1500세대를 표본으로 삼았다. 조사원들은 12세 이상인 세대원 전원(따라서 12세 미만 어린이에 대한 성범죄 통계는 알 수 없음)에게 지난 6개월간 겪은 범죄와 경찰 신고 여부에 관해 묻는다. 일단 표본 세대가 선택되면 그 세대는 3년간 설문 대상이 되며, 가구원들은 6개월 간격으로 총 7번 설문을 받는다. 새 표본으로 교체된 뒤 첫 번째 전화 설문 결과는 연간 범죄 추정치에 포함되지 않는다.[26] 응답자들은 대개 첫 설문에서 더 많은 피해를 겪었다고 답하기(사건이 실제보다 더 최근에 일어났다고 회상하는 경향이 있음) 때문이다.

NCVS는 1972년부터 매년 자료를 모으기 시작했기에 미국 내 강간의 장기적 경향 파악도 가능해 보인다. 하지만 1993년 이전에는 강간에 대한 질문이 따로 없었으므로 초기의 강간 추정치는 자발적으로 정보를 제공한 응답자의 답변에만 의지해 산출되었다. 1993년 재설계된 설문에는 다음 질문이 포함되었다. "강제적 또는 원치 않았던 성행위와 관련된 사건은 종종 이야기하기 쉽지 않습니다. 전에 알지 못했던 사람이 당신에게 폭력을 쓰거나 압박을 주어 원치 않는 성행위를 하게 한 적이 있습니까? 안면 있는 사람은? 잘 아는 사람은?" 이 질문이 추가된 뒤 NCVS

분석가 마이클 랜드는 강간 출현율이 두 배 이상 뛰었으나 재설계 이후 수집된 자료를 1992년 이전 자료와 직접 비교할 수는 없다는 점에 주의해야 한다고 말했다.[27]

하지만 강간 연구자들은 응답자들에게 구체적 행위에 관해 묻지 않는다는 점을 지적하며 현재 NCVS에서 쓰는 방법에 문제가 있다고 지속적으로 비판한다.[28] 한 연구자는 여대생 표본 집단을 둘로 나눠 한쪽에는 개정된 NCVS 방식 설문을, 다른 쪽에는 구체적 행동에 초점을 맞춘 질문 12개로 구성된 성적 피해 관련 설문을 시행했다. 그 결과 12개 질문 방식을 사용한 집단에서 열 배나 높은 강간 출현율을 보였으며, 많은 연구자가 NCVS 방식으로는 강간 건수가 극적으로 과소평가된다는 데 동의했다.[29] 이렇게 제한적인 NCVS 방식도 경향을 파악하는 데는 유용할 가능성이 있었지만, 결국에는 응답 건수가 지나치게 적어 데이터의 유용성은 크게 떨어졌다.

예를 들어 미 법무부 통계국은 2009년 강간 출현율이 2008년에 비해 38.7퍼센트 감소했으며 반대로 2010년에는 50퍼센트 가까이 증가했다는 사실을 발견했다. 그러나 계산에 활용된 자료가 너무 적었다. NCVS에서 조사원들이 수집한 강간 건수는 2008년 56건, 2009년 36건, 2010년 57건에 불과했다. 결과적으로 절대적 수치가 조금만 변해도 전년도와 비교한 변동률은 크게 달라질 수밖에 없었다. 따라서 통계국은 설문을 통해 집계된 사례 수가 매우 적으므로 해마다 요동치는 변동률에 큰 의미를 부여할 수 없다고 강조했다.[30]

2006년과 2007년에 생긴 변화도 강간 출현율에 영향을 미쳤을 가능성이 있어 최근의 연간 변동률 측정은 더 어려워졌다. 2006년에는 인구 변화와 가구들의 위치 이동을 고려해 표본이 조정되었고, 2007년에는 예산이 삭감되면서 표본 크기가 14퍼센트 축소되었다. 줄어든 표본을 상쇄하기 위해 2007년 7월에는 첫 번째 설문 결과가 추정치 산출에 포함되었고, 그 결과 강간 출현율이 소폭 상승했다.[31] 2001~2009년 폭력 범죄가 매년 4퍼센트 감소세를 보였다고는 하지만, 앞서 언급한 여러 이유로 NCVS 데이터를 활용해서는 신뢰도 높은 강간 출현율 측정이 불가능하다.[32]

자신의 책 『우리 본성의 선한 천사』에서 하버드 심리학 교수 스티븐 핑커는 시간이 지나면 지구상에서 모든 종류의 폭력이 사라지게 되리라는 의견을 제시했다.[33] 또, 강간 문제를 다룬 부분에서는 이미 강간이 80퍼센트 이상 감소했다고 주장했다. NCVS 자료를 이런 주장의 근거로 삼은 핑커는 NCVS에서 수집되는 강간 사례가 매우 적어 매년 변동이 큰 폭으로 나타나며 통계적으로 유의미한 결과를 얻기가 불가능하다는 사실을 몰랐던 듯하다.

통 합 범 죄 보 고 서 를 둘 러 싼 혼 란

\

강간 출현율이 낮으며 감소하고 있음을 증명하기 위해 강간 부정론자들은 종종 FBI가 매년 발행하는 통합 범죄 보고서Uniform Crime Reports, UCR를 인용한다. 하지만 이 자료는 전국 경찰서에 신고되는 범죄의 통계만을 보여줄 뿐이다. 여러 연구에서 미국의 범죄 피해자들은 경찰에 신고하지 않는 경향이 있다고 밝혀졌다. NCVS를 참고하자면 2011년 표본 중 강력범죄 피해자의 49퍼센트, 재산범죄 피해자의 37퍼센트가 사건을 경찰에 신고했다. 2011년 강간 사실을 경찰에 신고했다는 응답자는 27퍼센트에 불과했다.[34] 다른 여러 연구에서는 강간 신고율이 이보다 더 낮은 수치인 5~20퍼센트로 추정되었다.[35]

경찰 신고가 이루어지지 않는 이유는 여러 연구에서 꾸준히 비슷하게 나타난다. 강간을 신고하지 않은 이들은 대부분 가족이나 남들이 사건을 알게 되는 것이 싫어서, 증거가 부족해서, 또는 가해자의 보복이 두려워서라는 이유를 댔다. 그 외 의견으로는 경찰이 함부로 대할까 두려워서, 신고 방법을 몰라서, "[사건이] 신고할 만큼 심각한지 확신할 수 없어서" 등이 있었다.[36]

UCR 자료의 유용성을 떨어뜨리는 다른 문제들도 있다. UCR에서 사용되는 폭력적 강간의 정의는 특정 형태의 성폭행을 포함하지 않는다. 배제되는 형태로는 항문 삽입, 손가락 및 기타 물체의 삽입, 12세 미만 아동에 대한 강간, 남성에 대한 강간, 혈족에 의한 강간, 미성년자가 저지른 강간 등이 있다.[37] 이런 이유로 UCR의 폭력적 강간에 해당되는 범죄는 법 집행 기관에 실제로 신고되는 강간의 일부만을 차지한다. 2012년 1월 FBI는 폭력적 강간의 정의를 사람의 질이나 항문에 그 사람의 동의 없이 신

체 일부나 물체를 넣는 것으로 수정했고, 처음으로 피해자 범위에 남성을 포함시켰다.[38]

더불어 2000년 『필라델피아 인콰이어러』는 조사를 통해 경찰이 강간범 체포율을 높일 목적으로 까다로운 사건을 숨기고 보고하지 않았다는 정황을 포착했다.[39] 또, 『세인트루이스 디스패치』는 이와 비슷하게 해당 지역 경찰서가 서면으로 접수한 강간 신고를 컴퓨터에 입력하지 않고 파쇄해버린 후 보고하지 않은 사실을 밝혀냈다. 강간죄를 덜 중한 범죄인 단순 폭행으로 처리하는 관행도 있었다.[40] 문제를 더 복잡하게 만드는 것은 FBI가 각 경찰서에 '근거 없는(허위 또는 증거 불충분)' 신고를 제외한 보고를 허용했다는 점이다. 이는 보고된 강간 건수가 각 경찰서에 들어온 총 신고 건수에도 미치지 못한다는 의미다.

FBI는 2000~2007년 경찰에 신고된 강간 건수가 9만~9만 5000건 내에서 증감했으나 특정한 패턴은 없었다고 발표했다. 2008년부터 숫자가 조금씩 감소했고, 2009~2011년에는 큰 폭으로 줄어들었다.[41] 하지만 이는 경찰에 신고된 강간 건수가 줄어들었다는 뜻이며, 전체 강간 중 경찰의 관심을 받는 사건은 일부에 불과하므로 이러한 감소가 곧 강간 출현율의 하락을 의미한다고 보기는 어렵다.

위키피디아의 강간 통계 항목은 미국의 강간 출현율을 다루고 있지만, NCVS 데이터만을 활용할 뿐 이 장에서 소개된 강간 출현율 연구는 단 한 건도 언급되지 않는다.[42] 건실하고 일관성 있는 방법을 사용한 이 연구들이 어째서 철저히 무시당하는지는 도무지 알 수 없다. 게다가 구체적 사례 제시도 없이 강간 통계는 믿을 수 없다고 주장하는 내용이 버젓이 실려 있다.

> 강간에 대한 일관성 없는 정의, 과장 신고, 축소 신고, 허위 신고는 논란의 여지가 있는 통계적 불일치를 일으키며, 그럼으로써 강간 통계는 대부분 신뢰도가 떨어지고 사람들을 호도한다는 비난을 부른다. 『USA 투데이』 기자 케빈 존슨은 "주요 범죄 중 그 어떤 것도, 살인이나 폭행, 강도조차도 강간만큼 전국 범죄 통계의 신뢰성에 심각한 문제를 발생시키지 않는다"고 말했다.[43]

폭력적 강간에 대해 서로 유사하고 기준이 명확한 정의를 사용한 최근 연구들은 위키피디아에 실린 주장과 달리 11~16퍼센트의 일관성 있는 평생 강간 출현율을 내놓았으며, 이는 최대로 잡으면 미국 여성 1800만 명에 해당된다. 하지만 이것이 강간 '유행병'인지 아닌지에 관해서는 논의의 여지가 있다.

강간 '유행병'?

\

확실히 일부 강간 근절 운동가들은 잘 몰라서이든 강간은 심각하며 더 많은 관심이 필요한 문제라는 자신들의 관점을 강조하기 위해서이든 간에 강간 출현율을 부풀리는 경향이 있으며, 이러한 과장된 주장은 강간 부정론자들을 자극한다. 그러나 강간 통계를 과장하는 것은 결과적으로 강간 부정론자들에게 힘을 실어줄 뿐이다. 가장 흔히 보이는 오류는 여성 세 명 또는 네 명 중한 명이 살아가면서 한 번은 강간 피해자가 된다는 주장이다.[44] 하지만 앞서 살펴본 바와 같이 실제 출현율은 16퍼센트, 즉 여섯명 중 한 명을 넘지 않는다.

두 번째로 흔한 실수는 강간 출현율 연구를 인용하면서 조사대상 기간을 착각하는 것이다. 대학 캠퍼스에서는 네다섯 명 중한 명이 대학에 다니는 동안 강간당하게 된다는 주장을 종종 들을 수 있다.[45] UC 버클리 2009년 졸업생 대표는 졸업 연설에서 "심지어 이곳, 우리 학교에서도 여학생 세 명 중 한 명이 학교 내의 누군가에게 성폭행을 당합니다"라고 말했다.[46] 2008년 노던켄터키대학교 캠퍼스에 게시된 포스터에는 통계를 한층 더 왜곡한, "가장 친한 친구 세 명을 떠올려보세요. 그중 한 명은 올해 강간을 당하게 됩니다"라는 문구가 적혀 있었다.[47]

텔레비전이나 라디오에 출연하는 페미니스트들도 종종 잘못된 통계를 인용한다. 한 저명한 페미니스트 변호사는 2003년 〈도나휴 쇼〉에서 세 명 중 한 명이라는 통계를 반복해서 거론했다.[48] 2008년 한 페미니스트 웹사이트에는 미 육군에 입대하는 여성세 명 중 한 명이 군 내부의 남성에게 성추행 또는 강간을 당한다는 터무니없이 과장된 내용이 실렸다.[49] 한 단체는 전몰자 추도기념일에 9500명에게 배포되는 전자 뉴스레터에서 이 통계를 인용하며 이에 동조했다.[50] 미 하원위원회 발표에서 한 여성 하원의원은 "이건 이제 유행병이라고 봐야 합니다"라고 선언했다.[51]

실제로 강간 위기를 주장하는 이들이 내놓는 자료에는 '유행병'이라는 말이 자주 쓰인다.[52] 미국 의사협회 전임 회장은 "성폭행은 급속도로 퍼져 우리 나라의 여성과 아동에게 트라우마를 남기는 '조용하면서도 무서운 유행병'입니다"라는 말을 하기도 했다.[53]

'유행병'이라는 용어는 미국 내에서 강간이 공중 보건 문제라는 사실을 강조해주기는 하지만, 그런 의학적 비유는 통계적 근거가 없는 위기의식을 불러일으킨다. '유행병'이란 짧은 기간 안에 빠르게 퍼지는 감염을 가리킨다.[54] '유행병'이란 말을 반복할수록 강간 근절 운동가들은 불필요하게 과장이나 기만이라는 혐의를 뒤집어쓰게 된다. 많은 사람이 2009년 한 강연에서 크리스티나 소머스가 한 말에 선뜻 공감할 터이다. "성적 정치학이나 과장으로는 여성을 곤경에서 구할 수 없습니다. 아무리 선한 의도였다 해도 마찬가지입니다. 사실을 호도하는 행위는 거의 항상 고통의 진짜 원인을 가리고, 그 고통을 막을 진짜 방법을 찾는 데 걸림돌이 됩니다. 공감은 진실에서 우러나기 마련입니다."[55]

한 대학 캠퍼스의 강간 방지 프로그램은 재학 4년간 여대생 네 명 중 한 명(또는 3000명)이 강간 피해자가 된다는 오류투성이 주장을 내놓았고, 이는 '허위 강간 협회' 블로그(나중에 '억울하게 기소당한 이들의 모임'으로 바뀜)에서 만만한 조롱거리가 되었다. 이 블로그에서는 이런 결론을 내렸다. "과장의 강도를 고려한다면 CARE(Campus Assault Resources and Education Program, UC 어바인의 강간 방지 프로그램—옮긴이)가 내놓은 주장은 산술적으로

9.11 테러에서 90만 명이 죽었다고 주장하는 것과 같으며, 도덕적으로는 그 통계 수치를 무기로 활용해 테러에 대항하는 세계적 전쟁을 정당화하는 것과 같다."[56]

때때로 재정 지원을 받으려고 실제로 통계 수치를 부풀린 사례가 보도되기도 한다. 예를 들어 2009년 캘리포니아대학교 데이비스 캠퍼스는 최소 2년간 정부에 실제보다 거의 두 배 더 많은 강간이 보고되었다는 사실을 밝혔다. 이런 속임수는 캠퍼스 폭력 방지 프로그램의 전 책임자가 병가로 자리를 비운 사이에 드러났다. 정부 보조금 신청과정에서도 강간 건수를 엄청나게 부풀린 것으로 밝혀졌다.[57]

강간 위기를 주장하는 이들과 캠퍼스 강간 방지 프로그램 운영자들이 잘못된 수치를 계속 내세우는 것은 무지의 소산일 수도 있다. 그게 아니라면 최근 데이터가 제대로 인용되지 않는 이유는 여러 단체가 원하는 만큼 높지 않은 수치를 의도적으로 거부하고 있기 때문일지도 모른다. 만약 그렇다면 강간 근절 운동가들은 평생 한 번 이상 강간당하는 여성 1800만 명이 결코 적은 숫자가 아니라는 점을 깨달을 필요가 있다. 과학 저널리스트 마이클 스펙터는 이런 글을 썼다. "우리는 올바르게 감별되고 확인된 데이터를 받아들이는 법을 배워야 한다. 데이터가 무엇을 의미하든, 데이터가 다른 방향을 가리키기를 우리가 얼마나 간절히 바라든 상관없다."[58] 이는 강간 위기설 신봉자들과 강간 부정론자들 양쪽에 모두 적용되는 말이다. 작가 바버라 에런라이크는 자신의 책 『긍정의 배신』에서 이 상황에 딱 어울리는 질문을 던졌다. "우리가 처한 실제 상황을 똑바로 바라보지 않고서 어떻게 그 상황을 개선할 수 있단 말인가?"[59]

실제 강간 출현율 자료는 우리가 이미 알고 있는 사실, 즉 대다수 여성은 남성과의 사교적 만남에서 긍정적 경험을 한다는 점을 확인시켜준다. 그렇기에 그 대부분에 포함되지 못했던 라일리와 트레이시 같은 여성들이 받은 충격은 더 클 수밖에 없다.

메건

메건은 내가 일하는 대학교에 다니던 학생이었다.[60] 어느 날 그녀는 작지만 명성 높은 교양대학 1학년 시절에 겪은 충격적인 사건을 내게 들려주었다. 사건 자체도 끔찍했지만, 메건을 더 힘들게 한 건 사건의 여파였다. 주변 사람은 모두 그녀가 겪은 일에 전혀 무관심했다. 메건은 아무도 자기 말을 믿지 않는다고 느꼈으며, 학교와 학생회에서 처벌까지 받았다.

163센티미터의 자그마한 체구인 메건은 입학한 지 두 달이 지났는데도 친구가 거의 없음을 깨닫고 사람 사귀기를 어렵게 하는 자신의 사교성 부족을 한탄했다.

아이러니하게도 그 학교를 고른 건 저예요. 자그마한 학교니까 공동체 같은 따뜻한 느낌이 있을 테고, 학생들끼리 다 같이 친하게 지낼 거라고 생각했거든요. 내 머릿속에는 유토피아 같은 이상적 이미지가 있었어요. 한번은 그나마 있는 친구 한 명을 파티에서 만나게 됐어요. 사실 나는 파티를 별로 좋아하지 않아요. 정말 솔직히 말하면 사람 사귀는 데는 젬병이죠. 아무래도 외출도 좀 하고 사람들을 더 자주 만나야겠다는 생각이 들어서 그 친구가 초대한 다른 파티에 가기로 했어요. 막상 가보니 그 친구는 없더군요. 그래서 꿔다놓은 보릿자루처럼 어색하게 서성거렸어요. 그때는 술도 마실 줄 모를 때라 더 어색했죠. 다른 애들은 전부 마시고 있었으니까요. 주변은 엄청나게 시끄러웠고, 괜히 왔다는 생각이 들었어요. 아무도 만나지 못했고, 다들 술 마시느라 바빴으며, 소란스러워서 얘기를 나눌 분위기도 아니었어요.

메건은 그러다 체격이 굉장히 좋은 농구선수 한 명이 그녀에게 다가왔다고 말했다.

그는 내게 신입생인지, 어디 출신인지를 물으며 이런저런 말을 걸었어요. 나는 그저 조금이나마 사교성 있는 사람인 척 행동할 핑계가 생겨서 뛸 듯이 기뻤죠. 그가 말했어요. "여기 정말 시끄럽지. 위층에 내 친구들이 모여 있는데, 올라가서 같이 얘기나 할래?" 흔쾌히 그러자고 했죠. 파티에 계속 있기가 정말 싫었거든요. 이 남자와 잘해보려는 생각 따윈 전혀 없었어요. 그저 파티에서 빠져나가 사람들을 만나보고 싶을 뿐이었죠.

메건은 그를 따라 건물 3층으로 올라갔다. 그 남학생은 화장실에 다녀와야겠다고 말했다. 메건이 그 층에 있는 라운지를 들여다보고 있을 때 갑자기 그가 뒤에서 나타나 그녀를 화장실 칸막이 안으로 끌고 들어갔다.

그는 메건을 힘으로 눌러 변기 바로 옆에 꿇어앉히고 억지로 자신의 성기를 빨게 했다. 그러더니 그녀의 바지를 벗기고 질에 성기를 삽입했다. 메건은 저항했고 놓아달라는 의사를 분명히 표시했다.

"내 팔뚝 못 봤어? 네가 빠져나갈 수 있을 것 같아?" 이것이 그의 대답이었다. 그녀가 동의하지 않았음을 분명히 알고 있다는 뜻이었다. 메건은 내게 이렇게 말했다. "사실 그건 섹스와 상관없는 일이었어요. 나는 그걸 섹스라고 생각지 않았죠."

메건은 이제 대학에 왜 그렇게 상습 강간범들이 넘쳐나는지 알겠다고 말한다. 갓 입학한 새내기였던 메건은 친구가 별로 없었고, 그녀의 절박한 마음과 취약성은 누구에게나 뻔히 보였을 터이다. 메건은 그 농구선수가 신입생이냐고 물었던 것을 분명히 기억하고 있었다.

결국 메건은 자기가 사는 건물까지 간신히 돌아왔다. 그녀는 충격을 받은 상태였다. 나중에 그녀는 외상후 스트레스 장애와 불면증 진단을 받게 된다. 그리고 자책이 시작되었다.

사건 후 나는 끊임없이 '~했다면'이란 가정을 반복했어요. 파티에 가지 않았다면? 그를 따라 위층에 올라가지 않았다면? 내가 그렇게 사교성 없는 사람이 아니었다면? 내가 그렇게 멍청하고 어설프지 않았다면? 그러면 이런 일은 일어나지 않았을 거라 생각했죠.

그러다 메건은 이번에는 "~라면 좋겠어"라는 생각을 하기 시작했다고 말했다. 때로는 심지어 다시 공격당했으면 좋겠다고 바라기까지 했다. 그러면 이번에는 "제대로 하고", 더 세차게 맞서고, "진짜 피해자답게 행동할" 기회를 얻을 수 있을 거라고 생각했기 때문이다.

내가 더 강한 사람이라면, 지금과는 다른 사람이라면 좋았을 텐데. 차라리 그가 날 죽였다면 좋았을 텐데. 그러면 이런 감정은 느끼지 않아도 되고, 사람들도 날 믿어주었을 텐데.

그때는 메건도 미처 몰랐지만, 그녀에게 내려진 형벌은 이제 시작일 뿐이었다.

허위 강간 신고에 관한 진실

경찰 당국이 캘리포니아대학교 샌디에이고 캠퍼스 학생이 강간당한 사건을 조사하고 있다는 기사가 지역 신문에 실렸다. 그녀는 16일 전 키가 175~185센티미터쯤 되는 아시아계 남성이 자신을 바다에 밀치고 강제로 삽입했다고 진술했다. 흥미로운 것은 신문 블로그에 달린 댓글들이다.

"아시아계 남자가 그렇게 크다고? 신고하는 데 2주가 넘게 걸렸다고? 수상하다. 엄청나게 수상하다. 허튼소리라는 감이 딱 온다. 기사를 읽어보니 자기한테 불리한 부분은 싹 빼고 말한 게 틀림없다. 제2의 라크로스팀 사기 사건 아닐까?"

"이제 빼도 박도 못하는 증거가 있을 때 말고는 여자들 말을 곧이곧대로 믿어주면 안 된다. 여자들은 남자한테 차이면 강간이라고 우긴다."[1]

늦은 오후가 되자 'FalseRapeArchivist'라는 아이디를 쓰는 사용자가 로그인해 제대로 된 연구에서는 허위 강간 신고율이 모두 50퍼센트로 나왔다고 주장하기 시작했다.[2] 그는 독자들에게 자신의 웹사이트 falserapesociety.com(나중에 '억울하게 기소당한 사람들의 모임'으로 바뀜)에 오면 철회되거나 수사가 중단된 강간 신고 사례가 잔뜩 있고 억울하게 기소당한 사람들의 관점에서 허위 강간 신고 문제를 다룬 기사도 빠짐없이 링크되어 있다고 홍보했다.

샌디에이고 신문 사이트에 'FalseRapeArchivist'가 나타난 것을 보면 강간 부정론자들이 얼마나 체계적으로 움직이는지를 짐작할 수 있다. FalseRapeArchivist와 같은 강간 부정론자들은 아마도 구글 알림(사용자가 입력한 키워드와 관련된 새 콘텐츠가 나타나면 이메일로 알려주는 서비스—옮긴이)을 활용해 뉴스 블로그에 관련 뉴스가 뜰 때마다 자신들의 주장을 덧붙이는 듯하다.

이 특정한 강간 부정론자들은 강간 신고의 50퍼센트가 허위라고 주장한다. 이 주장의 근거로 이들은 퍼듀대학교 교수 유진 J. 캐닌의 1994년 연구 보고서를 인용한다. 하지만 더 최근에 이 연구보다 나은 방법을 활용해 허위 강간 신고율이 2~8퍼센트라는 사실을 밝혀낸 일곱 건의 연구는 일절 언급하지 않는다. 그럼에도 이들의 '허위 강간 신고 추방 운동'은 '강간에 대한 거짓말'이라는 새로운 사회 문제가 존재한다고 언론을 설득하는 데 성공했다.

2006년 듀크대학교 라크로스팀 사건 이후로 이 운동은 탄력을 받았고, 대학 당국과 경찰, 검사, 판사, 배심원단까지 면식 강간 사건을 미심쩍은 눈으로 바라보게 되었다. 2011년 도미니크 스트로스칸 같은 유명인을 강간으로 기소한 여성들은 도리어 유례없는 공격을 받았다.

강간 출현율을 공격할 때처럼 강간 부정론자들은 허위 강간 신고 출현율 연구 결과들이 서로 불일치한다고 주장하며 혼란을 조장한다. 내가 이 주제에 관해 쓴 기사를 보고 크리스티나 호프 소머스는 편집자에게 이런 내용의 반박 편지를 보냈다. "이성적이고 선한 의도를 지닌 학자, 범죄 전문가, 저널리스트들도 허위 고소의 빈도와 발생률에 대한 의견이 다를 수 있고, 실제로 다릅니다."[3] 이러한 주장에도 허위 신고에 관한 최근 연구들을 살펴보면 딱히 불일치가 나타난다고 여길 근거가 없다는 결론밖에 나오지 않는다.

허위 강간 신고 추방 운동가들의 주장
\

허위 강간 신고 연구를 논하려면 먼저 정의를 명확히 하는 것이 중요하다. 허위 신고란 철저한 수사를 거쳐 강간이 일어나지 않았음이 증명될 수 있는 경우를 가리킨다. 예를 들어 한 여성이 특정 장소에서 강간당했다고 주장했지만, 사실 그 시간에 그녀가 다른 도시에 있었다는 결정적 증거가 나왔다면 이는 허위 신고에 해당된다.[4]

하지만 신고자가 범죄가 일어났다는 보강 증거를 제시하지 못하거나 수사관이 증거를 자기 나름대로 검토해 사건이 일어나지 않았다고 판단한다고 해서 해당 강간 신고가 허위인 것은 아니다. FBI의 통합 범죄 보고서 매뉴얼에 따르면 이런 사례는 허위 신고가 아닌 미확정 또는 증거 불충분에 속한다.[5]

이만하면 정의는 매우 명확해 보인다. 물론 강간 부정론자들이 강간 신고의 절반 이상이 확정적이지 않거나 증거가 부족하다고 말한다면 얘기가 달라진다. 하지만 그들의 말은 그게 아니다. 그들은 강간 신고자 절반이 경찰에 노골적으로 거짓말을 한다고 주장한다.

이런 주장을 하는 이들은 강간 출현율을 공격하는 사람들과 마찬가지로 한 연구자만을 언급한다. 강간 부정론자들이 근거로 삼는 유진 J. 캐닌의 1994년 연구 보고서는 언뜻 보면 상당히 흥미롭다.[6] 캐닌이 연구 대상으로 삼은 경찰서는 고소인이 강간은 일어나지 않았다고 인정해야만, 즉 피해자가 진술을 철회해야만 해당 신고가 허위였다고 확정했기 때문이다. 하지만 이 관할 구역은 강간 사건을 수사할 때 항상 신고자와 용의자 양쪽에 거짓말 탐지기 사용을 강력히 권고하는 곳이었다.[7] 이런 방식은 강간 신고자에게 부정적 영향을 미치는 것으로 확인되어 현재 대부분의 법 집행 기관에서 폐기되었다.[8] 수사관의 명백한 회의적 태도와 거짓말 탐지기를 통과해야 한다는 부담감에 직면해 신고를 철회하고 마는 피해자도 적지 않다.

캐닌 자신도 철회의 유효성에 대해서는 신중해야 한다고 경고했다. "강간 신고 철회는 경찰에 의한 '2차 피해'를 피하고 싶은 고소인의 욕구에서 비롯된 결과일 수도 있다."[9] 자신이 제시한 표본의 적용 가능성을 우려한 캐닌은 더 깊은 조사가 필요하다고 설명했다. 거짓말 탐지기 조사에 관해서는 "모든 강간 사건을 종결하려고 진지하게 애쓰는" 경찰이 철회 건수를 높이고 나머지 사건에 집중하기 위해 사용하는 수단일 수도 있다고 말했다.[10]

미국 중서부 경찰서에 9년이 넘는 기간 동안 접수된 강간 신고 109건으로 이루어진 캐닌의 표본에서 경찰이 허위라고 확정한 것은 41건이었다.[11] 하지만 데이비드 리잭 교수는 캐닌이 경찰 기록을 스스로 검토하지 않았다고 지적했다. 캐닌은 경찰관이 사건에 대해 내린 정의를 그대로 받아들여 반복했을 뿐이므로 그의 연구는 사회과학 조사로 분류될 수 없다.

캐닌의 보고서에는 체계적이든 아니든 사건에 대한 독자적 정보를 얻으려는 노력을 기울였다는 기록이 전혀 없다. 그의 데이터는 모두 경찰관들이 그에게 제공한 그대로다. 따라서 보고서의 '분석 방법' 항목에서 캐닌은 해당 사건이 허위 신고였다고 결론 내린 경찰관의 의견을 단순히 반복할 뿐이다. (…) 이 연구는 과학의 가장 기본적인 규칙, 즉 관찰은 관측자의 편향을 그대로 반영해서는 안 된다는 규칙을 위반했다.[12]

캐닌은 한 문단짜리 부록에 중서부의 대형 대학교 두 곳의 경찰 기록에 관한 검토를 덧붙였다. 3년간 64건이라는 몇 안 되는 표본에서 그는 폭력적 강간 신고의 50퍼센트가 허위 신고였다고 밝혔다. 여기서는 거짓말 탐지기가 사용되지 않았지만, 신고자의 철회 없이 허위로 판명된 사례는 한 건도 없었다.[13] 이번에도 캐닌은 독자적 조사를 시행하지 않은 것으로 보인다. 그는 경찰이 이미 내려둔 결정에만 의존했으며, 그 분류는 증거나 수사에 기반을 둔 것이 아닐 가능성이 컸다.

듀크대 라크로스팀 강간 사건은 허위 강간 신고에 관한 새로운 관심을 불러일으켰다. 잘 알려진 바와 같이 2006년 듀크대학교 라크로스팀 선수들은 캠퍼스 밖에서 파티를 열어 술을 마시며 스트리퍼 두 명을 불렀다. 스트리퍼 중 한 명인 저소득층 아프리카계 미국인 여성은 파티에서 선수 세 명이 자신을 강간했다고 신고했다. 두 번의 DNA 검사에서 라크로스팀 선수들의 것과 일치하는 DNA는 나오지 않았지만, 여성의 직장直腸에서 채취한 샘플과 속옷에서는 신원 미상의 남성 네 명의 DNA가 검출됐다. 그럼에도 검사는 선수들에 대한 기소를 강행했고, 심지어 DNA 증거를 피고 측 변호인에게 숨기기까지 했다. 나중에 원고는 자신의 진술을 일부 번복했다. 결국 모든 혐의는 기각되었고, 선고에는 드물게도 기소된 청년들은 무죄라는 판사의 말까지 딸려 있었다. 이 사건을 맡았던 검사는 법조인 자격을 잃었다.[14]

뒤이어 허위 강간 신고에 관한 책과 기사, 블로그가 우후죽순으로 쏟아져 나왔다. 이들에게는 자신들의 주장을 뒷받침해주는 캐닌의 연구를 인용하는 것이 '증명 끝'이었으며, 최근의 허위 신고 관련 정보를 찾아보려는 노력은 전혀 보이지 않았다. 이런 활동가 중 한 명인 저널리스트 스튜어트 테일러는 수많은 칼럼과 기사를 통해 듀크 사건 담당 검사의 행보를 공격했다. 2007년에는 KC 존슨과 함께 이 사건 관련 기사를 묶어 책으로 펴냈다. 수백 페이지에 걸쳐 듀크 사건의 사실관계를 제시한 뒤, 두 저자는 이 책이 강간 기소의 현주소를 보여주는 전형적인 사건이라는 결론을 내렸다. "남성의 성적 약탈 행위와 여성의 피해 범위를 터무니없이 과장하고 아무 증거도 없이 여자는 결코(또는 대부분 전혀) 강간에 대해 거짓말하지 않는다고 굳게 믿는 급진적 페미니스트들이 주도한 변화는 도를 넘었다."[15]

자신들의 견해를 증명하기 위해 두 저자는 몇 페이지 분량의 인용문을 증거로 넣었고, 이로써 허위 강간 신고가 대략 50퍼센트에 달함을 증명했다고 주장했다. 주요 매체의 리뷰에서 제시된 증거의 빈약함은 딱히 지적받지 않고 넘어갔다.

저자들은 미국 각지의 검사 여러 명의 말을 인용하기는 했지만, 50퍼센트라는 주장을 뒷받침하는 근거는 크게 세 가지였다. 첫째는 맨해튼의 전직 성범죄 전담 검사 린다 페어스타인이 2003년 『코즈모폴리턴』 기사에서 했다는 말로, 맨해튼에서 매년 접수되는 4000건의 강간 신고 가운데 절반은 일어난 적이 없는 일이라는 내용이었다.[16] 하지만 해당 기사를 정독한 결과 그런 내용은 발견되지 않았다.[17] 페어스타인은 내게 KC 존슨의 웹사이트에 실수를 인정하는 내용이 실려 있다고 알려주었다. 그들은 원본 기사를 확인하지 않고 다른 사람의 웹사이트에 있던 내용을 가져다 썼다고 한다.

두 번째 증거는 유진 J. 캐닌의 1994년 논문이었다. 마지막으로 두 저자는 육·해·공군 사관학교에서 설문에 응한 재학생 가운데 허위 강간 신고가 문제로 인식된다고 보는 응답자가 70퍼센트였다는 국방부 보고서를 인용했다.[18] 하지만 설문 참여자들이 받은 질문은 그 문제를 스스로 어떻게 생각하는지가 아니라 동급생들이 허위 신고를 문제로 여긴다고 생각하는지를 묻는 내용이었다. 따라서 애초부터 이 조사를 통해 사관학교에서의 허위 신고율을 알아낼 수도 없었다.

뉴욕 브루클린 칼리지 교수인 KC 존슨은 계속 사건 관련 정보와 듀크대학교 및 지방정부 상황 소식을 전하며 블로그를 업데이트했다. 이는 모두 허위 강간 신고에 맞서는 활동의 일환이다.[19]

'RADAR(가정폭력 신고의 정확성을 지키는 모임)' '억울하게 기소당한 이들의 모임('허위 강간 협회'에서 변경됨)' '군사 대비 태세 센터' '글렌 색스' 등을 비롯한 허위 강간 신고 관련 사이트들이 전달하는 메시지는 거의 동일하다. 게다가 서로서로 링크도 걸려 있다. '억울하게 기소당한 이들의 모임' 블로그에는 매일 전 세계에서 철회되거나 기각된 강간 사건 정보가 올라온다. 이 웹사이트들은 유진 J. 캐닌의 논문을 근거 삼아 강간 신고의 절반 이상이 허위라는 주장을 고수한다. 나아가 여성들이 허위 신고로 무고한 남성의 인생과 평판을 망가뜨리면서 자신들은 아무 불이익도 받지 않는다고 비난한다.

이런 웹사이트에서 신성하게 떠받들어지는 글이 두 개 있다. 하나는 보수 단체 '연방주의자 협회'의 후원을 받아 이따금 허위 강간 신고에 관한 발언을 하는 자유기고가 캐시 영의 글이다.[20] 2006년 웬디 매켈로이가 쓴 글도 호의적으로 인용된다. 사실 매켈로이는 캐닌의 연구를 믿을 수 없다며 "50퍼센트라는 숫자를 받아들이기 전에 다른 집단을 대상으로 한 연구를 더 찾아볼 필요가 있다. 내 생각에 수치가 지나치게 높은 듯하다"[21]고 말했다. 그럼에도 그녀는 다음과 같은 결론을 내렸다. "허위 신고는 드물지 않다. 오히려 흔하다."

이런 웹사이트에 실린 글은 강간 피해자를 옹호하는 이들과 180도 다른 세계관을 보여준다. 후자는 대개 강간당했다고 말하는 여성을 아무도 믿지 않는 것이 문제라고 생각하지만, 허위 강간 신고 관련 운동가들은 사회에 기본적으로 남성을 의심하는 성서가 깔려 있다고 주장한다. "오늘날 정치적으로 올바른 세상에서 강간 혐의를 받은 남자는 실질적으로 유죄로 추정되며, 무죄를 입증하는 증거가 아무리 강력해도 그 추정을 깨뜨리기 어렵다."[22] 또, 이렇게 말하는 이도 있다. "강간 문제에서 한쪽 성은 거짓말을 할 줄 모르는 반면 다른 성은 거짓말밖에 할 줄 모르는 것으로 간주된다."[23]

이런 블로그의 독자가 보이는 폭발적 반응은 여성에 대한 깊은 불신을 고스란히 드러낸다. "남성 여러분, 여기서 문제는 동물과는 말이 통하지 않는다는 점입니다. 여자는 생존 본능이 강한 동물입니다. 동물은 이기적이고, 그로 인해 주변에 파괴적인 영향을 끼치죠."[24] "스티브의 '여자는 동물'이라는 말에 동의하지만, 나는 거기서 한 발짝 더 나가야 한다고 생각한다. 여자는 일말의 도덕적 품위도 없고 사랑이나 연민도 느낄 줄 모르는 교활한 거짓말쟁이 악마이며 (…) 자기 욕심에 따라서만 행동한다. 특히 섹스에서는 모든 여자가 창녀나 다름없기에 (…) 남자들은 정신을 차려야 한다."[25]

허위 신고를 가장 강경하게 주장하는 사람을 꼽으라면 아마도 "언론이 매일 여자들에게 학대를 받았다고 주장하도록 부채질한다"고 생각하는 블로거 앵그리 해리일 것이다.[26] 또, 여성이 허위 신고를 하는 목적은 남자들을 악마 취급하고, "헐뜯고, 차별하고, 하나부터 열까지 타락해 어처구니없을 만큼 부당한 재판 절차에 밀어넣고, 여자가 단지 그러고 싶다는 이유만으로 남자의 삶을 철저히 망가뜨리는" 것이라고 주장한다.[27]

해리에게는 자신만의 허위 강간 신고 통계가 있다. 그는 대략 5퍼센트의 여성이 경계성 인격장애 또는 그에 준하는 장애를 지니고 있어 상습적으로 허위 고발을 하는 증세를 보인다고 주장하며 이렇게 말했다. "영국에서는 100만 명, 미국에서는 500만 명의 여성이 이런 장애를 지니고 있음을 생각하면, 매년 신고되는 다양한 '학대', 즉 성폭행, 가정폭력 등은 거의 모두 이런 여자들이 피해자인 척하려고 애쓴 결과임이 틀림없다."[28] 다음으로 해리는 모든 여성이 매달 생리전 증후군을 겪는다며 "강간 신고는 대부분 그런 것들 탓이라고 여겨진다"[29]고 덧붙였으며, 대다수 강간 신고는 허위이며 진짜 강간 사건은 거의 신고되지 않는다는 결론을 내렸다.[30]

강간에 대해 거짓말하는 여자는 한 명도 없다는 주장은 어리석지만, 위와 같은 주장을 하는 앵그리 해리도 상당한 별종 축에 든다고 할 수 있다. 하지만 저널리스트 찰스 P. 피어스가 말했듯

"무엇이든 큰 소리로 주장하면 사실이 될 수도 있다."[31]

연구자 잰 조던은 자신의 책 『여자가 한 말: 경찰, 강간, 그리고 믿음』에서 흥미로운 모순을 지적했다. "여자가 남자의 범죄를 고발하면 사람들은 여자를 의심하지만, 고발을 철회하면 그녀를 믿어준다. 학대를 당했다는 여성의 말은 의심스럽지만, 학대 신고를 철회하면 갑자기 여성의 말은 신뢰도가 높아진다. 여기서 의문이 생긴다. 왜 여성의 말은 남성을 여성에 대한 폭력의 책임에서 면제하고 사면해줄 때만 믿을 만한 것이 되는가?"[32]

이런 웹사이트에는 관점이 비슷한 이들만 모이므로 언급할 가치가 없는 것처럼 보이지만, 사실 이런 사이트가 대중의 사고방식에 미치는 영향은 생각보다 크다. 오늘날 대중은 정보의 대부분을 인터넷에서 얻기 때문이다. 예를 들어 2009년 8월 검색창에 '허위 강간 신고'를 입력하자 가장 상위에 뜬 결과 두 건은 폭스 뉴스 웹사이트에 실린 웬디 매켈로이의 기사와 falserape.net에 올라온 글이었다. 둘 다 강간 신고의 절반 이상이 허위라고 주장하는 내용이었다. 이 주제를 주로 다루는 웹사이트를 운영하는 단체는 별로 없으므로 정보를 얻으려는 사람들이 인터넷에서 믿을 만한 데이터를 찾기란 매우 어렵다.[33]

놀라운 것은 늘 활발히 활동하는 강간 피해자 보호 운동가들이 허위 강간 신고 캠페인에는 이렇다 할 반응을 보이지 않는다는 점이다. 이런 침묵은 듀크대 라크로스팀 사건이 벌어지면서 언론이 이들을 반론의 여지 없이 몰아붙여 어렵고 거북한 처지에 빠뜨린 탓일지도 모른다.

예를 들어 강간 피해자를 지지하는 사람들은 폭스 뉴스의 빌 오라일리같은 노련한 진행자의 상대가 되지 못했다. 2006년 4월 오라일리의 프로그램에 출연한 전국 성폭력 반대 연합 회장은 "성폭행을 당했다고 털어놓는 여성 또는 모든 피해자를 지원하는 것"이 자신의 역할이라고 말했다.

"실제로 폭행당하지 않았더라도요?" 오라일리가 물었다.

강간 피해자를 지원하는 것이 자신의 역할이라는 의견을 밀고 나가는 대신, 그녀는 이렇게 답했다. "글쎄요, 빌, 그런 사람을 만난 적은 없는데요. 11년째 이 일을 하고 있지만, 그런 적은 없어요."

그러자 오라일리는 그녀가 미국 헌법에 명시된 무죄 추정의 원칙을 무시하고 있다고 꼬집으며 단번에 우위를 차지했다.[34] 그녀의 말은 '허위 강간 신고를 하는 여자는 없다'는 뜻으로 해석되어 인터넷 여기저기에 퍼졌다.

이런 문제의 원인은 언론이 한 가지 주제를 잡는 데만 관심을 쏟아 뉘앙스가 모두 사라져버린다는 데 있었다. 포르노 반대 운동가이자 학자인 게일 다인스는 듀크대 사건에 대해 이야기해달라는 요청을 받고 CNN의 〈폴라 잔 나우〉에 출연했지만, 자신의 의견을 제대로 전달할 기회를 얻지 못했다고 말했다.

"나는 문제점을 보여주는 예시로서 그 쇼에 캐스팅된 거였어요."[35] 다인스가 말했다. "정치적 올바름을 지나치게 확대 해석하는 백인 진보 엘리트 역이었죠. 나는 연구자나 운동가가 아닌 페미니스트들이 남성 혐오를 전파하기 위해 얼마나 '섣부른 판단'을 내리는지 보여주는 표본으로 불려온 것이었어요."

전직 지방검사보 웬디 머피는 케이블 방송에 종종 출연해 라크로스팀 선수들이 유죄라고 주장하는 역할을 맡았다. 나중에 그녀는 자신의 주장이 극단적이었으나 반대 의견을 제시해 균형을 맞출 필요가 있다고 생각했다고 밝혔다.[36] 하지만 인터넷에서는 그녀의 이 말 한마디만 계속 회자되었다. "어쨌든 나는 한 번도 허위 강간 신고를 본 적이 없습니다. 내가 직접 겪은 경험이 증거입니다."[37]

사실 강간 피해자를 옹호하는 이들은 대개 전체 강간 신고 중 2퍼센트만이 허위로 밝혀졌다는 말에 매달린다. 하지만 이 명제를 뒷받침하는 확실한 연구 결과는 없다. 자주 인용되는 이 수치는 1975년 수전 브라운밀러가 쓴 글에서 나왔을 가능성이 높다. 그녀는 뉴욕에 성범죄 분석반이 생겼을 때 허위 신고가 2퍼센트로 떨어졌다는 글을 썼다.[38] 이는 확실한 조사에 기반을 두고 한 말 같지 않지만, 50퍼센트라는 주장에 맞서려는 이들은 오랫동안 이 수치를 복음처럼 되뇌었다.[39]

비록 잘 알려지지는 않았지만, 견실한 방법을 사용한 최근의 연구 보고서들은 이 문제에 해결의 실마리를 던져준다. 먼저 사회과학 연구로 허위 신고 여부, 즉 신고자가 강간에 대해 거짓말을 했는지를 정확히 파악하기가 쉽지 않다는 점을 기억해야 한다. 거짓말임을 증명하는 확실한 증거가 존재하지 않을 때도 종종 있기 때문이다. 덧붙여 경찰과 검찰이 신고의 진실성을 의심해 허위 신고로 분류했다가 나중에 새로운 사실이 밝혀지는 일도 적지 않기에 정확한 자료를 얻기 어렵다. 예를 들어 한 사건에서 성범죄 수사관들은 아파트 방범창 창살 사이의 18센티미터도 안 되는 틈으로 괴한이 침입했다는 여성의 신고를 믿을 수 없어 허위 신고라는 결론을 내렸다. 하지만 그 남자는 같은 도시에서 계속 강간을 저질렀고, 다른 사건에서 검출된 DNA를 그 여성에게서 발견된 샘플과 대조한 결과 일치했다.[40]

엄격한 방법으로 허위 강간 신고를 연구한 조사로는 일곱 가지가 있으며, 연구 결과를 종합한 허위 신고율은 2~8퍼센트다. 이중 어느 하나가 확정적이라고 할 수는 없지만, 적어도 이 데이터는 2퍼센트와 50퍼센트를 주장하는 이들의 끝없는 싸움에 종지부를 찍어줄 것이다. 2005~2006년 미국 여러 주에서 여덟 단체가 공동으로 수행해 2008년에 결과를 발표한 '세상 바꾸기 프로젝트Making a Difference Project, MAD'는 미국 법 집행 기관에 접수된 허위 강간 신고 비율을 알아내기 위해 시행된 몇 안 되는 연구 가운데 하나다. 프로젝트 관리자들은 18~24개월간 들어온 모든 강간 신고에 관한 데이터를 모았다. 조사원은 모두 허위 신고에 동일한 정의를 적용하도록 교육받았고, 임의의 사건 파일을 골라 데이터가 정확한지를 확인했다. 연구에 포함된 2059건 가운데 40건(7퍼센트)이 허위로 분류되었다.[41]

1970년 토론토 경찰서에 신고된 116건의 강간 사건을 조사한 연구도 있었다. 연구자들은 친척 또는 친구가 대신 신고해 허위로 판명된 5건을 별도로 치고 7건(6퍼센트)이 허위 신고라는 결론을 내렸다.[42] 영국 내무부의 후원을 받은 연구자들은 잉글랜드와 웨일스에서 1985년 1~3월에 신고된 강간 348건을 두고 이와 비슷한 분석을 시행했다. 이들은 사건 기록과 법의학 보고서, 강간을 신고한 여성과 용의자의 진술을 모두 검토했다. 허위로 판정된 신고 비율은 8퍼센트를 조금 넘었다.[43]

1996년 영국 내무부는 다시 비슷한 연구를 후원했다. 이번 연구에서 연구원들은 483건의 사건 기록을 검토했고, 신고인 및 담당 경찰관과 여러 차례 인터뷰를 하며 추가 정보를 모았다. 하지만 신고의 허위성에 대한 최종 판단은 경찰에게 맡겨졌고, 그 결과로 나온 수치는 10.9퍼센트였다.[44]

역시 내무부가 의뢰한 대규모 조사 프로젝트에서는 15년간 경찰에 신고된 강간 사건 2643건이 분석되었고, 결과를 담은 보고서가 2005년에 출간되었다. 전체 사건 중 경찰이 허위로 분류한 것은 8퍼센트였다. 연구자들은 각 사건에서 법의학 보고서, 강간 신고자와의 인터뷰, 증인 진술과 언론 보도 분석 등을 포함한 추가 정보를 수집했다. 그런 다음 각 사례에 허위 신고로 판단할 만한 "고소인의 명확하고 신뢰성 있는 인정" 또는 "강력한 증거"가 있는지를 평가했다. 조사과정을 마친 뒤 허위 신고 비율은 2.5퍼센트로 떨어졌다.[45] 2000년과 2003년 오스트레일리아 연구자들은 빅토리아 주에서 신고된 강간 812건을 충분한 정보를 확보해 검토했고, 이 가운데 허위 신고로 분류될 만한 사건은 2.1퍼센트뿐이라는 사실을 밝혔다.[46]

마지막으로 1998~2007년 미국 동북부의 한 유명 대학교에서 경찰에 신고된 강간 사건 전체를 검토한 연구가 있었다. 전체

136건을 상세히 검토하며 연구자들은 수사를 통해 신고된 사건이 실제로는 일어나지 않았다는 증거가 나온 사례에만 '허위 신고' 꼬리표를 붙였다. 하지만 분류 기준이 될 만한 정보가 부족한 사건도 있었다. 8건, 즉 5.9퍼센트가 허위 신고로 분류되었고, 정보가 부족해 분류되지 못한 사건이 13.9퍼센트였다. 흥미롭게도 경찰은 모두 여덟 건을 허위로 분류했지만,[47] 이 중 절반은 원고의 신고 철회에 근거를 두고 있었다.[48] 앞서 살펴본 대로 철회는 용의자의 협박이나 수사과정에서 겪는 고충 탓일 수도 있다.[49] 연구자 리즈 켈리는 "마치 그런 사례 전체에서 성폭행이 일어나지 않은 것처럼 철회나 기소 포기를 허위 신고와 싸잡아버리는 경향은 신고자를 의심하는 문화가 여전히 남아 있음을 잘 보여준다"[50]고 지적했다.

허위 강간 신고율이 2퍼센트라는 말을 인용하는 것 외에 강간 피해자 지지 운동가들은 폭력적 강간과 다른 범죄의 허위 신고율이 비슷하다는 주장을 펴기도 한다. 이는 근거 있는 주장일까?

이 문제에서는 FBI 자료가 상당히 유용하다. 법 집행 기관들은 다른 범죄와 더불어 강간 사건 수를 매달 FBI에 보고한다. 덧붙여 '혐의 없음'으로 분류된 사건 수도 기재한다. 수사 후 신고 내용이 '허위' 또는 '증거 불충분'으로 판명된 사건은 '혐의 없음'으로 분류되며, 이는 신고자가 이야기를 꾸며낸 것은 확실히 아닌데도 증거는 법에 정의된 대로의 강간이 발생했음을 보여주지 않는 상황을 포함한다는 뜻이다. FBI는 신고자가 기소에 협조하기를 거부하거나 범인을 체포하지 못했다고 해서 기준에 맞는 범죄를 '혐의 없음'으로 분류해서는 안 된다고 명확히 밝히고 있다.[51] 하지만 이런 정의가 실제로는 일관성 없이 적용될 가능성도 있음을 쉽게 상상할 수 있다. 가령 연수에 참여한 경찰관이 자기 관할에서는 강간을 신고한 여성의 말을 믿을 수 없거나 신고 내용을 확실히 증명할 수 없는 경우 사건을 '혐의 없음'으로 분류한다고 말하는 것을 어렵지 않게 들을 수 있다. 하지만 이런 시나리오는 '허위' 또는 '증거 불충분'의 범주에 속하지 않는다.[52] 어쨌거나 매년 FBI에 '혐의 없음'으로 보고되는 강간이 몇 건인지를 알아보는 일은 상당히 흥미로울 터이다.

FBI가 매년 정부 기관에 제공하는 무혐의 사건 기록에 관한 미발표 자료를 보면 강간 신고의 무혐의 처리 비율은 감소하는 추세임이 드러난다. 1996년에는 신고된 강간 중 7.4퍼센트가 무혐의로 보고된 반면 2008년에는 그 수치가 5.8퍼센트로 줄어들었으며, 이는 2001년과 비슷한 비율이다. 무혐의 범주에는 의심의 여지 없이 허위 신고보다 많은 사건이 포함되므로, 허위 신고 비율은 5.7퍼센트보다 낮다고 자신 있게 말할 수 있다.[53] 덧붙여 경찰 기록에 따르면 무혐의 비율은 갈수록 높아진다기보다 가장 높았던 1990년 8.6퍼센트를 기점으로 점점 더 낮아지고 있다.

강간의 무혐의 사건 비율은 실제로 다른 범죄에 비해 높다. 2008년 강간 사건의 무혐의 비율은 5.8퍼센트인 데 비해 차량 절도는 2.7퍼센트, 주거침입절도는 1.5퍼센트, 강도는 1.0퍼센트였다.[54] 따라서 강간의 허위 신고율이 여느 범죄와 다르지 않다는 주장은 옳지 않은 것으로 보인다. 한편 자료에 따르면 1996년에서 2008년 사이 허위 강간 신고가 점점 더 심각해지고 있다는 주장도 사실이 아니다.

하지만 강간 부정론자들은 FBI의 무혐의 처리된 강간 사건 비율을 끊임없이 잘못 인용하고 과장한다. 2011년 7월 도미니크 스트로스칸 사건에 관한 기사에서 캐시 영은 강간 신고 중 약 9퍼센트가 '혐의 없음'으로 기각된다고 주장했다.[55] 같은 사건에 관한 사설에서 변호사 로이 블랙은 FBI의 무혐의 강간 사건 비율이 8퍼센트라고 썼다.[56] 2010~2011년 위키피디아 사용자들은 '허위 강간 신고' 항목을 편집하고 리잭 교수가 유진 J. 캐닌을 비판한 내용을 비롯한 새로운 연구 결과를 추가했다. 해당 항목의 '토론' 페이지에 기록된 내용을 보면, 강간 부정론자인 해당 항목 작성자가 새로 추가된 내용 일부를 삭제했다고 나와 있다.[57] 이는 위키피디아 사용자들이 캐닌의 자료가 아닌 새로운 연구 내용을 접하는 것을 차단하는 행위다. 이러한 소동은 전체 논란의 축소판이나 마찬가지다.

이 같은 논란이 무색할 정도로 새로운 허위 신고 연구들은 놀랄 만한 일관성을 보여준다. 연구자 킴벌리 A. 론스웨이는 다음과 같이 지적했다.

이 연구들은 (…) 사회과학 연구에서 일반적으로 요구되는 기준을 충족시키므로 각 연구에서 산출된 추정치, 다시 말해 어떤 연구를 택하는지에 따라 2~8퍼센트의 값을 보이는 이 수치는 신뢰도가 매우 높다. 사실 다양한 방법이 사용되었다는 것은 좁은 범위에 수렴한 이 결과가 더 주목할 만하다는 뜻이다. 이쯤 되면 "통계가 들쑥날쑥하다"는 주장은 도무지 말이 되지 않는다. 현재 통계 자료는 좁은 범위에 매우 가지런히 모여 있다.[58]

아마도 강간은 피해자가 동의했다고 주장함으로써 용의자가 성공적으로 혐의를 벗을 수 있는 유일한 범죄일 것이다. 그러므로 경찰은 피해자 측의 사건 진술이 믿을 만한지 꼼꼼하게 조사할 수밖에 없다. 하지만 강간이 실제로 일어났는지 단번에 확인할 방법은 존재하지 않는다. 최선의 방법은 편견 없이 사건을 성심성의껏 조사하는 경찰관과 형사들의 능력에 기대는 것뿐이다. 만약 경찰관이 강간 신고의 50퍼센트가 허위라고 믿는다면 당연히 그 믿음은 수사에 나쁜 영향을 미칠 것이다.

강간 연구자 잰 조던은 강간 부정의 두 갈래가 바로 여기서 만난다고 생각한다. 일부 경찰은 절반 이상의 여성이 강간에 대해 거짓말을 한다는 주장을 선뜻 받아들이며, 그 이유가 오늘날 여성이 아는 사람에게 당하는 강간을 그다지 심각하게 여기지 않기 때문이라고 말한다. 조던은 『여자가 한 말』에서 이렇게 말했다. "문제는 경찰이 강간은 대부분 별로 해롭지 않다고 여기는 데 숨어 있을 가능성이 크다. 원치 않았던 성행위를 당한 피해자에게 '어차피 신체적 상해는 입지 않았다'와 같은 말을 쉽게 하는 것은 이런 의심을 확인해준다. 바로 이 같은 관점 탓에 경찰은 많은 강간 사건을 '허위 신고'로 판단하고 피해자가 당한 고통을 등한시하게 된다."[59]

허위 강간 신고에 대한 믿음이 퍼진 곳은 경찰서만이 아니다. 예컨대 2010년 6월 영국 정부는 허위 강간 신고를 심각한 문제라고 보고 강간 재판에서 피고의 이름도 선고 때까지 익명으로 처리하는 방안을 내놓았다. 하지만 뒤따른 논란 때문에 법안은 두어 달 뒤 철회되었다. 이 법안에 반대한 이들은 왜 강간 사건의 원고가 다른 폭력 범죄 피해자에 비해 신뢰도가 떨어진다고 여기는지 의문을 제기했다. 피고의 익명 처리는 강간 유죄 선고율을 떨어뜨려 강간범이 자유롭게 풀려나는 결과를 부를 수 있다고 주장하는 이들도 있었다.[60] 피고의 이름을 공개하면 종종 증인이 나서거나 피고가 과거에 저지른 강간에 대한 정보가 나오기도 한다는 이유에서였다.

실제 허위 강간 신고율이 2~8퍼센트라는 것은 이제 '모 아니면 도' 식의 논쟁을 넘어서 절충안을 찾아야 한다는 뜻이다. 실제로 적지 않은 허위 신고가 존재하므로 각 강간 사건을 수사할 때는 철저한 조사가 필요하며, 그렇지 않으면 무고한 사람이 누명을 쓰거나 강간범이 풀려나 다시 활개를 치는 사태가 벌어진다. 허위 강간 신고가 실제로 어떤 빈도로 일어나는지 정확히 파악하는 것은 어느 쪽에나 큰 이득이 된다.

허 위　강 간　신 고　문 제 에 서　언 론 의　역 할
\

꽤 오랫동안 언론은 강간 부정론자들의 충실한 아군 역할을 수행했다. 기자들은 사건이나 재판을 취재할 때 편견 없는 태도로 사실을 전해야 하며, 그들 자신은 양쪽의 이야기를 모두 제시함으로써 공정한 보도를 하고 있다고 생각한다. 하지만 다른 사실이나 문제를 다루지 않고 원고와 피고의 주장에만 초점을 맞춰 기사를 쓰다 보면 둘 중 한 사람이 거짓말을 하고 있다는 결론밖에 나오지 않는다. 이 경우 피고 측 변호인은 합리적 의혹이 있으므로 피고가 유죄라고 할 수 없다며 배심원단을 설득할 것이고, 결국 무죄가 선고될 수도 있다. 언론 비평가 린 S. 챈서는 자신의 책 『이목을 끄는 범죄』에서 모든 사건의 양면을 다루는 언론 보도는 재판의 구조를 그대로 따르고 있다고 지적했다. 한편 그녀는 원칙적으로 "저널리스트가 좀 더 다각도로 사건을 보도해서는 안 된다는 법은 어디에도 없다"[61]고 강조했다.

하지만 언론은 허위 강간 신고 문제에 집착하는 모습을 보여왔으며, 라크로스팀 사건 이후로 이런 경향은 더 심해졌다. 잰 조던은 다음과 같이 말했다.

> 허위 강간 신고에 초점을 맞추고 이를 '새로운 문제'로 부상시킴으로써 지난 10년간 언론은 반동적 주장에 핵심적 근거를 제공했다. (…) 최근 몇 년간 허위 강간 신고로 의심되는 사건에 대한 언론 보도는 온갖 의문과 억측의 각축장이 되었다. 허위로 의심되는 강간 사건에는 엄청난 지면이 할애되며, 여성의 거짓말이라는 주제를 담은 기사는 유죄 판결로 끝난 강간 사건 보도에 비해 훨씬 더 눈에 띄는 자리에 배치된다.[62]

라크로스팀 사건이 일어나기도 전인 1995~1996년 허위 강간 신고에 관한 언론 보도를 검토한 두 저명한 연구자는 "강간이 널리 퍼진 심각한 문제라는 페미니스트 진영의 주장을 제치고 (마찬가지로 광범위한 문제인) 허위 강간이 새로운 관심사로 떠올랐다"고 밝혔다. 이들은 이 새로 발견된 '사회적 문제'가 현대사회에서 강간 방지에 쏠려야 할 관심을 앗아가는 상황을 우려했다.[63]

여성이 강간에 대해 거짓말을 한다는 인식을 심는 언론의 활약이 가장 두드러지는 것은 유명 운동선수가 관련된 사건을 보도할 때다. 한 라디오 스포츠 토크쇼 진행자가 2003년 농구 스타 코비 브라이언트가 강간 혐의를 받았을 때 한 말은 전형적인 반응이 어떤 것인지를 보여준다.[64] "어떤 여자가 코비 브라이언트를 강간으로 고소했다는 말을 처음 들으면 일단 이 여자는 틀림없이 꽃뱀이거나 NBA 스타를 '함정에 빠뜨리려는' 여자구나 하는 생각이 들죠. 어쨌든 우리는 코비를 알고, 그런 짓을 할 사람이 아니라는 걸 아니까요. 그런 여자들이 있으니 스타들에겐 참 험한 세상이죠."

실제로 연구자들이 76개 매체에서 코비 브라이언트 강간 기소에 관한 기사 156건을 수집해 검토한 결과 그 여성이 강간당했다고 거짓말을 한다는 설을 지지하는 기사가 전체의 42퍼센트였다. 이 기자들이 허위 강간 신고가 큰 문제라고 생각했는지, 주목을 끌기 위해 또는 공정 보도를 위해 그런 관점을 취했는지는 연구에서 밝혀지지 않았다.[65]

문제의 밤에 코비 브라이언트의 호텔 방에서 무슨 일이 일어났는지는 모르지만, 브라이언트와 고소인의 신뢰성에만 초점을 맞추다 보면 입체적 분석이 불가능해진다. 예를 들어 대부분의 뉴스 기사에서는 물적 증거가 거의 다뤄지지 않았다. 여성의 질에 생긴 열상, 합의된 섹스에서는 생기기 어려운 외음부의 외상, 브라이언트의 셔츠에 묻은 혈흔을 빼고 사건을 논한다는 게 가능할까?[66]

2009년 7월 해라스 레이크 타호 호텔 종업원이 피츠버그 스틸러스의 간판 쿼터백 벤 뢰슬리스버거를 상대로 강간 민사 소송을 냈을 때 ESPN 스포츠 방송국은 직원들에게 며칠 동안 그 사건을 보도하지 말라고 지시해(피츠버그 지역은 제외) 강간 고소 사실을 감추려고 했다. ESPN은 아마도 스타 쿼터백에 대한 취재 권한을 유지해 방송국의 이익을 지키려 했던 듯하다.[67] 곧 AP통신이 나섰다. AP통신 기사는 뢰슬리스버거를 고소한 여성에게 증거가 없고 금전적 동기가 있으며 심지어 뢰슬리스버거가 무고하다 해도 여전히 그 여성이 승소할 수도 있다는 법률 전문가의 해설을 인용했다. 이런 의견은 해당 여성에 대한 반감과 스타 선수에 대한 동정심을 불러일으켰다.

스탠퍼드 로스쿨 교수이며 성 관련법 전문가인 데버러 L. 로드는 증거도 없고 증인도 없다고 말했다. 뢰슬리스버거를 고소한 여성은 우울증 병력이 있고 "명백한 금전적 동기를 지닌 것으로 보이므로 절대 호감을 살 만한 원고는 아니다". 하지만 로드는 이렇게 지적했다. "그럼에도 사건은 실제로 일어났을 수 있다. 실제로 유명 운동선수가 이런 상황에서 특별한 권리라도 지닌 듯 행동한 사례가 적지 않다. 하지만 그렇다고 승소할 수 있는 것은 아니다."[68]

　몇 달 뒤 다른 여성의 강간 신고로 조지아 주 검찰이 뢰슬리스버거를 조사하기 시작했을 때에도 스포츠 기자들은 그 여성을 비난했다. '블리처 리포트' 칼럼니스트 토드 코프먼은 이렇게 말했다. "하지만 당신이 벤 뢰슬리스버거라면, 이런 유의 일이 또 일어날 수 있는 상황을 굳이 만들었을까요? 이 시점에서는 벤이 그 여성을 강간했는지 아닌지는 상관없다고 생각합니다. 중요한 것은 왜 그가 '또' 이런 상황에 제 발로 빠졌는가 하는 점입니다. 벤, NFL 쿼터백이면 사람들이 당신을 이용하려 한다는 사실쯤은 염두에 둬야죠."[69] 『미즈』의 한 칼럼니스트는 참지 못하고 다음과 같이 썼다. "그래요, 벤, 대체 왜 그런 상황에 제 발로 빠진 거죠? 왜 그렇게 위험한 짓을 했어요? 술집에 가다니, 성폭행으로 고소해달라고 자청한 거나 마찬가지잖아요!"[70]

　"영웅 숭배라는 독한 술에 취한 옹호자들은 거의 군대 수준의 결속력을 보이며 '남자들은 원래 그렇다'는 한물간 성별 본질주의를 내세운다."[71] 문화비평가 재클린 프리드먼은 이렇게 말했다. 유명인 관련 강간 사건에서 언론은 이러한 정서를 널리 퍼뜨려 결과적으로 모든 강간 피해자에게 악영향을 끼친다.

　게다가 언론은 유명인을 강간으로 고소한 여성들의 진실성을 (종종 증거조차 찾아보지 않은 채) 독자 대신 판단해주지 않고는 못 배기는 모양이다. 예를 들어 2010년 전직 부통령 앨 고어에 대한 강간 고소를 다루며 웹진 '살롱'은 해당 여성의 주장이 의심스러운 이유 세 가지를 지적하는 사설을 실었다. 하지만 그 사설 기고가는 사실관계를 전혀 조사하지 않았다. 셋 중 한 가지 이유는 심지어 증거에 기반을 둔 것도 아니었다. "예전부터 증거도 없이 유명인을 성범죄 혐의로 고소하는 사례는 수없이 많았다."[72]

강간을 신고한 여성들에 대한 언론의 공격을 이끌어낸 것은 스포츠 스타들만이 아니었다. 작가 아서 케스틀러가 강간범이었는지에 대해서도 수많은 설전이 벌어졌고, 일부 유명 지식인은 그의 혐의를 받아들이려 하지 않았다. 최근 케스틀러의 전기를 쓴 작가는 그가 강압적 섹스를 좋아했다고 밝혔다. 케스틀러가 약간의 공격성은 섹스에 자극을 더하는 양념이라고 생각했으며 그런 성향을 거리낌 없이 밝혔다는 점에는 의심의 여지가 없다. 전기에는 지금은 세상을 떠난 질 크레이기가 1952년 케스틀러에게 강간당했다며 최소한 두 사람에게 털어놓았다는 이야기도 실려 있다. 이 전기의 리뷰를 쓴 제러미 트레글론은 굳이 크레이기에게 '미덥지 않다'는 딱지를 붙이며 그녀의 말을 믿지 않는다고 했지만, 그 주장에 대한 증거는 전혀 제시하지 않았다. 케스틀러의 전기작가와 역사가 토니 젓은 케스틀러의 품행이 당시에는 어느 정도 사회적으로 용인되는 수준이었다며 그를 옹호했다.[73]

강 간 부 정 의 문 화 사 적 기 반

\

허위 강간 신고가 넘쳐난다는 주장은 끊임없이 존재했던 문제가 현대적으로 구현된 것일 뿐이다. 수천 년 동안 남성은 여성의 강간 혐의 제기를 두려워하며 그 주장을 거짓으로 치부하려고 애써왔다. 연구자 잰 조던이 말했듯 "여성이 천성적으로 거짓말에 능하다는 믿음은 거의 여성이 세상에 첫발을 디딘 순간부터 존재했고 지금도 수그러들 기미를 보이지 않는다."[74] 그러므로 허위 강간 신고 운동가들의 작업은 풍부한 문화적 토양에서 자라났다고 할 수 있다. 이들이 일구어낸 회의적 태도는 강간 기소에서 편향을 줄이기 위해 1975년에서 1990년 사이에 제정된 법안과 판례법이 효력을 발휘하지 못하도록 막았다. 이 기간에 면식 강간이라는 개념이 생겨나고 강간을 신고하는 여성 수가 늘어났으며, 이런 사실이 기폭제가 되어 최근 허위 강간 신고 추방 운동은 더 활발해졌다. 결과적으로 이 캠페인은 강간법 개정의 기대 효과를 다시 한번 무위로 돌리는 힘을 발휘했다.

이브가 아담을 유혹하고 속이는 에덴동산 이야기부터 구약에 나오는 보디발의 아내 이야기까지 여성이 강간에 대해 거짓말을 한다는 묘사는 먼 옛날부터 존재했다. 보디발 이야기에서 그의 아름다운 이집트인 아내는 히브리 노예인 요셉이 자신의 성적 유혹을 거절하자 화가 나서 남편에게 요셉이 자신을 강간하려 했다고 거짓을 고한다.[75]

하퍼 리가 1960년에 쓴 명작 소설 『앵무새 죽이기』는 위 이야기의 현대판으로, 이런 영향력 있고 상징적인 이야기들이 얼마나 오래 살아남는지를 잘 보여준다. 이 책에서 흑인 남성 톰 로빈슨은 젊은 백인 여성을 강간했다는 혐의를 받고, 변호사 애티커스 핀치는 톰의 변호를 맡는다. 로빈슨은 고소인과 그녀의 아버지가 거짓말을 한다고 주장한다. 사실 그 여성은 톰을 성적으로 유혹하려다 아버지에게 들켰고, 아버지는 그녀를 모질게 때렸다. 하퍼 리는 톰이 왼쪽 팔을 다쳐 쓰지 못하며 문제의 여성에게 그런 상처를 낼 수 없다는 사실을 제시해 독자들에게 톰의 무죄를 확실히 알려준다. 애티커스 핀치가 최선을 다했음에도 톰은 유죄 판결을 받고 나중에 감옥에서 탈출하려다 죽임을 당한다.[76] 남부에서 흑인들이 지독하게 부당한 대우를 받았음을 강조하기 위해 저자가 굳이 허위 강간 신고라는 장치를 사용했다는 점이 매우 아쉽다. 이 이야기는 여성들이, 심지어 이미 폭력을 당하고 있는 여성들까지도 허위 강간 신고를 쉽게 이용한다는 생각을 널리 퍼뜨렸다.

그리스 신화에도 성에 관련된 거짓말을 하는 여성이라는 주제가 등장한다. '남자를 옭아매는 여자'라는 뜻의 이름을 지닌 카산드라는 아폴론의 성관계 요구를 거절한다. 이미 그녀에게 예언의 힘을 선물한 아폴론은 앙심을 품고 아무도 그녀의 말을 믿지 않도록 저주를 건다.[77] 이는 여성의 말을 믿지 않는 가부장적 거절을 상징한다.

이와 같은 강력한 문화적 배경을 지닌 견해는 영원한 절대적 진리를 담고 있다고 여겨지는 만큼 좀처럼 이의 제기를 허락하지 않는다.[78] 문화인류학자 클로드 레비스트로스는 평생 왜 신화가 모든 문화에서, 심지어 사람들이 신화의 영향력을 인지하지 못할 때조차 그토록 강력한 힘을 발휘하는지를 이해하려고 애썼다. "어떤 이야기가 신화의 자리에 오르려면 특정 사회 집단의 지적·도덕적 요구에 부응해야 하며, 그 집단이 이야기에 동화되도록 해주는 일종의 비밀스러운 연금술이 필요하다."[79] 그는 이렇게 말했다. 신화는 비록 과거에 일어난 일을 담고 있더라도 거기 담긴 교훈은 영원하며 현재와 미래를 설명해준다.[80] 신화에 대한 레비스트로스의 결론을 받아들인다면 강간 출현율을 부정하고 여성이 거짓말 또는 과장을 했다고 탓하는 사고방식이 지닌 힘을 가볍게 보아서는 안 된다. 오늘날의 강간 부정은 강력한 신화 안에 간직된 기나긴 역사의 현대적 반복일 뿐이다.

하지만 허위 강간 주장에 대한 믿음에 지그문트 프로이트가 끼친 영향만큼 오싹한 것도 없다. '안나 O'는 환각과 의식상실, 시력, 청력 및 언어 장애 증상을 겪는 환자였다. 이러한 여성 환자의 사례에서 프로이트는 환자들의 아버지가 그들을 성적으로 학대했다고 믿게 되었다. 하지만 프로이트의 동료 의사들은 그의 생각을 받아들이지 않았다. 결국 프로이트는 몇 가지 이유로 유아기 유혹 이론(유아기에 유혹[성적 학대, 성추행 등]을 당하면 훗날 신경증 증세가 나타난다는 프로이트의 초기 이론—옮긴이)을 포기했다. 가장 중요한 이유는 아마도 환자들을 치료하는 데 성공하지 못해서인 듯하다. 프로이트는 친구이자 동료에게 보내는 편지에서 사례마다 환자의 아버지가 환자를 성적으로 학대했어야 말이 된다고 설명했다. 하지만 프로이트 스스로도 그 전제를 받아들이지 못하고 "반면 아동에 대한 변태 행위가 그토록 널리 퍼졌다는 것은 있을 법하지 않은 일"[81]이라고 말했다. 과거와 현재를 막론하고 수많은 사람이 그랬듯 프로이트는 그렇게 많은 아버지가 아이를 학대했을 수도 있다는 사실을 받아들이지 못한 것이다. 아동 성폭행의 현실에 직면한 그는 뒤로 물러섰고, 여성의 신경증 증상을 설명하기 위해 완전히 다른 이론을 만들어냈다.

옛 법률에는 허위 강간 신고에 대한 두려움이 생겨나는 데 큰 영향을 미쳤을 법한 요소가 하나 있었다. 초기 영국법에는 유대, 히브리, 로마법, 중세 교회법과 마찬가지로 강간당했다고 신고하는 미혼 여성은 자신을 강간한 남자와 결혼해야 한다는 조항이 있었다. 그 결과 여자가 강간당했다고 거짓말을 해 고소당한 남자와 결혼해서 '팔자를 고치려고' 하는 것이 아니냐는 의심이 항상 존재했다.[82] 정부는 피고를 허위 신고로부터 보호하기 위해 특별한 안전장치들을 고안해 법정에서 강간 혐의를 입증하기 어렵게 만들었다. 장치 중에는 저항의 원칙, 즉 여성이 강간에 맞서려고 했으나 제압당했음을 증명해야 한다는 단서 조항이 있었다. 이는 대개 '진심 어린 저항'이나 '온 힘을 다한' 저항이라는 문구로 표현되었다. 한 법학자는 20세기 들어 법원이 '최선을 다한 저항'에 더 무게를 두기 시작했으며 그런 저항을 하지 않으면 암묵적으로 동의한 것으로 간주했다고 지적했다. 이런 판결은 라일리와 트레이시처럼 강간 상황을 빨리 종결시키고 심한 부상이나 죽음을 피하려고 강간범의 요구에 순순히 따랐던 여성들을 좌절에 빠뜨렸다. 또 하나의 단서 조항은 신속한 신고 또는 고소였다. 뒤늦은 고소는 조작 가능성이 크다는 이유에서였다. 세 번째 주요 장치는 원고의 증언에만 의존해 유죄 판결을 내릴 수 없으며, 반드시 이해관계가 없는 증인 또는 물적 증거가 있어야 한다는 규정이었다. 배심원들에게 미리 주의를 주는 관행도 있었다.[83] 17세기 영국의 혜일 경이 처음 시작한 이 사전 경고는 강간 기소가 "매우 쉽게 이루어지며 일단 이루어지면 피고에게 죄가 없더라도 항변이 쉽지 않으므로" 배심원단은 원고의 증언을 각별히 주의해서 검토해야 한다는 내용이었다. 지난 25년간 많은 법률 개혁이 이루어져 이와 같은 조건은 모두 사라졌다.[84]

홀로코스트 역사학자 데버러 립스탯은 미국 언론이 일찍이 나치 강제수용소에 관한 정보를 입수했음에도 이를 믿을 수 없는 과대 선전으로 치부했다는 정황을 설득력 있게 제시한다. 이 주제를 다룬 책에서 립스탯은 이렇게 말했다. "제3제국 통치 기간에 이러한 패턴은 반복되었다. 믿을 만한 출처에서 실제 일어나는 일에 관한 정보가 약간이나마 들어오면, 현장에서 멀리 떨어져 있고 나치즘을 잘 모르는 이들은 뉴스가 과장되었거나 있을 수 없는 일이라고 무시했다."[85] 물론 철저한 중립을 지키며 유럽 문제에서 거리를 두려 했던 미국의 태도도 언론의 무관심에 영향을 미쳤지만, 립스탯은 그것만으로는 상황을 완전히 이해하기 어렵다고 생각했다.[86]

제2차 세계대전이 끝난 뒤 반유대주의atni-Semitism와 안티시오니즘 등의 이념을 신봉하는 일부 개인과 집단은 홀로코스트에 대해 이미 확인된 사실들을 부정했다(현재도 부정하고 있다). 홀로코스트는 고금을 통틀어 가장 끔찍한 범죄이며 유례없는 악행이다. 홀로코스트 부정은 이념의 이름 아래 이미 밝혀진 사실을 거부하고 희생자의 고통에 무관심한 태도를 보인다는 점에서 강간 부정과 닮았다. 심리학자 파트리치아 로미토는 자신의 책에서 강간 부정이 용인되는 현실을 다루며 다음과 같이 지적했다. "친나치 성향의 홀로코스트 부정과 반유대주의는 이제 사회에서 반대에 부딪히고 처벌받는(일례로 유럽 여러 국가에서 홀로코스트 부정은 위법이다) 반면, 여성과 아동을 향한 남성의 폭력을 사소한 문제로 취급하는 이들에 대한 사회적 처벌은 존재하지 않는다."[87]

허위 강간 신고가 문제라는 주장이 끼치는 영향
\

배심원 협의실에서 벌어지는 토론을 들을 기회는 흔치 않은데, 연구자인 주디 셰퍼드는 2000년 알래스카에서 열린 강간 재판에 배심원으로 불려나갔다. 그녀는 허위 강간 신고에 대한 강한 문화적 신념 탓에 배심원단이 피고를 무죄 방면하기 위해 DNA 분석을 비롯해 사실에 기반을 둔 강력한 증거를 어떤 식으로 무시하는지를 상세히 기록했다. 사건 내용은 다음과 같았다. 66세의 한 알래스카 원주민 여성은 남편이 낚시여행을 떠난 사이 친구와 친지들이 모인 파티에서 알코올 음료를 마셨다. 파티가 끝나고 그녀는 집에 돌아와 잠자리에 들었다고 한다. 그 뒤 새벽 5시에 문을 두드리는 소리가 났다. 커피를 마시러 오기로 한 남동생이라고 생각한 그녀는 문을 열었다. 그녀가 사는 작은 마을 주민으로, 그녀와 안면이 있는 55세 남자가 문 앞에 서 있었다. 그녀는 그가 집으로 들어와 자신을 강간했다고 진술했다. 재판에서 피고가 아닌 사람이 그와 비슷한 DNA 조합을 지녔을 확률은 3000분의 1이라는 DNA 증거가 제시되었다. 여성을 내진한 결과 질에서 심한 타박상이 발견되었다. 그녀가 다른 사람을 피고로 착각했다는 것이 피고 측 항변이었다.[88]

셰퍼드는 여성의 말이 믿을 만하고 DNA 증거에 논박의 여지가 없다고(특히 사람을 착각했다는 항변을 고려하면) 생각했지만, 놀랍게도 배심원단은 교착 상태에 빠졌다. 다섯 명은 유죄에(여성 셋과 남성 둘), 일곱 명은 무죄에(여성 하나, 남성 여섯) 표를 던졌다. 셰퍼드는 범죄의 심각성을 축소하거나 혹은 원고를 비난하든가 믿지 않는 배심원들의 태도에 경악했다. 배심원 협의에서는 다음과 같은 말이 오갔다.

"다른 사람하고 섹스해놓고 그걸 덮으려고 피고를 지목한 거예요."

"남편이 화를 낼까봐 강간당했다고 우기는 겁니다."

"그 여자는 취했었잖아요."

"누군지 어떻게 알아봤대요?"

"둘 다 취했었잖아요. 이건 그저 어느 술주정뱅이 말을 믿을까 하는 문제예요."

"둘이 짜고 거짓말을 하는 건 아닐까요?"

"한 남자의 인생을 망칠 수도 있어요."

"합리적 의혹이 있다면 무죄 평결을 내리게 되어 있어요."

"그 남자가 유죄라고 생각하지만, 그가 감옥에 갈 걸 생각하면 유죄 평결을 내리기가 껄끄러워요."[89]

셰퍼드는 피해 여성이 받는 대우도 충격적이라는 사실을 알게 되었다. 피고 측 변호인은 계속 술을 얼마나 마셨으며 파티에서 누군가와 성관계를 하지는 않았는지 물으며 그녀를 다그쳤다. 질 확대경 검사에서 컬러로 찍힌 그녀의 생식기 사진이 배심원들에게 배부되었고 두 대의 텔레비전 화면에도 'OO(여성의 이름)의 음부'라는 자막과 함께 띄워졌다. 셰퍼드는 다음과 같이 글을 맺었다. "예순여섯 살 할머니가 이런 식의 대우를 받고 성적 불장난을 감추려고 거짓말을 한다는 의심을 산다면, 과연 젊은 여성은 데이트 강간 재판과 배심원 협의에서 어떤 취급을 받을지 궁금해진다."[90]

배심원단이 교착 상태에 빠졌기에 재심이 열렸다. 남자 일곱과 여자 일곱으로 이루어진 새 배심원단은 피고의 강간 혐의에 유죄 평결을 내렸다. 두 번째 배심원들은 피고 측이 사람을 착각했다고 주장했으므로 DNA 분석 결과가 결정적 증거라고 생각했다. 하지만 두 번의 재판에서 몇몇 배심원은 만약 피고 측이 합의된 성관계였다고 항변했다면 사건이 성립되지 않았을 거라고 말하며 왜 피고 측이 그렇게 주장하지 않았는지 의아해했다. 셰퍼드의 결론은 다음과 같았다.

이 사건은 DNA 증거가 있고, 질 확대경 사진에서 성폭행에서 주로 나타나는 타박상이 관찰되며, 피해자가 가해자를 지목하더라도 강간에 대한 잘못된 통념을 믿고 피해자를 비난하며 범죄의 심각성을 축소하는 배심원들은 얼마든지 이 모든 것을 무시할 수 있음을 보여준다. (…) 두 재판의 배심원들은 이 사건에서 피고 측이 합의된 성관계라고 주장했다면 서슴없이 믿었을 거라고 밝혔다.[91]

데이비드 리잭은 강간당했다는 말을 믿지 않는 사람들의 심리를 이렇게 설명했다.

> 취약함은 우리를 마음 깊이 두렵게 한다. 자신의 몸이 다른 인간에 의해 강제로 꿰뚫린다는 것은 끔찍할 만큼 철저히 취약하고 무력한 느낌을 주는 경험이기에 대다수 사람은 생각만으로도 움츠러들고 만다. 그런 거부감을 극복하고 진정으로 그 경험에, 그리고 그 일을 겪은 사람에게 감정이입한다는 것은 깊은 공감 능력과 상당한 용기를 필요로 하는 일이다. 솔직히 그런 어려운 일을 기꺼이 감당하려는 사람은 거의 없다. 많은 지원 없이는 해낼 수 없는 일이다. (…) 허위 신고 문제가 뿌리를 내린 것은 바로 이런 식으로 최적화된 토양 때문이다. 같은 방 안에 있는 사람들이 모두 강간 피해자를 피하거나 한시바삐 치워버리고 싶다는 욕구를 느낄 때, 그 여성이 모든 것을 지어냈다는 억측을 받아들이는 것보다 더 쉬운 방법은 없다.[92]

허위 강간 신고에 대한 기존 연구를 잘못 인용하거나 무시함으로써 강간 부정론자들은 여성이 강간에 대해 거짓말을 한다는 해묵은 믿음에 불을 지피고, 강간 혐의 제기에 대한 뿌리 깊은 심리적 반응을 이끌어낸다.

스트로스칸을 변호하다

도미니크 스트로스칸의 체포에 따른 반응은 허위 강간 신고에 대한 대중의 믿음이 강간 기소에 어떤 문제를 일으키는지를 잘 보여준다. 피고를 옹호하는 사람들, 특히 줄리언 어산지 사건 때처럼 강간 혐의 뒤에 정치적 의도가 숨어 있다고 주장하는 이들은 그들의 불만을 기꺼이 보도해줄 언론 매체를 찾아냈다. 스트로스칸의 옹호자들은 대다수 미국 언론이 재판에 앞서 이 충격적인 사건이 진실이라고 받아들였으며 중요하고 영향력 있는 국제적 정치인보다 호텔 종업원의 말을 믿기로 한 검찰에 박수를 보냈다고 격분했다. 사건 관련 정보를 확보하지도 않은 채 이들은 총대를 메고 재판이 시작되기 전에 나피사투 디알로를 공격하는 임무에 뛰어들었다. 이들의 비난은 통렬하기 짝이 없었다.

　프랑스 철학자이자 스트로스칸의 20년 지기인 베르나르앙리 레비는 뉴욕 일류 호텔에서는 대부분 스위트 청소를 메이드 한 명이 도맡지 않는다는 이유로 디알로가 거짓말을 하고 있다고 말했다. 또 별도로 강간 혐의를 제기한 다른 프랑스 여성을 혹독하게 공격했다. "이 여성의 이야기를 안일하게 받아들인 사람들은 부끄러운 줄 알아야 합니다. 이 프랑스 여자, 같은 종류의 강간 미수를 당한 척하는 이 여자는 8년 동안이나 입을 다물고 있다가 절호의 기회가 왔다고 여겨 해묵은 이야기를 끄집어내 텔레비전에 나와서 떠들고 있습니다."[1]

주간지 『르 누벨 옵세르바퇴르』의 편집장 장 다니엘은 왜 "이른바 피해자라는 이 여자가 믿을 만한 사람 취급을 받는지"[2] 알고 싶다고 따졌다. 변호사 벤 스타인은 증거도 없이 경제학자와 국제 경제 단체장들이 폭력적 성범죄로 유죄 선고를 받은 적은 없다고 주장했다.

뒤이어 스타인은 디알로의 진술에 의문을 제기했다. "호텔 종업원이라는 사실 외에 우리가 원고에 대해 아는 것이 무엇인가? (…) 반면 나는 비행기 표를 훔치고, 돈을 훔쳐가고, 중요한 서류를 내다 버리고, 약을 훔치는 정신 나간 호텔 메이드를 많이 만나 봤다. 이 여자의 말이 스트로스칸 씨를 끔찍한 감옥으로 보내도 괜찮을 만큼 믿을 만한지 어떻게 확신하는가?"[3]

특히 스트로스칸을 옹호하는 유명 인사들은 입 발린 말로라도 강간 피해자에 대한 염려를 표현하는 법이 없었고, 강간 혐의가 허위라고 주장하며 사건의 심각성을 축소했다. 저널리스트 장 프랑수아 칸은 사건이 그저 하녀의 치마를 들춘 것에 지나지 않는다는 의견을 밝혔다.[4] 전직 장관인 자크 랑은 "누가 죽은 것도 아니잖은가"[5]라고 말했다. 두 사람 모두 나중에 무신경한 발언에 대해 사과했다.

경제학자 누리엘 루비니는 프랑스의 수많은 좌파 지식인과 마찬가지로 이 모든 일은 스트로스칸이 2012년 프랑스 대선에서 사회당 후보로 나서지 못하게 하려는 정적들의 음모라는 추측을 공개적으로 내놓았다.[6] 줄리언 어산지 옹호에 앞장섰던 나오미 울프도 이 음모론을 지지하면서, 많은 사례에서 이런 강간 신고는 단순한 거짓말이라고 생각한다는 점을 분명히 밝혔다.

"이는 스트로스칸이 무죄라거나 유죄라는 말이 아니다." 나오미 울프는 이렇게 말했다. "오늘날의 감시사회에서는 진짜든 과장이든 상관없이 성범죄 혐의를 이용하거나 조작함으로써 정치적 목적을 달성할 수 있다는 뜻이다."[7]

스트로스칸이 체포되고 며칠 후 프랑스인 약 57퍼센트는 스트로스칸이 흑색선전에 희생되었다고 생각한다는 설문 결과가 나왔다.[8] 심지어 러시아 대통령 블라디미르 푸틴도 숨겨진 정치적 동기가 있음을 암시하며 혐의에 의문을 표했다.[9]

시간이 흐르고 검찰이 추가 수사를 진행하는 동안 언론도 독자적 조사에 착수했다. 2011년 『뉴욕 포스트』는 소피텔 종업원이 사실은 성매매 여성이라고 주장하는 기사를 실었다. 기사는 전형적인 가십 전문지 스타일로 디알로를 비난했다. "검찰이 수사 중인 강간 사건의 원고는 사실 병적인 거짓말쟁이이며 사기꾼이라는 놀라운 정보가 어제 새로 밝혀졌다."[10] 『뉴욕 포스트』는 심지어 에이즈 환자들을 위한 건물에 살고 있는 그녀의 주소까지

공개했는데, 이는 디알로를 신체적 위험에 빠뜨릴 수도 있는 행위였다.[11]

정치 계간지 『아메리칸 프로스펙트』의 블로그에 올린 글에서 로버트 커트너는 스트로스칸이 디알로를 그날 오기로 한 성매매 여성으로 여겼을 것이라고 추측했다.[12] 디알로의 항의에도 불구하고 스트로스칸이 그녀를 자신에게 서비스하러 온 여자라고 굳게 믿었다고 한다면 뒤이은 그의 행동이 설명되며 그가 딱히 반사회적 행동을 한 것도 아니라는 뜻이다.

뉴욕 시 검찰이 사건 수사를 계속하는 동안 캐시 영은 강간에 대해 거짓말하는 여성이 많다는 기사를 내놓았다.[13] 『위클리 스탠더드』에 실린 이 글에서 그녀는 무혐의 처리된 강간에 대한 FBI 통계를 거의 두 배로 부풀려 인용하고 유진 J. 캐닌의 연구를 근거로 댔다. 물론 최근의 허위 강간 신고 연구는 전혀 언급하지 않았다.

이 단계에서 스트로스칸 사건은 강간 부정의 온갖 요소를 집대성해 보여준다. 영향력 있는 경제학자나 정치적 인물은 강간범이될 수 없다는 희극적 변호는 강간범에게 책임을 묻지 않는 우리 사회의 현실을 단적으로 증명한다. 피고가 스키 마스크를 쓰고 풀숲에 숨는 남자라는 강간범의 전형적 이미지와 맞지 않으면 사람들은 그런 악이 주변에 널려 있다는 사실을 소화하지 못하고 아예 그런 뉴스를 받아들이지 않으려 한다. 그 결과 부정과 음모론이 판을 친다. 하지만 이러한 반응은 결국 법체계의 기반을 약화시키고 강간을 신고하는 모든 사람의 신뢰도에 악영향을 끼친다.

스트로스칸이 기소당한 사실이 일반에 알려지자 프랑스 언론은 그의 부적절하고 호색적인 행위에 대한 보도를 쏟아냈다. 이 가운데 몇몇은 업무 상황에서 일어난 일이었으며, 이는 스트로스칸의 성향이 공공연한 비밀이었음을 알려준다. 그러나 안타깝게도 그가 프랑스 대통령 후보로 나설 준비를 하고 있었음에도 그의 행실은 사적인 문제로만 취급되었다.

재판에 관련된 사실들이 공개되기도 전에 판단을 서두른 언론에 자극받아 스트로스칸의 친구들은 그를 열렬히 옹호했다. 그들의 변론에는 원고에 대한 가차 없는 공격도 포함되어 있었다. 칼럼니스트 캐슬린 파커는 결국 강간범들을 막으려는 노력에 방해가 되는 비극적 결과가 나왔다고 논평했다. "여성들은 강간을 신고하고 자신을 믿어달라고 말할 용기를 내는 것만으로도 힘겨워한다. 선한 남성들은 누명을 썼을 때 자신의 무죄를 증명하려 애쓴다. (…) 우리가 할 일은 적어도 재판이 끝날 때까지라도 판단을 미루는 것이 아닐까."[14]

트레이시를 비난하다

저스틴에게 강간당한 뒤 트레이시는 물이 상처에 닿아 쓰라린 것을 참으며 몇 번이고 샤워를 했다. 다음 날 아침 그녀는 마침 다른 일로 예약을 해두었던 교내 보건센터에 찾아갔다. 트레이시는 주치의의 소견서 없이 병원 응급실을 찾아가면 비용이 많이 든다는 사실도 염두에 두고 있었다. 하지만 주 법률에 따라 병원에서 강간 피해자에게 검사와 치료를 무료로 제공하게 되어 있으며 비용은 주 정부에서 대신 내준다는 사실은 까맣게 몰랐다.

교내 보건센터에서 트레이시의 이야기를 들은 전담 임상간호사(의사의 업무를 일부 담당할 수 있도록 집중 훈련을 받은 간호사―옮긴이)는 매우 격한 반응을 보였다. 트레이시가 보기에 그녀는 눈물을 글썽이며 거의 히스테리 증세를 보이기 직전이었다. 트레이시의 변호사 셀레스트 해밀턴은 이렇게 말했다. "〔간호사의〕 매우 감정적인 반응에 트레이시는 뭔가 잘못되었다고 느꼈어요. (…)

트레이시는 아직 스스로 사건을 받아들이는 중이라 그 일에 특정한 딱지를 붙이기를 주저하고 있었기에 더 그랬죠. 나는 그런 반응 탓에 트레이시가 마음을 더 닫아버렸다는 느낌을 받았고, 결과적으로 그런 트레이시를 보고 간호사는 이 일을 성폭행으로 취급하면 안 되겠다고 생각한 것이 아닌가 싶어요."[15]

간호사는 트레이시를 육안으로 검진했으나 직장 수지(손가락) 검사를 하거나 성폭행 검사 키트를 사용하자고 하지는 않았다. 간호사는 트레이시의 항문을 보더니 "눈에 띄는 열상 없음"이라고 적었다. 그러나 출혈이 있었으므로 내부에도 찢어진 곳이 없으리라곤 볼 수 없었다. 트레이시가 아픔을 호소하자 간호사는 타이레놀과 변 연화제, 에이즈 약을 처방해주었다.

나중에 대학 병원 위기관리부에서 나온 대리인이 해밀턴에게 한 말에 따르면 그 간호사는 자신이 응급실에 가서 성폭행 검사를 꼭 받으라고 트레이시를 설득했다는 주장을 폈다고 한다. 트레이시는 그런 적이 없다고 단언했다. 이러한 절차상의 하자는 트레이시가 저스틴을 고소하려 할 때 문제가 될 터였다.

해밀턴은 임상간호사가 트레이시의 말을 믿었는지 아닌지 확신할 수 없었다. 하지만 훈련이 부족했거나, 훈련을 받지 않았거나, 자기 감정에 압도된 탓에 그녀가 트레이시를 제대로 돕지 못했음은 분명했다. 트레이시의 말이 진실이라고 믿었다면 간호사는 그 믿음에 합당한 조치를 취하지 않은 셈이었다.

트레이시의 두 친구는 그녀가 경찰에 신고해야 하는지 아닌지를 두고 격렬한 논쟁을 벌였다. 한 친구는 몹시 분노했다. 트레이시는 이렇게 말했다. "그 친구는 나한테 경찰서에 꼭 가야 한다고 야단이었어요. 화를 내고 분통을 터뜨렸죠. 내 말을 듣자마자 계속 그 상태였어요." 강간 피해자를 돕는 자원봉사 경험이 있는 다른 친구는 경찰이 비협조적일 수도 있다는 점을 잘 알기에 신고에 관한 결정은 트레이시 본인에게 맡기는 편이 좋겠다고 생각했다. 트레이시는 가까운 곳에 사는 저스틴이 보복이라도 할까봐 겁이 났다.

머칠 후 충격이 조금 가셨을 때 트레이시는 학교 안에 있는 경찰서에 찾아갔다. 유감스럽게도 경찰서 접수 담당자는 그녀에게 이렇게 쏘아붙였다. "여기서 뭐 하는 거죠? 누굴 만나기로 했나요? 스케줄엔 아무것도 없는데." 트레이시는 몸을 덜덜 떨기 시작했다. 자신의 고난이 이제 시작일 뿐이라는 것을 알 도리는 없었다.

트레이시가 교내 경찰에게 이야기를 들려주자 그들은 시 경찰두 명을 불렀다. 교내 경찰이 동석한 채 면담이 이루어졌다. 교내 강간 변호사도 찾아왔지만, 그녀는 사정이 있어 도중에 나가야했다. 트레이시는 자신이 좋은 인상을 주지 못했다는 사실을 알고 있었다.

나는 쓸데없이 너무 자세한 얘기를 늘어놓고 있었어요. 그 사람들이 나를 미친 여자로 볼 것 같았죠. 변호사 같은 사람이 와서 먼저 내 말을 전부 듣고 둘이서 경찰에 들려줄 만하게 이야기를 간추렸더라면 좋았을 거예요. 그랬으면 완전히 달라졌을 테고,

내가 경찰에 얘기하기도 한결 수월했겠죠. 하지만 아무도 그런 얘기는 해주지 않았어요. 제대로 말하지 못하면 경찰은 그냥 무시해버려요. 나는 너무 감정적으로 자세히 얘기했죠. 울기도 했어요. 그런 식으로 말하면 경찰은 진지하게 받아들여주지 않는다는 사실을 뒤늦게 깨달았죠.

경찰은 왜 신고가 이렇게 늦었는지를 물었다. 트레이시는 딱히 이렇다 할 이유를 대지 못했다. 그녀는 형사들이 후속 면담을 하려고 연락할 거라는 말을 들었다. 여성 교내 경찰 한 명이 트레이시에게 행운을 빌어주었다. 다른 교내 경찰은 시간 낭비일 뿐이라는 식으로 말했다.

며칠이 지나고 남자 형사 두 명이 트레이시가 사는 공동주택에 찾아왔다. 사적으로 얘기할 만한 공간이 없었기에 트레이시는 형사들을 안으로 들이고 싶지 않았다. 그래서 형사들은 경찰차 안에서 트레이시와 면담을 했다.

나는 모르는 남자 두 명이 탄 차 뒷자리에 앉게 됐어요. 형사들은 앞자리에 앉았는데, 굉장히 이상한 느낌이 들었어요. 내가 뭔가 죄를 지은 기분이었죠. 형사들은 내게 무례하게 굴었어요. 왜 벌거벗은 채 비명을 지르며 그 집에서 뛰쳐나오지 않았느냐고 물었죠. "무엇보다도 거긴 아주 위험한 동네예요." 그들은 이렇게 말했어요. 거기는 내가 사는 데서 겨우 두 블록 거리인데도요. "그 정도에서 끝난 게 다행인 줄 아세요." "배울 만큼 배운 아가씨가 그런 동네에서 대체 뭘 했어요?" "소리 지를 때 그 남자의 친구들이 뛰쳐 들어오지 않았다니 운이 좋았네요." 내가 했던 행동은 죄다 틀렸다는 말이었죠. 그들이 마지막으로 한 말은 이랬어요. "뭐, 지금은 괜찮아진 것 같으니, 다음번엔 더 잘 처신하세요."

트레이시는 심각한 부상이 있어야 한다고 강조하는 형사들의 말에 마음이 몹시 답답해졌다.

형사들은 내 갈비뼈가 부러지지 않았다는 게 중요하다는 듯이 말했어요. 갈비뼈가 부러지지 않았으면 폭력적으로 강간당하지 않았다는 뜻인가요? 내겐 출혈밖에 없었어요. 찢어진 곳도 있었지만, 아무도 살펴보려 하지 않았죠. 이미 데이트를 하고 있는 중이라면, 남자가 폭력을 쓸 필요도 없잖아요? 이미 나를 자기 집에 데려왔으니, 나를 어깨에 둘러메서 억지로 데려갈 필요가 없죠. 내 사건이 법적 기준에 미치지 못한다는 생각에 눈물이 났어요. 끔찍한 일을 겪었는데도 그 일이 충분히 끔찍하지 않다는 거잖아요.

형사들은 저스틴과 얘기해보고 다시 연락하겠다고 말하고는 떠났다. 이 일로 속이 상했던 트레이시는 교내 강간 변호사에게 이야기를 전했고, 그 결과 시 경찰서에서 보낸 다른 형사 두 명과 다시 면담을 하게 되었다. 이번에는 대학 측에서 일반 차량을 보내 트레이시와 강간 변호사를 경찰서 회의실로 데려다주었다. 거기서 남녀 각 1명인 형사 둘이 트레이시를 면담했다. 여자 형사는 먼저 왔던 형사들이 저스틴을 직접 만나지 않고 전화로만 이야기를 나누었다고 전해주었다. 그리고 지금 심문을 받으러 경찰서에 와 있다고 했다. 트레이시는 이번에도 조리 있게 말하기가 어렵다고 느꼈다.

나는 또 너무 자세한 얘기를 했어요. 그 여자 형사가 처음으로 내게 그 점을 지적해준 사람이었죠. "검사가 오거든 그렇게 자세하게 얘기하지 마세요. 줄거리만 얘기하면 돼요. 검사가 몇 가지 질문을 할 거예요. 간단하게 대답하세요. 그렇게만 하면 믿어줄 거예요." 그게 내가 처음으로 받은 조언이었어요. 나는 조금이라도 덜 바보처럼 보이려고 애쓰느라 정신이 없었죠.

형사는 트레이시에게 저스틴이 면담을 하며 울었다고 말했다. 저스틴은 합의된 성관계였다고 주장했고, 그의 룸메이트들은 그날 밤 아무것도 듣지 못했다고 진술했다. 이윽고 검사가 와서 트레이시를 따로 작은 방으로 데려간 다음 몇 가지 형식적인 질문을 했다. 트레이시는 순간 아무 성과도 거두지 못하리라고 직감했다. 나중에 검사는 성폭행 검사를 받지 않고 자세한 진료 기록도 남지 않아 신체적 상해에 대한 문서화된 증거가 하나도 없기 때문에 기소를 진행하기 어렵다고 말했다.

검사는 이렇게 말했어요. "기소를 권할 수가 없어요. 당신에게 불리한 일이 될 겁니다. 괜한 고생을 시키고 싶지 않아요. 신체적 상해에 관한 증거 없이는 어려우니까요."

형사들은 자신들이 저스틴에게 겁을 주어 보냈으니 혹시 그가 다시 접촉을 시도하면 꼭 연락하라고 트레이시에게 일렀다. 기소는 할 수 없게 되었지만, 트레이시는 형사들이 자기 말을 믿어주었음을 느꼈다. "사람들이 내 말을 들어준 것만으로도 기뻤어요."

트레이시의 사례에서는 비난이나 무관심이 불신만큼 큰 문제였던 것으로 보인다. 처음 왔던 두 형사는 그녀의 말을 믿기는 했으나 험한 동네에 간 그녀 잘못이라고 생각했기에 아무 조치도 취하지 않았을 가능성이 크다. 덧붙여 트레이시의 변호사 설레스트 해밀턴은 이렇게 말했다. "지방 검사는 사건을 기소하지 않겠다고 하면서도 '당신 말을 믿을 수 없다'고는 말하지 않았어요. '증거가 없다'고 말했죠. 문제는 믿어주지 않는다는 게 아니었어요. 믿음에 합당한 조치가 취해지지 않은 게 문제였죠."

해밀턴은 이렇게 설명했다. "여성들이 가장 많이 듣는 반응은 이래요. '당신 말을 믿어요. 당신이 실제로 일어난 일을 말하고 있다는 걸요. 하지만 우리는 아무 조치도 취하지 않을 거예요.' 그러면 피해자가 말하죠. '그게 무슨 소린가요? 내 말을 믿는다면 왜 아무것도 하지 않겠다는 거죠?' 그러면 사람들이 발을 뒤로 빼면서 아무것도 하지 않는 태도를 정당화하려 하고, '신뢰성' 같은 단어를 들먹이기 시작하죠."

해밀턴은 트레이시 같은 강간 사건에 반응이 부족하다는 것이 문제이며 법 집행 기관의 반응이 입법 의도와 완전히 반대라고 생각했다. "'저런, 강간당했군요. 어쩔 수 없으니 잊어버리세요.' 그렇지만 사람들은 강간이 정말 끔찍한 일인 것처럼 행동하죠. 엄격한 법률은 법전에만 존재할 뿐이에요."

여전히 혼란에 빠져 괴로워하던 트레이시는 학교에서 설레스트 해밀턴이라는 변호사가 민사 구제로 강간범에게 책임을 물릴 수도 있다고 했다는 말을 들었다. "형사법 체제에서 사건을 기소하기 어렵더라도 피해에 대한 민사 소송을 걸 수 있는 모양이더라고요." 트레이시는 해밀턴과 이야기를 나누었고, 해밀턴은 트레이시가 소송에서 충분히 이길 수 있다고 말했다. 해밀턴의 법적 전략은 주 법률에 따라 접근금지명령을 받아내고 민사 소송을 건 다음 접근금지명령 심리에서 나온 증거를 근거로 약식판결(민사소송에서 사실관계 심리를 제외하고 법률적 분쟁에 대해서만 약식으로 판결을 내리는 제도—옮긴이)을 받는 것이었다.

트레이시에게 심리는 바늘방석이었다. 변호사를 대동하고 나온 저스틴은 심리 내내 그녀를 노려보았다. 트레이시는 '사람들이 나를 두고 이러쿵저러쿵하겠구나'라고 생각했다. 아마 그런 일은 없을 거라는 사실을 알고 있는데도 행실이 나쁘다는 설교를 들을 것 같아 몸이 움츠러들었다. 법정 안의 사람들이 자기를 쳐다보는 듯한 느낌도 들었다. 두 번째 심리에는 트레이시의 부모님도 참석했다. 트레이시는 부모님이 오셔서 자신을 지지해주기를 바랐지만, 그분들을 걱정시키고 싶지는 않았다. 딸이 어떻게 강간당했는지 자세히 듣는 것은 가슴이 미어질 일이었고, 트레이시는 부모님께 그런 일을 겪도록 하는 것이 싫었다.

반대 신문에서 저스틴의 변호사는 질문 공세를 펴며 여러 가지를 암시하려 했다. 하지만 트레이시는 이렇게 받아쳤다.

저스틴이 공간을 전부 막고 있어서 문밖으로 나갈 수 없었습니다. 그가 나를 잡아당겨서 침대에서 벗어나지 못했고요. 그의 상체 힘이 당연히 나보다 훨씬 더 셌으니까요.

저스틴은 성관계가 합의하에 이루어졌고 트레이시도 그걸 즐겼다고 증언했다. 저스틴의 룸메이트들, 시경 형사, 트레이시의 공동주택 동거인이 증인으로 불려나왔다. 반대 신문에서 트레이시가 '좀 노는 여자' 아니냐는 집요한 질문을 받은 동거인은 어이없다는 듯 "트레이시는 외출도 거의 안 합니다"라고 증언했다.

판사가 곧바로 판결을 내리고 2년간의 접근금지명령을 발부하자 트레이시는 가슴을 쓸어내렸다.

접근금지명령 판결에서 가장 좋았던 점은 판사가 강압적 성교를 근거로 판결을 내리고 그 점을 구체적으로 밝혔다는 사실이에요. 그 점이 참 고마웠어요. 기분이 정말 좋았죠. 누군가 내 이야기와 저스틴의 엉터리 설명을 전부 들은 다음 내 손을 들어줬으니까요.

저스틴은 재심리를 요청했지만 판사는 받아들이지 않았고, 자신은 그가 아닌 트레이시의 말을 믿는다고 말했다. 저스틴이 "트레이시는 에이즈 보균자가 아닌지 물어봤다고 내게 화가 난 것뿐이에요"라고 주장하자 판사는 이렇게 답했다. "그것 때문에 그냥 화가 났다고 보기에 일이 너무 크다는 생각은 안 드나요?"

해밀턴이 트레이시를 대리해 저스틴을 상대로 피해 보상 민사 소송을 내자 다른 변호사를 선임한 상태였던 저스틴은 상당한 보상금을 주고 합의하는 데 동의했다. 트레이시는 대학을 상대로도 소송을 걸었다. 해밀턴은 대학 측이 강간에 관한 의학적 증거 수집을 이행하지 않았고 진료 규정을 위반해 형사 소송을 불가능하게 함으로써 트레이시에게 심각한 정신적 고통을 주었다고 소송 사유를 밝혔다. 소송에서 트레이시는 대학 보건센터가 성폭행 검사를 하거나 즉시 그녀를 인근 병원으로 보내 검사를 받게 했어야 한다고 주장했다.

대학 측 담당자는 트레이시에게 성폭행 검사를 받을 기회가 제공되었다며(진료 기록에는 남아 있지 않음) 맞불을 놓았다. 덧붙여 검사를 받았더라도 기소가 가능했을지는 확실치 않다고 주장했다.

해밀턴은 대학 측의 의무 불이행이 트레이시에게 강간에 비길 만큼 커다란 트라우마를 안겼다고 생각했다. "사람이 잔인한 범죄를 저지를 수 있다는 사실을 깨닫는 것보다 엄연히 존재하는 시스템이 (…) 작동하지 않는다는 점을 알게 되는 것이 때로는 더 충격적이죠."

트레이시는 이 말에 동의했다.

돌이켜보면 세상이 잘못되었다는 생각이 든 건 날 강간한 남자 때문이 아니었어요. 어딘가 잘못된 사람은 항상 있기 마련이니까요. 그런 생각이 든 건 센터가 아무것도 해주지 않았다는 사실 때문이었죠.

해밀턴은 저스틴이 '겁을 먹었고' 어쩌면 정말로 자기 행동 패턴을 바꿀지도 모른다고 생각했다. 그러므로 민사 소송은 그의 행동을 저지해 다른 여성에게 해를 끼치는 것을 막은 셈이다. 하지만 대학과의 싸움은 계속되었다. "우리는 돈에는 관심이 없어요." 해밀턴이 설명했다. "그들이 부주의와 태만을 인정하고 이런 일이 재발하지 않도록 새로운 정책과 절차를 마련하기를 바라는 겁니다."

결국 대학은 학교생활 안내서를 수정해 성폭행 진료는 교내 보건센터가 아닌 병원 응급실에서 제공된다는 점을 명시했다. 비용은 정부에서 제공하며 학생이나 보험사에 청구되지 않는다는 점도 분명히 했다.

트레이시의 소송은 2009년에 기각되었다. 법원은 학교 측 성폭행 검사 불이행이 형사 기소가 이루어지지 않은 데 대한 직접적 원인이라고 볼 수 없다고 판결했다.

부인否認의 효과:

위험한 무관심

다른 폭력적 범죄 피해자에게는 기꺼이 동정과 지원, 편의를 제공하는 데 비해 경찰, 교회, 교육계, 언론을 비롯한 많은 제도권 단체는 종종 강간 피해자에게만 유독 무관심과 불신을 드러내며 때로 처벌을 가하기도 한다. 이런 태도는 강간 사건이 검토, 처리, 기소되는 과정에 직접적인 영향을 미친다. 예를 들어 트레이시는 법 집행 기관 공무원의 무관심에 부딪혔다. 전국 강간 신고 대 검거 비율도 이 점을 증명한다.

세월이 흐르면서 강간 신고가 늘어났다고 믿을 만한 근거가 존재하며, 이러한 증가 때문에 강간을 신고하는 여성에 대한 반발이 거세졌다는 추측도 가능하다. 1995~1996년 전국 여성 폭력 설문조사National Violence against Women Survey, NVAW에 참여한 연구자들은 평생을 기준으로 강간당한 경험과 신고 여부에 대한 정보를 모았다. 여성 8000명을 설문조사한 결과 현대 법 개정

시대(1990~1996)에 일어난 강간은 1975년 이전에 일어난 사건보다 신고율이 더 높았음이 밝혀졌고, 둘 사이의 격차는 유의미할 정도로 컸다.[1]

하지만 NVAW 결과 분석에 따르면 1990년 이후로 강간 신고율은 거의 변하지 않았다. 킬패트릭이 시행한 두 차례 연구도 이 사실을 확인해준다. 첫 번째인 1990년 연구에서 법 집행 기관에 신고된 강간 사건 비율은 16퍼센트였다.[2] 2007년에도 이 비율은 전혀 변하지 않았다. 마찬가지로 법무부에서 시행한 2011년 전국 범죄 피해 조사NCVS에서 모든 폭력 범죄(강간, 강도, 가정폭력, 가중폭행) 중 경찰에 신고된 사건은 절반(49퍼센트) 정도였으며 이 비율은 지난 10년간 비교적 일정하게 유지되었다.[3] 또 NCVS에서 강간 신고율은 다른 폭력 범죄에 비해 떨어지는 것으로 나타났다. 예를 들어 2011년 경찰에 신고된 강간 사건 비율은 27퍼센트였으나 가택침입절도와 가중폭행 신고율은 각각 약 52퍼센트와 67퍼센트였다.[4]

하지만 NCVS에서 수집된 강간 건수가 워낙 적어 이 27퍼센트라는 신고율은 그다지 신빙성이 없다. 법무부 조사원들에게 기꺼이 강간당했다고 밝힌 응답자들은 가장 폭력적이며 따라서 경찰에 신고했을 가능성이 큰 강간 사건들을 주로 언급했을 수도 있다. 5장에서 살펴본 바와 같이 다른 여러 연구에서는 신고율이 5~20퍼센트로 나타났다.

1970년대 이후로 강간 신고율은 높아졌지만, 1971년에서 2006년 사이 신고된 폭력적 강간 건수와 범인 검거 건수 간의 격차는 더 크게 벌어졌다. 이러한 경향은 다른 폭력 범죄와 눈에 띄는 차이를 보인다. 1970년대에 50퍼센트 정도였던 폭력적 강간의 신고 대 검거 비율은 꾸준히 떨어져 2006년에는 26.5퍼센트가 되었는데, 이 비율은 1971~2006년 통합 범죄 보고서에 기록된 것 중 가장 낮은 수치다.[5] 같은 기간에 다른 폭력 범죄에서는 이런 패턴이 보이지 않았으며, 신고 대 검거 비율은 상당히 일정하게 유지되었다.

이 비율은 주에 따라 다르게 나타나기도 한다. 예를 들어 1999년 일리노이 주의 강간 사건 검거율은 17퍼센트였다.[6] 강간 신고자 여섯 명 중 한 명만이 범인이 체포되는 것을 보게 되었다는 뜻이다. 2007년 일리노이 주의 검거율은 전국 평균을 한참 밑도는 11퍼센트로 떨어졌다. 이 자료 또한 검사들이 점점 더 강간 사건을 마구잡이로 기소한다는 주장과 모순된다.

이 기간의 강간 기소 건수 감소를 설명하려면 사회에서 권위 있는 단체들이 강간당했다고 말하는 여성에게 어떻게 반응하는지를 살펴보아야 한다. 오늘날 강간 사실을 신고하는 여성은 대개 세 가지 반응, 즉 무관심, 불신, 노골적 처벌에 맞닥뜨린다.

무 관 심

\

경찰의 무관심

사회과학 연구로는 아직 강간 기소율의 가파른 하락 이유를 설명할 수 없다. 하지만 이런 통계 수치는 강간 피해자를 지지하는 이들이 제시하는 일화와 맞아떨어진다. 이 책에서 소개한 것과 비슷한 경험이 있는 여성들은 종종 경찰이 그들의 면식 강간 피해에 대해 무관심했다고 증언한다.

시카고 지역 산부인과 의사와 관련된 사건은 강간에 대한 무관심이 어디까지 갈 수 있는지를 보여주는 예다. 서로 관계없는 환자 일곱 명이 부적절한 성행위로 이 의사를 고소했다. 이 가운데 세 명은 합의하지 않은 삽입 행위가 있었다고 진술했고, 심지어 그중 한 명은 그가 진료하던 임산부였다. 피해자들은 경찰과 일리노이 주 금융 및 전문직 규제부에도 사실을 알렸지만, 7년 동안 이 의사를 막으려고 행동에 나선 공무원은 한 명도 없었다. 2007년 검찰은 겨우 수사에 착수했지만, 처벌은 고작 의사 면허 9개월 정지가 전부였다. 왜 일곱 건 중 한 사건도 기소하지 않았느냐는 지역 신문의 질문에 검찰은 제대로 대답하지 못했다.[7] 결과적으로 그 의사는 진료를 계속하고 성범죄도 계속 저지르도록 허락을 받은 셈이었다. 2002년 피해자 중 한 명에게서 정액이 검출되었지만, 경찰은 2010년 『시카고 트리뷴』이 해당 여성들에 대한 기사를 실을 때까지 의사의 DNA 샘플을 확보하지 않았다. 결국 샘플을 대조하자 일치한다는 결과가 나왔다.[8]

2004년 열여섯 살 소녀 에린 저스티스는 어머니가 일하러 나간 사이 가족이 사는 시카고 교외 아파트에서 새 양아버지 로런스 러브조이가 자신을 강간했다고 신고했다. 러브조이는 혐의를 전면 부인했다. 검찰과 경찰은 해당 카운티 과학수사연구소에서

DNA 검사 결과가 나오기를 기다리고 있었으므로 러브조이는 즉각 체포되지 않았다. DNA 검사는 원래 48시간밖에 걸리지 않지만, 밀린 일이 많고 강간 사건의 우선순위가 떨어지는 까닭에 검사가 지체되었다. 일리노이 주 아동보호국은 문제를 알고는 있었으나 조사에 착수하지는 않았다.

3주 뒤 핏물이 가득한 욕조에서 저스티스의 주검이 발견되었다. 수사 당국은 그녀가 구타당했으며, 목과 손목에는 자상이 있었고, 사인은 익사였다고 밝혔다. 마침내 DNA를 검사해보자 러브조이가 강간과 살인 모두를 저질렀다는 증거가 나왔고, 결국 그는 가석방 없는 무기징역에 처해졌다.[9]

2009년 CBS 뉴스는 미국 내에서 강간 검사 키트의 DNA 분석이 광범위하게 적체되고 있다는 내용을 방송했다. 디트로이트, 휴스턴, 샌안토니오, 앨버커키에서 검사되지 않고 쌓인 키트는 최소 2만 개였고, 다른 주요 도시 당국은 검사되지 않은 것이 몇 개나 되는지 알 길이 없다고 주장했다. 로스앤젤레스 카운티 보안관서에는 5000개가 미검 상태로 남아 있으며, 그나마 전에는 적체량이 이보다 훨씬 더 많았다고 한다.[10] 이런 적체 현상은 정부 과학수사연구소에서 DNA 검사에 할당된 예산이 적고(연방과 주 정부의 지원이 있으면 쉽게 해결되는 문제다) 강간 또는 다른 폭력 범죄 중 미결 또는 불기소 사건의 우선순위가 현저히 떨어지는 탓에 일어난다.[11]

『시카고 트리뷴』의 메건 투헤이는 전국적인 적체 현상보다 더 심각한 상황을 밝혀냈다. 그녀가 조사한 시카고 교외 경찰서 열

세 곳 중 대다수에는 수집된 강간 키트를 전부 연구소로 보내야 한다는 규정이 없었다. 이곳의 경찰들은 검사가 기소하지 않기로 하거나, 피고가 성교는 있었지만 합의된 것이었다고 주장하거나, 강간을 신고한 여성이 고소를 원하지 않거나, 신빙성이 없다고 판단되는 사건의 강간 키트는 연구소로 보내지 않는다고 말했다. 투헤이가 기사를 쓸 당시 표본 조사된 이 교외 경찰서들에는 100개가 넘는 강간 키트가 미검 상태로 보관되어 있었다. 사건이 기소되지 않으면 DNA를 전국 데이터베이스에 올릴 수 없는 줄 아는 경찰들도 있었다.[12] FBI에 따르면 이런 해석은 잘못된 것이었다.

2009년 미 국립사법연구원은 주 및 지방 법 집행 기관 2000곳을 설문조사한 결과 2002~2007년 미결 강간 사건의 DNA 증거를 연구소로 보내지 않은 사례가 18퍼센트에 달한다고 밝혔다. 설문에 참여한 경찰서 중 44퍼센트가 증거를 연구소로 보내지 않은 이유를 묻는 질문에 용의자가 밝혀지지 않았기 때문이라고 답했다.[13] 이는 전국 DNA 데이터베이스인 통합 DNA 검색 시스템Combined DNA Index System, CODIS이 매우 잘 갖추어져 있어 가해자를 찾는 데 도움이 된다는 사실을 일선 경찰관들이 전혀 모른다는 의미다.

예를 들어 일리노이 주 포드하이츠 경찰서를 인계받은 쿡 카운티 보안관서 경찰들은 코드가 뽑힌 냉장고 안에서 곰팡이에 뒤덮인 강간 키트 일곱 개를 발견했다. 운 좋게 오염되지 않았던 증거를 통해 출소를 앞두고 있던 한 중범죄자가 2006년 열세 살 소녀를 강간한 범인이라는 사실이 밝혀졌다. 소녀는 범인이 자신에게 데이트 강간 약물을 억지로 먹이고 폭력을 휘둘렀다고 진술했다. 용의자는 소녀가 휘청거리며 길을 걷는 모습을 보고 선의로 그녀를 도왔을 뿐이라고 주장했지만, 다시 채취한 DNA 샘플도 그가 범인임을 증명했다. 당국은 그를 성폭행으로 기소한 뒤 그가 다른 미결 강간 사건에도 관련되어 있지는 않은지 추가 조사에 들어갔다.[14]

일리노이 주 하비에서 미검 강간 키트 200개를 분석한 결과 쿡 카운티 보안관서의 전직 교도관이 열 살짜리 소녀를 그녀의 집에서 강간한 범인으로 지목되었다.[15] 이 검사에서 나온 증거로 당국은 총 14명을 추가 기소하기도 했다.

"범죄의 물적 증거를 쌓아두고 있으면서 그 증거를 가지고 아무것도 하지 않는다면 강간이 심각한 범죄가 아니라고 판단한다는 뜻입니다."[16] 일리노이 주 성폭력 반대 연합의 폴리 포스킨은 이렇게 말했다.

『뉴욕 타임스』의 칼럼니스트 니컬러스 크리스토프는 DNA 검사 적체에 대한 분노를 이렇게 표현했다. "아프가니스탄에서나 일어날 법한 일이 미국에서 일어나고 있다."[17]

2010년 9월 일리노이 주에서는 법 집행 기관 공무원들이 DNA 강간 검사 키트를 병원에서 받은 날로부터 업무일 10일 안에 정부 연구소로 보내야 한다는 성폭행 증거 제출 법안이 통과되었다.[18] 연구원들은 6개월 안에 키트를 검사하고 의무적으로 미검 DNA 키트 목록을 작성해야 한다는 규정도 추가되었다.

2011년 2월까지 일리노이 주 과학수사연구소는 주 전체에 검사 되지 않은 성범죄 증거가 4000여 건이나 됨을 확인했다.[19]

성폭행 검사가 여성에게 얼마나 트라우마를 남기는 일인지를 고려하면 강간 키트 분석에 대한 경찰의 무관심은 이해할 수 없 는 일이다. 이 검사는 몇 시간이나 걸린다. 검사관은 피해자의 몸 구석구석을 샅샅이 훑고 음모까지 빗질해 체모와 섬유를 수집한 다. 입과 질 안, 항문 부근을 면봉으로 닦아 DNA 샘플도 채취한 다. 손톱 조각과 손톱 아래 낀 물질도 수집하고, 정액이 묻었는지 확인하기 위해 항문과 허벅지 안쪽에 자외선램프를 비춘다.[20] 이 철저한 검사는 몹시 충격적인 사건 직후에 이루어지므로 많은 여 성은 몸이 다시 한번 침해되는 느낌을 견디기 어려워한다.

일리노이 주 출신인 25세 여성 줄리는 2010년 한 기자회견에 서 네 시간 동안 강간 검사를 받은 경험을 이렇게 묘사했다. "모 르는 사람들이 내게 옷을 벗으라고 말한 다음 쿡쿡 찌르고, 쑤시 고, 긁어내고, 면봉으로 닦고, 빗질하고, 사진을 찍었죠. 아무에 게도 권하고 싶지 않은 경험이었어요."[21] 몇 달 뒤 줄리는 자기 검 사 키트가 아직 연구소로 보내지지 않았고, 앞으로도 그러지 않 을 거라는 사실을 알게 되었다. 그녀는 강간 키트에 담긴 증거가 자신의 이야기를 증명해주기를 바랐지만, 사건은 그대로 불기소 처리되었다.[22]

그 밖에도 강간범을 검거하고 기소하는 데 무관심함을 보여주 는 경찰의 관행은 또 있다. 정치적 목적으로 강간 통계를 조작하 는 경찰서는 여성들을 위험에 빠뜨린다. 2010년 뉴욕 경찰서의

한 형사는 범죄 등급을 낮춰 잡은 탓에 범인이 강간 여섯 건을 저지를 때까지 체포하지 못했던 사건을 폭로했다. 두 달에 걸쳐 일어난 처음 몇 건을 순찰대장이 경범죄로 분류하는 바람에 형사들은 연관성을 눈치채지 못하고 넘어갔다. 이 잘못된 처리 때문에 형사들은 강간의 패턴을 파악하지 못했다. 그 형사는 다음과 같이 설명했다. "그들이 저지른 일은 계속 강간 신고를 숨긴 것이나 마찬가지이며, 그 결과 아무도 이 지역에 심각한 연쇄 범죄가 일어나고 있다는 사실을 눈치채지 못하게 되었습니다."[23]

더 놀라운 것은 아동 성폭행이 여전히 취급된다는 사실이다. 1995~1999년 영국 케임브리지셔에서 이언 헌틀리라는 남자를 상대로 아홉 건의 강간 신고가 접수되었다.[24] 하지만 이 가운데 법정까지 간 사건은 하나도 없었다. 검사가 유죄 판결을 받아내기 어렵다고 판단했기 때문이다. 왜인지는 몰라도 신원조회에서 이런 정보가 드러나지 않아 헌틀리는 무사히 지역 학교에 수위로 취직했다. 2002년 열 살짜리 여학생 두 명이 강간당한 뒤 살해되었고, 결국 헌틀리는 이 사건으로 유죄를 선고받았다.[25] 이 일로 비난받던 지역 경찰 지서장은 1년 뒤 경찰 콘퍼런스에서 술에 취해 여성 공무원을 성희롱했다는 혐의를 받고 사임했다.[26]

교회의 무관심

2005년 일리노이 주 아동 및 가정 복지부가 한 교구 신부의 아동 성추행 증거를 확보했다는 사실을 가톨릭교회에 알리지 않았던 이유는 무관심이었을까, 아니면 다른 무엇이었을까? 그들이 '실수'라고 말한 이 같은 처리 방식 탓에 고소 뒤에도 해당 신부는 다섯 달 동안이나 교구에 남아 아이들에게 대수학을 가르치고 소년 야구팀 코치로 활동했으며, 다른 소년이 새로운 혐의를 제기한 뒤에야 해임되었다.[27]

몇 년 동안이나 가톨릭교회와 법 집행 기관에 로런스 C. 머피 신부에 대한 혐의를 제기하려고 애쓴 청각장애 소년들의 이야기는 가슴 아프기 그지없다. 머피는 결국 자신이 일하던 위스콘신 청각장애인 기숙학교에서 최소 200명의 소년을 성추행한 혐의로 기소되었다. 아무도 이 이야기를 쉽사리 믿지 않았던 듯하다. 1990년대 중반 마침내 밀워키 대주교는 머피를 해임하기로 결정했다. 하지만 조사에 따르면 대주교는 상층부로부터 사제직 박탈 절차를 그만두라는 압력을 받았다고 한다. 머피 신부가 기소 이후로 바른 행실을 보이고 있으므로 그의 직무를 제한하는 조치만으로 충분하다는 이유에서였다. 따라서 가톨릭교회는 성추행 피해자들의 치유보다 사제의 치유를 우선시했다고 볼 수 있다.[28] 머피 신부는 사제직을 유지한 채 1998년에 사망했다.

2010년 교황 베네딕토 16세는 아일랜드 가톨릭 신자들에게 보내는 교서에서 소아성애자 사제들을 벌하지 않고 치료하려 했던, 교회의 "의도는 좋았으나 그릇된 경향"[29]에 대해 사과했다. 교회의 이런 선택 탓에 문제의 사제들은 계속 아이들과 긴밀한 접촉을 유지했고, 그 결과 수년 동안 여러 건의 성추행 사건이 발생했다. 교황은 "교회의 명성을 유지하고 스캔들을 피하려는 부적절한 염려"에 대해서도 인정했다.

주목할 만한 점은 교황이 아이들의 고통을 거의 언급하지 않았다는 것으로, 이는 강간의 심각한 영향에 대한 이해 부족을 잘 보여준다. 그는 종교인들의 보살핌을 신뢰했던 사람들의 곤경보다 교회의 안전이 우선시되는 상황을 묵과했다. 교회가 스캔들 회피를 최우선 순위로 두게 된 원인은 어쩌면 면식 강간을 사소한 문제로 보는 우리 사회의 분위기가 아닐까?

교육계의 무관심

강간 혐의 제기에 무관심한 단체는 가톨릭교회만이 아니다. 교육 기관들도 때로는 면식 강간의 해악을 전혀 염두에 두지 않는 듯한 모습을 보인다. 2009년에 있었던 사건도 그런 예다. 시카고 공립고등학교 2학년생인 스마트는 사귀었다 헤어졌다 했던 남자친구가 그녀를 잡아 누르는 사이 다른 학생이 그녀를 강간했다고 진술했다. 남학생들은 그녀가 섹스에 동의했다고 주장했고, 경찰은 그들을 풀어주었다. 학기가 거의 끝날 때까지 그 남학생들은 학교를 계속 다니며 교내에서는 물론 전화와 페이스북, 이메일을 통해 스마트에게 언어폭력을 가했다. 학교가 이러한 공격에 빠르게 대응하지 않자 스마트는 스스로 학교를 그만두었다.[30] 남학생들은 그 뒤로 몇 달이 지나서야 퇴학 처분을 받았다.

2010년 가을 학부모들은 시카고에서 특수교육학교 학생을 강간한 혐의로 조사받고 있는 스쿨버스 기사가 1년이 지날 때까지 계속 통학 차량을 운전하다 두 번째 범행을 시도했다고 항의했다. 다행스럽게도 두 번째는 미수에 그쳤다. 첫 번째 피해 학생의 어머니는 이렇게 말했다. "아무도 신경조차 쓰지 않는 듯했어요. 그런 일이 벌어진 뒤에도 그는 계속 멀쩡히 버스를 운전했죠."[31]

교내 청문회 결과 강간을 저지른 것으로 밝혀지더라도 해당 남학생을 정학 처분하지 않는 학교 또한 많은 것으로 드러났다. 2010년 공공청렴센터는 성폭력 추방을 위해 정부 기금을 지원받은 130개 전문대학과 종합대학을 조사한 결과를 발표했다. 2003~2008년 이 학교들은 강간 가해자로 판명된 학생 중 10~25퍼센트만을 영구 제적 처리했다.[32] 교내 청문회에서 죄가 있다고 밝혀지면 곧바로 정학 처분을 내리는 것은 매우 중요하다. 피해자에게 보복 행위가 큰 위협으로 다가오기 때문이다. 가해자가 정학당하지 않으면 여학생은 스스로 학교를 그만두는 수밖에 없다. 이런 문제를 안중에 두지 않는 몇몇 학교 임원은 이 남학생들을 제재하지 않는 선택이야말로 "학생을 처벌하기보다 가르쳐야 한다"[33]는 고등교육의 임무에 충실한 태도라고 강조한다.

모두 그런 것은 아니지만, 일부 학교 행정부는 학교의 평판을 떨어뜨릴지도 모르는 강간 사건을 덮으려고 갖은 애를 쓴다. 학생들의 건강과 안전보다 학교 평판을 걱정하는 태도는 이 특정 학교 직원들의 기본적인 인성을 의심케 한다. 하지만 이런 반응은 그들에게 면식 강간이란 강간이 아닌 '나쁜 섹스'일 뿐이라는 개념을 심어준 강간 부정의 산물일 가능성이 크다.

'강간'이지 '섹스'가 아니다: 단어 선택이 끼치는 해악

\

부주의하거나 완곡한 단어 선택도 무관심을 보여주는 전형적인 예다. 2009년 영화감독 로만 폴란스키가 미국에서 저지른 강간 혐의에 대한 선고를 앞두고 범죄인 인도를 피하려고 애쓰고 있을 때 『뉴욕 타임스』와 CNN은 그가 "13세 소녀와 성관계를 맺은 혐의"에 대한 선고를 기다리고 있다고 보도했다.[34] 이들의 단어 선택은 마치 이 사건이 미성년자와의 합의된 섹스였던 것처럼 보이게 한다.

부정확한 단어 사용과 문제의 행위에 대한 잘못된 해석은 강간에 대한 이해가 근본적으로 부족하거나 이를 대수롭지 않게 취급한다는 사실을 드러낸다. 칼럼니스트 카사 폴릿은 이렇게 썼다.

> 실제 일어난 일은 남녀 간의 시각이 달라 일어난 애매한 사건, 또는 케이티 로이프 식의 '나쁜 섹스'가 아니다. 이 43세 남성은 13세 소녀를 따로 불러내 술에 취하게 하고, 퀘일루드(진정제의 일종으로 과거 성폭행에 종종 사용된 약물—옮긴이)를 먹이고, 소녀의 생리 날짜를 확인한 다음 그녀의 항의를 무시하고 두 번이나 항문성교 강간을 했다. (…) 다른 여러 강간 사건에서 그랬듯 피해자가 재판과 언론의 소동으로 겪을 충격을 고려해 그에게는 형량이 더 낮은 죄목으로 유죄를 인정할 기회가 주어졌다. 하지만 그렇다고 이 사건을 자유로운 영혼을 지닌 보헤미안이 저지

른 실수인 양 포장해서는 안 된다. 피해자가 회복되는 데는 몇 년
이란 세월이 걸렸다.[35]

연구자들은 변론이나 판결문을 쓸 때 "관계를 맺었다" 또는
"피고가 피해자를 애무하기 시작했다"와 같은 문구를 사용하는
변호사와 판사들을 비판했다. 이런 표현은 강간을 성폭행이 아닌
섹스로 정의해 가해자의 폭력과 통제 욕구, 피해자의 두려움과
혐오감, 고통을 감추어버린다.

예를 들어 한 판사는 판결문에서 "피고는 그녀가 자신에게 구
강성교를 행하도록 강요했다"는 표현을 썼다. 강제성을 드러내기
는 했지만, 이 문장은 피해자가 성행위를 행하는 당사자인 것처
럼 보이게 한다. 더 정확히 표현하려면 "피고는 자신의 성기를 피
해자의 입에 밀어넣고 협박을 동원해 그녀에게 성기를 빨라고 강
요했다"고 해야 할 터이다.[36]

스타 쿼터백 벤 뢰슬리스버거의 강간 혐의에 대한 기사를 읽다
보면 그가 젊은 여성과 "섹스를 했다"는 말이 자주 등장한다. 하
지만 실제로 그 여성은 그를 폭력적 강간으로 고소했다. 어떤 스
포츠 전문 기자는 "밀리지빌에서 술에 취했던 그날 밤"[37]이라는
우회적 표현만을 사용했다.

펜실베이니아 주립대학교의 아동 강간 사건을 보도한 기자들
은 놀랍게도 대학원생인 조교가 "선더스키 씨가 소년과 섹스를
하는 광경"[38]을 목격했다는 기사를 썼다. 하지만 열 살이었던 그
소년은 동의할 능력이 없었으므로 그 행위는 항문성교가 아닌

강간이었다.

강간의 심각성에 대한 무관심을 보여주는 또 하나의 예는 강간 관련 농담이 누리는 인기다. 이런 현상은 강간을 사소하고 하찮은 일로 격하시킨다. 2009년 코미디언 조지 칼린이 사망했을 때 저널리스트 에이드리언 니콜 르블랑은 주요 일간지에 정치적 올바름을 공격한 칼린에게 찬사를 보내는 논평을 썼다. "독선에는 마땅히 일침을 가해야 했으며, 누구도 예외는 아니었다. 강간 유머를 알아듣지 못하는 페미니스트도……."[39] 그러나 한 강간 피해자가 말했듯 "여성들이 강간 관련 농담을 하면 [또는 그런 농담에 웃으면] 남성들은 '저것 봐, 여자들도 웃는 걸 보면 그렇게까지 심각한 일은 아니야'라고 받아들인다."[40]

2010년 10월 예일대학교 남학생 클럽 '델타 카파 엡실론'은 입회 희망자들에게 눈가리개를 씌우고 1학년 여학생들이 주로 생활하는 기숙사인 올드 캠퍼스를 행진하게 하면 배꼽 빠지게 재미있겠다고 생각한 모양이다.[41] 입회 희망자들은 "안 돼요는 좋아요" "좋아요는 항문성교", "빌어먹을 걸레들" 같은 구호를 외쳐댔다. 『예일 데일리 뉴스』에는 구호가 "멍청하고 모욕적"이며 "도를 넘었다"는 점은 인정하면서도 그 행위가 여성 혐오라는 예일 여학생회의 견해에는 반대하는 사설이 실렸다. 사설의 필자는 그 사건을 단순히 웃자고 한 일이라고 설명했다. "이 선동가들은 청중이 민감하게 여기는 부분을 자극해 웃음을 유발하려고 유치한 장난을 쳤다."[42] 강간에 대한 여성의 관점을 조롱하는 것이 재미라고 여기는 태도는 여성의 성적 해방과 강간 혐의 제기를 두려워하는 남학생들의 내밀한 두려움을 드러낸다.

예일대 학생과 졸업생 16명은 합동으로 미 교육부 인권담당국에 진정서를 제출했다. 이들은 대학 당국이 캠퍼스에서 성적으로 불평등한 요소를 제거하는 데 충분한 노력을 기울이지 않음으로써 교육 환경에서의 성평등을 보장하는 연방 개정교육법 제9조를 위반했다고 주장했다. 진정서에는 7년 동안 교내에서 여성에게 불이익을 주거나 해를 끼친 행위를 기록한 목록이 실려 있었다.[43] 일부 학생은 남학생 클럽의 구호가 부적절했으나 캠퍼스 내 면식 강간을 아무렇지 않게 받아들이도록 부채질하는 행위라고는 생각지 않았다.[44] 그런 행동을 막으려면 학교 측이 예전보다 처벌 수위를 더 높여야 한다고 생각하는 학생들도 있었다. 사건으로부터 7개월 뒤 학교 당국은 남학생 클럽에 5년간 활동금지 처분을 내렸다.[45] 버몬트대학교에서도 비슷한 결과가 나왔다.[46] 남학생 클럽 '시그마 파이 델타'는 회원들에게 강간하고 싶은 여학생 이름을 적으라는 설문지를 돌렸다가 활동금지 처분을 받았다.

페이스북에 버젓이 올라와 있던 '강간 유머 페이지'와 기타 여성에 대한 성폭력을 희화화하는 내용은 두 달에 걸쳐 유저들이 마크 저커버그에게 18만6000명의 서명이 들어간 청원서를 보내고 트위터 캠페인을 벌인 다음에야 삭제되었다. 처음에 페이스북 측은 강간 유머를 '술자리 농담' 정도로 치부하며 삭제 요청을 무시했다.[47]

문제에 불성실하게 대응하는 태도는 강간을 '나쁜 섹스'로 간주하는 강간 부정론자들에게 강한 영향을 받았다고 할 수 있다. 그렇지 않다면 비정할 정도로 무관심한 여러 사례를 이해하기 어렵다. 물론 이런 일은 면식 강간이 무엇이며 왜, 어떻게 일어나고 어떤 영향을 미치는지를 알지 못해서 발생하기도 한다. 파트리치아 로미토 교수는 이런 글을 썼다.

> 몇 달 전 제자 한 명이 내게 감사 인사를 하러 왔다. 내 강의를 듣는 동안 강간이 피해자를 파괴할 수도 있는 잔인한 행위라는 사실을 깨달았다는 것이다. 그때까지 그는 자기 친구들처럼 강간은 별로 심각하지 않고 한마디로 좀 격렬한 섹스 정도라고 생각했다고 한다. 이 사실을 어떻게 받아들여야 할까? 2004년에, 스무 살이나 먹은 청년이 강간은 폭력이며 폭력은 파괴적이라는 말을 한 번도 들어본 적이 없다는 데 절망해야 할까? 아니면 그가 이야기를 듣고 곰곰이 생각해본 다음 이제는 상황을 이해하고 자기 생각을 바꾸기 시작했으며 행동도 바꿀 희망이 보인다는 데 기뻐해야 할까?[48]

불신
\

강간을 신고하는 여성에 대한 불신의 근거는 두 가지, 즉 첫째, 대다수 강간 신고가 허위라는 주장, 둘째, 강간을 '나쁜 섹스'로 보는 과소평가다. 이 두 가지는 대개 한데 얽혀 있다. 멜러니 로스의 사건은 특히 우울한 사례다. 로스는 대학 동기인 대니얼 데이와 잠시 사귀다 헤어졌다. 데이는 조지아 주 하원의원 버크 데이의 아들이며 데이스 인 호텔 체인 창립자 가문 출신이다. 로스가 데이와의 관계를 끝낸 이유는 성관계 도중 그가 그녀를 아프게 했고, 그녀가 멈추라고 해도 그만두지 않았기 때문이다. 한 달 뒤 로스는 데이가 한 파티에서 자신을 강간했다고 신고하고, 성폭행 피해 보상 소송을 걸었다.

로스의 사건을 맡은 판사가 심리에서 보인 언행은 매정하다는 말로는 모자랄 지경이었다. 2008년 판사는 로스와 데이가 이전에 성관계를 맺었다는 이유로 로스가 스스로의 주장이 "허황되며 (…) 법정이 원고의 주장을 받아들일 합리적 이유가 없다"는 점을 알았어야 한다고 판결했다. 또 로스에게 과거 성관계를 맺은 파트너를 모두 말하라고 요구했으며, 그런 다음 순결하지 않다는 이유로 그녀에게 불리한 판결을 내렸다.[49] 게다가 판사는 재판 비용과 변호사 비용 15만 달러를 로스에게 부과했다. 데이의 변호사는 로스가 데이 집안의 돈을 갈취하고자 소송을 걸었다고 주장했다.[50]

경찰이 여성의 강간 신고를 믿지 않는다면 당연히 범죄를 수사하지 않게 되고, 결과적으로 범인을 놓아주는 셈이 된다. 2007년 조지워싱턴대학교에서 한 여학생은 캠퍼스 근처에 있는 집에서 열린 파티에 참석했다가 데이트 강간 약물을 먹어 혼미한 상태에 빠졌다고 진술했다. 파티 주최자 중 한 명은 그런 상태인 그녀를 방으로 데려가 항문에 성기를 삽입했다. 그녀가 강간당한 후 진료를 받으러 대학 병원을 찾아갔을 때 의료진은 구토하고 의식을 잃었다 되찾았다 하는 모습을 보고는 그녀가 취했다고 판단했다. 이를 근거로 그들은 혈액 검사도, 강간 검사도 하지 않고 그녀를 집으로 돌려보냈다. 두 번째로 찾아간 병원도 강간 키트 사용을 거부했다. 첫 번째 병원 응급실과 경찰에서 검사가 불필요하다고 판단했다는 게 그 이유였다.

"성폭행 검사 키트는 경찰의 증거 수집을 위한 겁니다."[51] 로널드 레이드 경사가 말했다. "따라서 범죄가 일어났다고 믿을 이유가 없다면 강간 검사를 시행하지 않습니다."

이런 사정으로 그 여학생은 데이트 강간 약물을 복용했음을 증명할 수도, 강간의 증거를 보존하고 기록으로 남길 수도 없게 되었다.

강간 전과가 있는 앤서니 소웰의 집에서 폭행이 일어났다는 거듭된 신고에도 불구하고 경찰은 신고자가 성매매 여성이라는 이유로 아무 조치도 취하지 않았다. 검사는 글래디스 웨이드라는 이 여인이 "믿을 만하지 않다"고 여겼다. 오히려 경찰은 피투성이로 비명을 지르며 경찰에 도움을 청하러 달려와야 했던 웨이드가 아닌, 그녀에게 강도와 폭행을 당했다고 주장하는 소웰을 믿었다. 1년 뒤 경찰은 마침내 조치를 취하기로 했고, 경찰관들은 소웰의 집에서 여섯 구의 부패한 시신을 발견했다. 소웰의 집에서 시체가 운구되는 뉴스 보도를 본 웨이드는 자신이 그의 범행을 멈추지 못했다는 데 죄책감을 느꼈다고 말했다. "사람들이 제 말을 믿기만 했어도, 그 여자들은 죽지 않았을지 몰라요."[52]

배심원단이 텍사스에서 18세 소녀를 강간한 혐의로 기소된 에밀리아노 에스코바르에게 유죄 평결을 내린 뒤 형량을 선고해야 하는 케빈 파인 판사는 원고의 증언 몇 군데를 꼬치꼬치 따지고 들었다. 그는 성폭행이 일어나는 동안 그녀가 에스코바르의 위에 있었다는 진술이 "이상하다"며 정말 강간당한 것이 맞느냐고 물었다. 법정에 있었던 사람들의 말에 따르면 판사는 그녀를 가혹하게 다그치며 이렇게 말했다고 한다. "대답하기 어려운 질문이란 점은 잘 알고 있고, 묻는 나도 썩 내키지는 않습니다. 사실, 알고 있겠지만, 강간은 대부분 여성을 완전히 제압할 수 있도록 남자가 위에 올라간 상태에서 일어납니다." 결국 판사는 에스코바르에게 25년 형을 선고했고 피해자에게 그런 식으로 질문했던 일을 사과했다.[53]

2010년 쿠야호가 카운티 소년법원 판사인 앨리슨 넬슨 플로이드는 강간 사건의 원고인 세 소녀에게 유죄 평결과 형량 선고 사이에 거짓말 탐지기 테스트를 받으라고 명령했다. 유죄 판결을 받은 10대 소년들도 선고 전 평가 절차의 일환으로 거짓말 탐지기 시험을 거쳐야 했다. 설상가상으로 법원 측이 테스트 비용을 부담하지 않아 명령을 받고 테스트에 임하는 당사자들이 비용을 감당해야 했다. 같은 해 테스트를 거치라는 명령을 받은 10대 소녀가 적어도 세 명 더 있었다.

강간 신고자를 향한 불신을 드러내는 이 일화들은 어떤 의미를 지닐까? 쿠야호가 카운티 사건의 지방검사보는 법원이 강간 피해자를 괴롭히고 위협함으로써 판결이 끝난 사건을 재조사하려 한다고 보았다. 셋 중 한 소녀의 어머니는 거짓말 탐지기 테스트를 통과하라는 명령은 판사가 소녀의 말을 믿지 않는다는 뜻으로 비칠 수 있다고 말했다. "내 딸에게 다시 비난이 쏟아지고, 가해자뿐 아니라 사법제도까지 딸아이를 공격하는 느낌이었어요."[54]

작가 제시카 밸런티도 여기에 동의했다. "이 젊은 여성들에게 거짓말 탐지기 시험을 받으라고 명령함으로써 판사는 다음과 같은 매우 분명한 메시지를 전달한다. 나는 너를 믿지 않고, 사법제도도 너를 믿지 않으니 여기서 정의를 찾으려는 생각은 하지 마라."[55]

당황한 사람에게 시행된 거짓말 탐지기 테스트가 신빙성을 지니지 못한다는 사실은 이미 잘 알려졌다. 거짓말 탐지기 테스트를 요구하는 것은 진술을 믿지 못한다는 뜻이다. 이런 상황에서는 스트레스 수준이 높아져 원고가 테스트를 통과하지 못하는 일이 발생한다. 이런 테스트 결과를 근거로 검찰이 허위 신고라고 판단해 피해자를 기소할 수도 있다. 테스트 전후로 압박을 견디지 못해 기소를 철회하는 것은 이해할 만한 일이지만, 그럼으로써 강간 신고가 허위였다는 인상을 강화하게 된다. 이러한 요소들을 고려해 미 상원은 2005년 거짓말 탐지기 테스트를 강간 사건에 적용하는 것은 적절하지 않다는 결론을 내렸다.[56] 그 결과 테스트를 요구하는 관할 구역은 연방 정부 지원금을 받지 못하게 되었다.

처 벌

\

요즈음 허위 강간 신고를 하는 여성을 형사 기소하고 무거운 처벌을 내리는 사례가 점점 더 빈번해지고 있다. 예를 들어 오리건 주에서는 17세 소녀가 허위 강간 신고 혐의로 유죄 판결을 받았다. 소녀가 지목한 세 남성과 소녀의 진술에는 상당한 차이가 있었고, 판사는 남성들의 손을 들어주었다. 판사는 담당 형사와 소녀의 친구들이 한 증언을 근거로 판단했다고 설명했다. 이들은 사건 이후 며칠간 소녀가 별로 충격을 받은 것처럼 보이지 않았다고 말했지만, 애초에 경찰에 신고하라고 재촉한 것은 그 친구들이었다.[57]

워싱턴 주에서 한 18세 여성은 무장한 남성이 자신을 묶고 네 시간 동안 강간한 다음 사진을 찍었다고 신고했다. 경찰관들은 그녀의 말을 믿지 않았을 뿐 아니라 허위 신고 혐의로 고발하고 500달러의 벌금을 부과했다. 그러다 수사관들은 해당 지역에서 한 강간범을 체포했고, 그의 카메라에서 그 젊은 여성이 겪은 끔찍한 일이 담긴 사진들을 발견했다. 메모리카드에는 그가 강간한 여성들의 사진이 100장도 넘게 들어 있었다.[58]

한 젊은 여성이 자신이 일하던 주유소 편의점에서 총을 겨눈 남성에게 강간과 강도를 당했다고 신고한 사건만큼 비정한 사례도 드물 것이다. 신고를 받은 경찰관은 그녀가 직접 돈을 훔치고 범행을 덮고자 이야기를 꾸며냈다고 의심했다. 검찰은 그녀를 허위 신고 혐의로 기소했고, 그녀는 보석금을 마련할 때까지 닷새를 유치장에서 보냈다. 그녀의 재판이 열리기 전 한 남자가 해당 지역에서 이 사건을 포함해 이전에 일어났던 여러 강간 사건을 저질렀다고 자백했다.[59] 나중에 그 경찰관이 그녀를 고발할 무렵 다른 여성이 똑같은 인상착의의 남성에게 공격당했다고 신고했다는 사실이 밝혀졌다. 그 여성은 범인이 총을 겨누고 그녀의 가슴을 더듬으며 구강성교를 강요했다고 진술했다. 범행 현장은 주유소에서 겨우 3~4킬로미터 떨어진 곳이었고 범행 시간도 지난번과 비슷했을 뿐 아니라 사용된 무기도 같았다. 그럼에도 그 경찰은 두 사건이 연결되어 있다는 생각은 전혀 하지 않고 첫 번째 여성의 고발 절차를 계속 밟았다. 그는 주립 경찰에서 DNA 분석 결과 그 사건과 주 안에서 일어난 다른 강간 사건이 연관되어 있다는 정보를 들은 날, 그녀의 형사 고발장을 제출했다.[60]

한 웨일스 여성은 남편이 자신을 여섯 차례 강간했다고 신고했다가 곧 이를 철회했지만, 당국은 그녀가 10년간 학대당했으며 강간 피해자인 것은 물론 매춘을 강요당했다는 사실을 인지하고 있었다. 그 여성은 남편과 시누이가 신고를 철회하라며 압박했다고 진술했다. 그럼에도 당국은 진실한 주장을 철회함으로써 정의 구현을 방해했다는 혐의로 그녀를 기소했다. 판사는 그녀에게 징역 8개월을 구형했고, 그녀는 아이들과 떨어져야만 했다. 2010년 11월 선고에서 판사는 그녀가 "경찰과 검찰의 상당한 시간과 재정을"[61] 낭비했다고 지적했다. 그녀가 형기 중 18일을 살았을 때, 영국 대법원장이 학대당하는 여성을 기소하기로 한 판단을 비판하며 사법부는 이미 피해를 겪은 여성에 대해 "연민의 의무"[62]가 있다고 판결한 뒤 그녀를 석방했다. 그러나 나중에 대법원은 유죄 판결을 취소하고 범죄 기록을 말소해달라는 그녀의 재정 신청을 거부했다.[63]

이와 비슷한 사례로 시카고에서 가정폭력을 신고했다가 집으로 찾아온 경찰관에게 성희롱을 당했다고 진술한 22세 여성의 사건도 있다. 그녀가 경찰관을 고소하려 하자 내사과 직원 두 명이 그녀를 설득해 고소를 막으려 했다. 그래서 그녀는 휴대전화로 그들과의 대화를 녹음해 배임 행위에 대한 증거를 남겼다. 그러자 검찰은 상대방의 동의 없이 대화를 녹음한 혐의로 그녀를 기소했다. 최고 15년 형까지 나올 수 있는 중죄였다. 반면 경찰관에 대한 그녀의 고소는 거의 진전이 없었다.[64]

2011년 8월 배심원단은 한 시간도 걸리지 않아 그녀의 도청 혐의에 대해 무죄 평결을 내렸다.[65] 그들은 법령에서 범죄가 저질러지고 있다는 합리적 의심이 있다면 은밀한 녹음으로 증거를 수집할 수 있다는 예외 조항을 근거로 삼았다. 한 배심원은 그녀가 애초부터 기소되지 말았어야 한다는 것이 배심원 전체의 생각이라고 밝혔다. 재판에서 나온 증언에 따르면 두 내사과 직원은 수사를 받은 적이 없으며, 한 명은 부서장으로 승진까지 했다고 한다.

강간을 신고한 여성이 부당하게 처벌받은 사례는 흔히 찾아볼 수 있다. 2007년 21세 여성이 낯선 남자에게 강간당했다고 신고하자 경찰은 그녀 앞으로 영장이 발부되어 있음을 알아냈다. 그녀는 10대 시절 차량 절도를 저질렀고 아직 배상금 4500달러를 내지 않은 상태였다. 경찰은 막 강간 신고를 마친 그녀에게 수

갑을 채워 체포한 후 유치장에 넣었고, 그녀는 그 탓에 사후피임약 2회차를 복용하지 못했다고 주장했다.[66] 2006년 자원개발업체 핼리버턴의 자회사 KBR의 바그다드 지사에서 일하던 한 여성은 동료들에게 윤간을 당했다고 회사에 알렸다. 그러자 회사 측은 그녀를 물도 음식도 없이 선적용 컨테이너에 24시간 동안 감금하고 이라크를 떠나 의학적 처치를 받으려 할 시에는 해고시킬 거라고 으름장을 놓았다. 그녀는 간신히 동정적인 경비원에게 휴대전화를 빌려 텍사스에 사는 아버지에게 전화를 걸었고, 아버지가 여러 곳에 연락을 취해 그녀를 감금 상태에서 빼내주었다.[67]

2007년 포틀랜드대학교는 강간을 신고한 여학생을 미성년 음주로 고발하겠다고 위협했다. 대학 직원은 그녀에게 이런 경고문을 보냈다. "직접 조사해 알아본 결과 성폭행이 실제로 일어났는지 확신할 수 없었습니다. 성관계가 있었다고 믿을 근거는 있지만, 쌍방이 음주 사실을 인정했으므로 동의 여부는 판단하기 어렵습니다. 이런 사실을 고려하면 학생은 학칙 위반으로 고발될 수도 있습니다."[68]

강력한 항의가 일자 학교 측은 이 조치를 재고하고 1년 뒤 학생 지침서를 개정했다. 강간 신고의 장벽을 없애기 위해 학교 측은 강간 신고자의 학칙 위반 여부는 묻지 않겠다고 공언했다. 가톨릭 학교인 포틀랜드대학교가 혼전 성교 금지를 비롯한 교리 위반으로 학생을 퇴학시킬 수도 있었음을 고려하면 이러한 변화는 매우 중대한 의미를 지녔다.[69]

위스콘신 동남부에서는 몇몇 남성이 15세 소녀에게 술을 먹인

후 그녀를 윤간했고, 그녀는 머리카락에 토사물이 묻은 채 여덟 시간 동안 병원 침대에 홀로 남겨졌다.[70] 그사이 다녀간 경찰은 그녀에게 미성년자 음주로 딱지를 뗐다.

2009년 스코틀랜드 에든버러에서 앤 로버트슨이라는 여성은 자신을 강간한 피고에 대해 반대 증언을 하다 눈물을 참지 못한 채 증언석에서 뛰쳐나갔다. 이에 반응해 로저 크레이크 판사는 "유치장에서 하룻밤 자고 나면 좀 진정될지도 모르겠군요"라고 말했다. 그의 지시로 로버트슨은 체포되어 경찰서 유치장에서 하룻밤을 보냈다.[71] 나중에 로버트슨은 판사가 자신을 피해자라기보다 범죄자로 취급했다며 공식적인 항의를 제기했다.[72] 스코틀랜드 최고 법원장은 크레이크의 행동이 "정당하지 않고 과도하다"며 전례 없는 견책 처분을 내렸다. 유감스럽게도 몇 달 뒤 간질을 앓던 로버트슨은 자택에서 사망한 채 발견되었다.[73] 그녀의 올케는 로버트슨이 재판과정과 유치장 수감을 겪으며 과도한 스트레스를 받았기 때문이라는 추측을 내놓았다.

우리 사회는 강간을 신고하는 이들뿐 아니라 이런 여성들을 돕는 사람들에게까지 벌을 내린다. 디앤자 칼리지 야구팀 파티에서 공개적으로 강간당하던 술 취한 여성을 구해낸 두 여학생은 영웅 취급을 받아 마땅했지만, 캠퍼스에는 이에 동의하지 않는 이들도 있었다. 두 여학생은 괴롭힘에 시달렸고, 불쑥 다가와 "거짓말은 집어치워. 더러운 입 다물어"[74]라고 말하는 사람들로 인해 위협을 느껴야 했다. 이들은 이런 협박이 심각하다고 여기고 경찰에 신고했다.

2009년『뉴욕 타임스』칼럼니스트 니컬러스 D. 크리스토프는 캄보디아의 사창가를 돌아본 뒤 베트남에서 납치되어 매음굴 주인에게 전기 충격을 당하는 여성들에 대한 기사를 썼다. 하지만 회의적인 독자들은 그렇게 비인간적인 환경이 존재한다는 사실을 받아들이지 않았다. 그들은 크리스토프가 여성주의적 강령을 내세우려는 열의로 인해 잠시 눈이 흐려졌거나 새빨간 거짓말을 하고 있다고 주장했다.[75] 2003년 독일 문필가 한스 마그누스 엔첸스베르거가 1945년 4월 베를린을 점령한 소련 군인들에게 강간당한 내용을 담은, 이미 사망한 여인의 일기를 재발행했을 때, 한 작가는 명백히 날조된 이야기를 출판했다며 그를 비난했다. 그는 문제의 여성이 거짓말을 하고 있으며, 엔첸스베르거가 진본임을 증명할 수도 없는 일기를 재출판하는 극히 부주의한 짓을 저질렀다고 주장했다. 그의 주장은 수많은 독일 신문에서 인용되었다. 이 서글픈 일화는 우리 사회가 강간 피해자의, 심지어 세상을 떠난 여성의 입까지도 틀어막으려 한다는 사실을 여실히 보여준다.[76]

메건을 처벌하다

농구선수에게 강간당한 뒤 메건은 무관심과 불신에 부딪히고 처벌까지 받으며 산전수전을 겪었다.

메건은 곧 다른 세 여학생이 이 특정 남학생과 비슷한 문제를 겪었다고 신고한 사실을 알게 되었다. 이는 데이비드 리잭 교수가 지적했듯 그가 상습 강간범일 가능성을 시사했다. 신고한 여학생 중 한 명은 그 남학생이 삽입하는 동안 남학생의 친구가 자신을 붙잡아 눌렀다고 진술했다. 다른 여학생은 삽입이 미수에 그쳤다고 말했고, 세 번째 여학생은 그에게 추행을 당했으나 간신히 도망쳤다고 설명했다.

트레이시 때와 마찬가지로 메건이 다니는 학교 보건소도 강간 검사 키트를 사용하지 않았고, 그녀를 병원 응급실로 보내지도 않았다. 개인적으로 검사를 받은 결과 메건의 몸에는 폭력으로 인한 부상이 남아 있었다. 변호사인 메건의 아버지는 그녀를 데

리고 형사와 검사를 만났다. 그러나 메건은 7개월 뒤 대배심 심리
(기소 여부를 결정하는 예비 심리—옮긴이)가 열리는 날까지 검사에
게서 아무런 연락도 받지 못했다.

메건은 학교 행정부가, 특히 여성 학과장들이 비협조적이라고
느꼈다. 그들은 계속 그녀에게 "다리 밑에 흘러가는 물이나 마찬
가지야"라든지 "극복하고 잊어버려야 해" 같은 말을 늘어놓았다.
메건이 룸메이트, 그리고 같은 층에 사는 다른 친구 두 명과 '밤
길 되찾기' 행사에 참석한 동안 누군가가 그들의 방에 침입해 침
대 시트를 찢어놓았다. 메건은 그 농구선수가 자신이 사는 곳과
친구들까지 아는 줄은 몰랐기에 매우 겁이 났다. 교내 경비대는
무관심한 태도를 보이며 메건 일행이 나가 있는 동안 저절로 찢
어졌을 수도 있다고 주장했다. 메건이 누가 했는지 짐작 가는 사
람이 있다고 하자 경비대장은 남을 모함하지 말라며 꾸짖었다.

자기 방에도 침입할까봐 두려워했던 다른 친구들은 메건에게 등
을 돌렸고, 이듬해에 메건과 방을 같이 쓰기로 했던 여학생은 말
을 바꿨다. 여름방학 내내 메건은 불면증을 비롯한 외상후 스트
레스 장애 증상에 시달렸다. 캠퍼스에 돌아오자 도무지 잠을 잘
수가 없었다. 친구들은 메건이 신고한 탓에 남학생 클럽 회원들
이 자신들을 푸대접한다며 계속 투덜거렸다.

공동체 전체가 나를 따돌리고 있다는 게 확연히 느껴졌어요. 일
이 마무리될 무렵 내 곁에는 아무도 없었죠. 정말 힘들었어요. 그
래서 학교를 옮기기로 했죠. 그럴 수밖에 없었어요. 거기서는 견

딜 수 없었으니까요.

대배심 심리를 앞두고 메건과 친구들에 대한 괴롭힘은 점점
더 심해졌다. 그 주에는 누군가가 메건의 방문 밑으로 "네가 질
거야"라고 타자기로 친 종이를 밀어넣었다. 이 사실을 경비대에도
알렸지만, 그들은 한결같은 태도로 사안을 묵살했다.

심리에서 검사는 메건와 아버지에게 다른 세 원고는 아예 나
오지도 않았다고 전해주었다. 그리고 피고에게 음성 스트레스 분
석(거짓말 탐지 테스트의 일종—옮긴이)을 시행할 예정이며, 만약 피
고가 테스트를 통과한다면 "기소를 시도하기 어려울 거라 생각
한다"고 말했다. 피고는 결국 테스트를 통과하지 못했고, 나중에
알고 보니 다른 세 여학생도 대배심 심리에 참석해 증언을 무사
히 마쳤는데도 검사는 기소를 확정하지 않았다. 앞서 보인 그의
언행으로 미루어보면 놀랄 일도 아니었다.

메건은 교수 위원단 앞에서 열리는 교내 청문회도 거쳐야 했
다. 그녀는 아버지와 동석해도 되느냐고 물었지만, 학생처장은
화를 내며 허락할 수 없다고 말했다. 하지만 피고는 자기 학과장
과 나란히 앉아 있었다. 적대적 질문이 난무하는 청문회에서 메
건은 자신을 더 탓하고 의심하게 되었다. 내가 파티에 가지 않았
다면? 그를 따라 위층에 올라가지 않았다면? 내가 그렇게 사교
성 없는 사람이 아니었다면? 내가 그렇게 멍청하고 어설프지 않
았다면? 그러면 이런 일은 일어나지 않았을 텐데. 이런 생각이
끊임없이 맴돌았다.

메건의 의료 기록을 챙겨온 그 남학생은 메건이 스테로이드를 쓰고 있어(천식이 있어 복용 중이었음) 거짓말을 지어내는 것이라는 추측을 내놓았다. 청문회는 힘겨웠지만, 메건은 간신히 가해자가 학교에서 퇴학당하게 하는 데 성공했다.

몇 시간 동안 가해자까지 포함해 여러 사람의 질문을 받아내느라 몸이 떨릴 지경이었지만, 그래도 이겼다는 생각이 들었어요. 기분이 참 좋았지만, 곧 그가 다른 학교에 들어갈 예정이란 사실을 알게 되었죠. 퇴학 사유가 비밀에 부쳐졌던 게 분명했어요.

메건은 다른 강간 사건에 대해 알고 있었음에도 아무 조치를 취하지 않았던 대학을 상대로 민사 소송을 냈고, 거기에 모든 희망을 걸었다.

학교가 가해자에 대해 알고 있으면서 아무것도 하지 않았고 그가 다른 학교에 등록할 수 있게 해주었다는 사실을 참을 수가 없었어요. 무슨 조치를 취하고 싶었죠. 게다가 학교 웹사이트에 의무적으로 올리게 되어 있는 범죄 통계도 완전히 엉터리였어요. 성폭행은 한 건도 없었다고 올려놨더군요. 작년만 해도 최소한 여섯 건이 학교에 신고되었는데도요. 민사 소송은 내게 한 가닥 희망이었어요. 작년에는 형사 재판에 모든 희망을 걸었지만, 결국 아무 결과도 얻지 못했죠. 이제 한 번 더 시도해볼 수 있게 된 거였어요.

소장을 제출한 뒤 메건은 다른 곳으로 학교를 옮겼다.

> 사실은 떠나고 싶지 않았어요. 내가 그 학교를 택했고, 잘못한 것
> 도 없었으니까요. (…) 하지만 나는 고립되었고 잠도 자지 못했어
> 요. 그곳은 내게 치명적이었어요.

악몽은 거기서 끝나지 않았다. 교내 신문사의 한 학생은 메건
을 찾아와 학교 신문에 실을 사건 기사에 그녀의 인터뷰를 넣고
싶다고 했다. 그녀는 계류 중인 소송이 있어 사건에 대한 이야기
는 할 수 없다고 답했다. 그러자 그 학생은 가해자를 찾아가 인터
뷰를 해서 기사를 썼고, 메건의 실명을 그대로 실었다.[77] 기사에
서 가해자는 메건을 "더러운 창녀"라고 부르며 섹스를 해놓고 후
회가 들자 신고한 것뿐이라고 말했다. 신문이 실린 웹사이트에서
기사가 편파적임을 지적한 독자는 단 한 명도 없었다. 이 무렵 메
건 곁에 마지막으로 남아 있던 친구도 그녀에게 말을 걸지 않으
려 했다.

> 무력한 기분이 들었어요. 그 기사에 대응할 수도 없었고, 기사를
> 읽은 사람 중에서 내 사정을 믿어줄 사람은 아무도 없다는 생각
> 이 들었어요. 내 사정은 기사에 아예 언급되지 않았으니까요. 나
> 는 다른 피해자들에게 앞으로 나서서 다른 성폭행을 막아야 하
> 고, 학교 측이 제대로 대응하게 해야 한다는 것을 보여주고 싶었
> 어요. 그런데 내 이름은 완전히 더럽혀졌고, 내가 전하는 메시지
> 라곤 어떤 정보가 공개될지는 학교의 손에 달려 있으며 피해자

가 소동을 부리면 이런 일이 일어난다는 것뿐이었죠.

민사 소송에서 진술하면서도 그녀는 커다란 고통을 느껴야 했다.

변호사들이 자기 일을 하는 것뿐이라는 점은 이해하지만, 피해
자로서 그 과정은 극도로 고통스러웠고 다시 바닥까지 떨어지
는 느낌이었어요. 그들은 "관심을 끌려고 이런 행동을 하는 건
가요?"와 같은 질문을 했죠. 무슨 수였는지 나조차 모르는 가족
력까지 알아봤더군요. 나는 증조할아버지가 자살하셨다는 것도
몰랐어요. 그런데 그들은 그 사실을 들먹이며 내가 정상이 아니
고 그게 가족 내력이 아니냐고 암시했죠. 고등학교 시절 내가 섭
식장애를 겪은 탓에 힘들어하던 부모님이 두어 번 상담을 받았
던 기록까지 가져왔더라고요. 나는 부모님이 상담에서 딸아이가
관심을 끌려고 그렇게 행동하는 것 같다고 했던 말을 들어야 했
죠. 정말 고통스러운 일이었어요. 부모님은 내게 큰 힘이 되어주
셨지만, 이제 그 지지마저 미심쩍은 상황이 되었으니까요. 나는
완전히 고립되었어요.

메건이 새 학교로 옮기자마자 변호사가 그녀에게 연락해 소송
을 계속해봤자 의미가 없다는 의견을 전해왔다. 어차피 승소하지
못하리라는 것이었다.

희망을 걸 만한 게 아무것도 없었어요. 정의는 나를 철저히 실망

시켰죠. 좋은 소식은 이제 내가 새로운 곳에서 새로운 사람들을 만난다는 거였어요. 나에 대해 아는 사람이 아무도 없으니 새로 출발할 수 있었죠. 하지만 뭔가를 시작하고 싶지도 않았고 새로운 기분도 들지 않았어요. 피곤하고 지친 느낌이었죠. 내가 할 수 있는 건 그저 괜찮은 척, 아무 일도 없었던 척, 이제 더는 될 수 없는 누군가가 된 척하는 것뿐이었어요.

뒤이어 상황을 더 힘들게 하는 일이 일어났다. 메건의 소송이 기각되자마자 가해자는 메건과 학교를 상대로 변호사 없이 직접 소송을 걸었고, 오히려 메건이 그를 폭행했으며 학교가 자신을 부당하게 퇴학시켰다고 주장했다. 결국 그가 패소하기는 했으나 소송이 정리되기까지는 1년이나 걸렸다.

나중에 메건은 인터넷에 접속했다가 그녀가 캠퍼스를 떠난 이래 확인하지 않았던 학교 신문에 자신의 사건에 관한 기사가 넉 달 동안 여덟 건이나 올라온 것을 발견했다. 그녀 쪽의 이야기는 전혀 없이 남학생의 소송과 메건을 비난하는 그의 주장만이 자세히 다뤄진 기사들이었다. 그 가운데 한 기사를 읽던 메건은 학생상담 소장이 캠퍼스 내 강간을 별것 아니라는 듯이 '비행'이라고 부르며 다른 학교와 비교하면 이 '비행'이 훨씬 적고 덜 심각한 편이라고 단언하는 내용을 보고 충격을 받았다.

메건의 경험은 강간 사건에서 무관심이 불신으로, 그리고 처벌로 이어지는 과정을 보여준다. 처음에 사람들은 메건의 말대로 그녀를 믿었지만, 아무 조치도 취하지 않았다. 하지만 신문에 기사가 날 무렵에는 불신이 싹트고 배척이 시작되었다. 몇 년이 지난 지금까지 메건은 당혹감을 느낀다. "내가 섹스를 해놓고 후회되어 모든 이야기를 지어냈는데, 그 남자가 하필 다른 여학생 셋을 폭행한 남자였단 말인가요?"

가장 고통스러웠던 측면은 사건의 여파였어요. 지금까지 나를 잠 못 들게 하며 계속 따라다니는 건 공동체가 나를 대한 방식이에요. 강간은 그 자체로 충분히 끔찍해요. 그런 사건을 겪은 피해자가 사람들, 가해자가 아닌 다른 사람들이 자신을 대하는 태도 때문에 자기를 의심하고 혐오하는 일이 일어나선 안 되는 거잖아요. 주변에 이런 일을 겪은 사람이 있다면 당신이 그 사람 편이라고 알려주세요. 명백히 잘못된 일을 목격했다면 그렇다고 말해주세요. 침묵을 지키는 것은 중립이 아니에요.

노터데임대학교에서 일어난 두 강간 사건은 메건의 이야기와 비슷한 요소를 공유한다. 다행히 극단적 선택을 피한 메건과 달리 이 중 한 사건의 피해자의 생은 자살로 끝을 맺었다.

2010년 9월 1일 19세 학생 엘리자베스 시버그는 전날 노터데임 미식축구선수에게 성폭행을 당했다며 캠퍼스 경찰에 신고했다. 그녀는 병원에서 진료와 DNA 검사를 거쳤고 나중에 상담도 받았다. 다음 날 그 미식축구선수의 친구가 시버그에게 협박성 문자 메시지를 보냈다. "미식축구팀을 건드렸다간 후회하게 될걸"이라는 내용이었다. 9월 10일 시버그는 우울증과 불안 증세로 처방받은 약을 과용해 사망했다.

모든 사실이 즉시 밝혀지지는 않았지만, 여러 신문은 캠퍼스 경찰이 시버그의 신고 이후 14일, 그녀의 사망 이후 5일이 지난 시점인 9월 15일까지 피고를 면담하지 않았다고 보도했다. 캠퍼스 경찰은 문제를 세인트조지프 카운티 검찰에 보고조차 하지 않았다. 그 미식축구선수는 아무 제재 없이 경기에 출전했다.[78]

마찬가지로 19세 여학생이 관련된 두 번째 강간 사건은 2010년 9월 4일 오전 노터데임대학교 기숙사에서 일어났다. 그날 오후 피가 스며나오는 데님 반바지를 입은 여학생은 병원에서 DNA 검사를 받았다. 그녀는 "몹시 취해" 무슨 일이 있었는지 기억하지 못하지만, 자신은 처녀였으므로 절대 성관계에 동의했을 리 없다고 캠퍼스 경찰에게 진술했다. 피가 나오는 것을 목격한 친구도 두 명 있었다. 캠퍼스 경찰은 그녀에게 다시 연락하지 않았고, 신고 이후 72시간 이상이 지난 9월 8일이 되어서야 사건에 형사 한 명이 배정되었다.[79]

9월 10일 여학생의 부모가 학교 소재지인 인디애나 주 사우스벤드까지 비행기를 타고 와서 담당 형사를 찾아가자 형사는 그 여학생이 다시 연락하기를 기다리고 있었다고 말했다. 부모가 찾아오고 4일, 신고한 날로부터 10일이 지난 9월 15일까지 형사는 피고를 면담하지 않았다. 캠퍼스 경찰도 사건 이후 5주가 될 때까지 여학생의 친구들에게 질문을 하지 않았다. 몇 달 후 지방검사는 형사 기소를 하지 않기로 했다고 통보해왔다. 외부 전문가들은 이런 사건에서 수사가 지연되면 증거가 훼손될 가능성이 커진다고 지적한다. 또, 피고 측 변호사들은 수사 지연으로 피고가 사건 앞뒤를 끼워 맞출 시간만 늘어날 뿐이라고 설명한다.[80]

바로 이 무렵 노터데임대학교는 다른 학생에 대한 두 건의 강간 혐의를 덮으려 했다는 의혹으로 미 교육부의 감사를 받고 있었다. 2010년 12월 교육부는 사건이 합의에 이르렀다고 발표했다. 또, 노터데임에서 확인된 문제가 성폭행 사건 수사에서 재발하지 않도록 하겠다고 덧붙였다.[81]

2011년 『시카고 트리뷴』은 중서부 대학 여섯 곳을 대상으로 조사를 벌여 2005년 이래 성범죄 171건이 학교에 신고되었음을 확인했다. 이 가운데 체포로 이어진 것은 열두 건뿐이었다.[82] 일리노이대학교 시카고 캠퍼스는 지방 검사가 대학에서 일어난 강간 사건을 잘 기소하지 않는 것이 문제라고 지적했다. 그러자 검찰청은 언론을 통해 캠퍼스 강간 기소가 어려운 이유는 사건 당사자 간에 관계가 있거나 음주 관련 문제가 있을 때가 많으며 증인도 거의 없기 때문이라고 밝혔다.[83]

마켓대학교 운동선수가 연루된 한 사건은 검찰과 마찬가지로 학교도 캠퍼스 강간을 심각하게 여기지 않는다는 사실을 보여 준다. 학교 당국은 강간을 경찰에 알리지 않음으로써 주 법률을 위반했음을 인정했고, 학교 운동선수들이 관련된 다른 여러 사건도 경찰에 보고하지 않은 전적이 있었다. 이 사건에서 여학생은 과거에 한 운동선수와 성관계를 맺는 사이였지만, 그의 요구로 관계를 정리했다. 나중에 그녀는 캠퍼스 안에 있는 자기 방에 놀러 오라는 운동선수의 초대를 받아들였고, 이들은 합의하에 섹스를 하기 시작했다. 그러다 그가 모멸적인 말을 던지기 시작하자 그녀는 그만하고 싶다고 말했지만, 그는 힘으로 그녀를 잡아 눌렀다. 결국 그 여학생은 질에 찰과상을 입었고 얼굴, 엉덩이, 발, 무릎, 양쪽 허벅지에도 부상을 입어 병원에 가야 했다.

학교 관리자들은 전부터 두 사람 사이에 성적 관계가 있었으므로 이 사건을 강간으로 볼 수 없다고 단언했다. 나아가 경찰이 사건을 수사하려 하지 않을 것이며 대학 내에서 처벌 절차를 밟아도 득보다 실이 더 많으리라는 점이 그녀를 압박했다. 여학생은 학생처장이 기소를 하지 못하도록 극구 말렸으며 현재 상황에 대해 기도할 생각은 해보았느냐고 물었다고 진술했다.[84]

성폭행을 입증하는 물적 증거가 있음에도 문제의 운동선수는 아무 처벌을 받지 않았다. 대학 당국의 무관심으로 인해 사건은 지역 경찰에 보고되지 않았고, 여학생은 압박을 받아 스스로 경찰을 찾아갈 생각을 접고 말았다.

전국 대학들의 무관심을 좌시할 수 없었던 미 교육부는 2011년 4월 학교가 캠퍼스 내 성폭행 신고에 대응하는 방식에 대해 다음과 같은 새로운 규제 지침을 내놓았다. 고충 처리 절차는 신속해야 하며, 각 교육 기관은 신고자 보호를 위해 적절한 임시 조치를 취해야 한다. 이 조치에는 당사자 둘 중 한 명 또는 피의자를 다른 강의나 기숙사로 옮기는 방법, 피의자를 일정 기간 강의에 참석하지 못하게 하는 방법 등이 포함된다. 신고의 사실 여부를 판단할 때 학교 당국은 더 엄격한 척도인 "명백하고 확실한"[85] 증명 대신 증거 우위의 원칙(50퍼센트 이상의 개연성이 있을 경우 이를 사실로 받아들이는 원칙—옮긴이)을 적용해야 한다.

교육부는 2009년 전국 대학에 신고된 폭력적 성범죄가 거의 3000건에 달한다고 발표했다.[86] 이런 통계가 존재하는데도 새 지침이 발표되자 헤더 맥 도널드는 많은 지방 신문에 팔려나가는 『내셔널 리뷰』의 온라인 칼럼에 재등장해 통계 수치와 문제 자체를 부정했다.

> 바이든(미국 부통령 조 바이든은 교육 개혁의 주축 역할을 했다—옮긴이)은 또다시 대학들이 성폭력을 무시한다는 터무니없는 근거로 관료주의적 정책을 내놓았을 뿐이다. 사실 거의 모든 캠퍼스에는 성폭력을 담당하는 부서가 버젓이 있고, 이런 부서는 충격에 빠진 피해자가 문을 열고 휘청휘청 들어오기만을 기다리고 있다. 하지만 기다려도 피해자는 오지 않는다. 존재하지 않기 때문이다. 그런데도 대학들이 재정 부족으로 독일어나 라틴어 강의를 폐강하는 마당에 연방 정부는 우두커니 앉은 캠퍼스 강간 상담사들에게 더 많은 지원금을 요구할 권리를 쥐어주려 하고 있다.[87]

실제로 새 연방 규제는 반발을 불러일으켰다. 캐시 영 같은 단골들에 로맨스 소설가 샌디 힝스턴, 『월스트리트 저널』의 피터 버코위츠 등의 새 얼굴들이 합세해 새 규정은 청소년기의 성적 탐색을 제한하고, 남성은 늘 유죄라는 선입견을 퍼뜨리며, 그저 나쁜 섹스를 했을 뿐인 여성까지 자신이 성폭행을 당했다고 생각하도록 유도한다는 비판을 쏟아냈다.[88] 특히 스탠퍼드대학교 후버 연구소 선임연구원인 버코위츠는 라일리나 트레이시, 메건 같은 여성들이 겪은 충격적인 경험을 간과한 채 강간은 나쁜 섹스일 뿐이라는 주장을 폈다. 그는 다음과 같은 시적인 질문을 던졌다. "특히 성적 욕망이 관련되었을 때, 의도는 모호하고 열정은 상충하며 마음은 뿌옇게 흐려지고 영혼은 갈팡질팡하기 마련이라는 점을 차분히 지적해줄 문학 교수는 없단 말인가?"[89]

2010년 12월 로저 캐너프 검사가 이런 사례들을 블로그에 올리자 10여 명의 여성이 캠퍼스에서 강간당한 자신의 이야기를 댓글로 올렸다. 글을 읽은 캐너프는 이렇게 반응했다. "시버그와 비슷한 방식의 성폭행을 겪고 신고를 하지 못했거나 신고하고도 아무 성과를 거두지 못한 여성들의 진솔하고 가슴 아픈 이야기가 물밀듯이 올라왔습니다. 이 이야기들을 읽고 나는 엄청난 충격을 받았죠. 이 이야기들이 내게 그렇게 깊은 영향을 준 이유는 그 뒤에 숫자가 아닌 진짜 사람이 있기 때문이라고 생각합니다. 통계는 이미 알고 있었지만, 당사자의 이야기들은 마음에 충격을 주더군요."[90]

예를 들어 한 여성은 노터데임 미식축구선수 세 명에게 강간당했다고 털어놓았다. 그녀에게 사건을 목격했다고 말한 두 사람이 있었지만, 그들은 하필 그 시간 그 자리에 있었다는 이유만으로 곤란에 처하고 싶지 않다며 증언을 거부했다고 한다. 미식축구선수들은 각각 키 180센티미터, 몸무게 100킬로그램 이상이었고, 부상을 피하기 위해 그녀는 맞서 싸우지 않았다. 그들은 콘돔도 사용했다.

2006년 뉴욕 도미니칸 칼리지 신입생이었던 메건 라이트는 기숙사에서 윤간을 당했다고 신고했다. 병원 검사 결과 심한 타박상과 열상이 발견되었다. 나중에 학교를 상대로 소송을 건 라이트의 부모는 학교가 전혀 조사에 나서지 않았다고 진술했다. 라이트는 여전히 학교에 다니던 가해자들이 두려워 스스로 학교를 떠났다. 이후 그녀는 비닐봉지를 뒤집어쓰고 자살했다.[91]

메건은 이런 사건들이 견딜 수 없이 서글프다고 여긴다. "여자가 스스로를 파괴하는 길을 택할 때까지 사회는 그녀의 말을 믿지 않아요." 그녀가 말했다. "지금은 아무도 시버그가 강간당했다는 사실을 의심하지 않죠. 그녀가 자살했으니까요."

이 사례들에서 공통으로 나타나는 중요한 주제는 공동체의 지원 부족이다. 메건은 이 점이 오히려 강간 자체보다 더 고통스러웠다고 지적했다.

스트로스칸의 석방

아니나 다를까, 도미니크 스트로스칸을 고소한 여성도 메건과
마찬가지로 제대로 된 결과를 얻지 못했다. 2011년 8월 22일 뉴
욕 시 검찰은 스트로스칸에 대한 공소를 기각해달라는 요청서
를 제출했다.[1] 이 문서는 이 사건의 두 가지 범죄적 요소, 즉 동의
의 부재와 폭력이 원고의 증언에만 의존한다는 내용을 담고 있었
다. 물적 증거는 다급히 치러진 성관계를 가리키긴 하나 그것이
강간이 실제로 일어났음을 증명할 정도의 증거는 아니었다. 반면
검찰은 기소 이후 정보를 수집하는 단계에서 원고의 신빙성을 치
명적으로 떨어뜨리는 다른 증거들이 나왔다고 밝혔다. 특이하게
도 25쪽이나 되는 요청서에서 검찰은 디알로가 앞서 제출한 망
명 신청에 거짓이 있었음을 지적했다. 그들은 그녀가 마약 거래
와 돈세탁 등의 범죄 행위에 가담한 인물들과 관련되어 있음을
알아냈다. 이런 연결 고리 탓에 검찰은 원고가 합리적 의혹을 뛰

어넘는 신뢰성을 지닌다고 배심원단을 설득해야 하는 법정에서 그녀의 증언에 기댈 수 없다고 판단하게 되었다. 게다가 디알로는 자신이 기니에 있을 때 군인들에게 윤간을 당했다고 검사에게 두 차례 말한 적이 있었다. 결국 그녀는 그 이야기가 지어낸 것이라고 고백하며 그런 배경을 덧붙이면 망명 신청이 쉽게 받아들여지리라 생각했다고 털어놨다(하지만 신청서에는 윤간에 대한 언급이 전혀 없었다). 법원이 사건을 기각하자마자 스트로스칸은 프랑스로 떠났다.

이제 판세가 완전히 역전되었다고 해도 과언이 아니었다. 검찰의 요청서를 근거로 여러 언론은 앞다투어 디알로의 이야기가 거짓이었다는 기사를 발표했다. 검사가 기각을 결정하기 직전 디알로의 변호사는 그녀에게 『뉴스위크』와 인터뷰할 기회를 마련해주었다. 이후 『뉴스위크』는 "DSK(도미니크 스트로스칸의 약자—옮긴이) 메이드 입을 열다: 세계 최고의 권력자로 손꼽히는 남자가 자신을 강간했다고 주장했다가 궁지에 몰린 여성"이라는 선정적인 표제를 단 헤드라인 기사를 내놓았다. 장황한 이 기사에서 기자들은 강간에 관한 그녀의 진술이 "생생하며 설득력 있다"[2]고 인정하면서도 그녀의 말을 믿지 않는다는 뉘앙스를 뚜렷하게 풍겼다. 특히 그녀가 서아프리카에서의 사건을 얘기할 때는 "그녀가 억지로 눈물을 짜내는 듯 보일 때가 몇 번 있었다"는 표현을 썼다. 하지만 디알로와 변호사가 피해 수습에 나서면서 상황은 곧 흔히 보이는 진흙탕 싸움으로 변해버렸고, 이는 메건과 트레이시, 라일리를 비롯해 세상 모든 강간 피해자에게 강간을 신고하면 재판에서 어떤 일을 겪게 되는지를 명백히 알려주는 결과였다.

왜 검찰은 그렇게 자세하고 원고를 매도하는 내용을 담은 기 각 요청서를 제출했을까? 원래 그런 관행이 있는 것도 아니었고, 법적으로 필요한 범위를 훌쩍 넘어선 행위였다. 아마도 대중의 반감을 무마하려는 의도였으리라 추측된다. 하지만 한 전직 검사 의 말을 빌리자면, "마음대로 처분해도 될 것 같은 인간"을 희생 시키며 수행된 이 조치는 "DSK가 이 특정 여성을 목표물로 삼은 것을 지지하는 의도를 가득 담고 있다."[3]

소동이 일단락되자 일부 기자는 검찰이 적절하고 옳은 결정 을 내렸다며 박수를 보냈다. 하지만 그들도 스트로스칸의 주장 이 믿기 어렵다는 점은 인정했다. 스튜어트 테일러는 이런 기사 를 썼다. "디알로가 전혀 모르는 남자에게, 그것도 8분이라는 짧 은 시간 안에 자발적으로 오럴 섹스를 했다는 견해는 믿음의 한 계를 시험한다."[4] 테일러는 스트로스칸이 적극적으로 성관계를 시도하자 부유한 호텔 고객을 화나게 하기가 두려웠던 디알로가 얼떨결에 동의했으리라고 추측했다.

그러나 테일러가 알아야 할 점은 그의 시나리오에 등장하는 '동의'가 법적으로 보았을 때 강요에 해당될 수 있다는 사실이다. 프랑스 텔레비전에 나와 자신이 평생 후회할 "실수"와 "도덕적 해 이"를 저질렀다고 인정하면서도 범죄는 아니라고 부인한 스트로 스칸 본인도 비슷한 착각에 빠진 게 아닌가 한다.[5] 한편 프랑스 사법 당국은 2003년 스트로스칸이 자신을 강간했다고 나섰던 프랑스 기자의 사건을 기소하지 않기로 했다.[6] 공소 시효가 지났다는 이유에서였다.

2011년 12월 말 『뉴욕 리뷰 오브 북스』는 탐사 보도 전문 기자 에드워드 제이 엡스타인이 해당 사건에 대해 쓴 기사를 내보냈다. 이 기사는 스트로스칸의 변호사가 제공한 자료를 토대 삼아 독자들에게 음모론의 근거가 될 사실들을 제시하려는 목적으로 집필된 것이 명백했다.[7] 엡스타인은 사라진 휴대전화에 대한 몇 가지 의문점을 지적하기는 했지만, 운명의 8분 동안 어떤 일이 일어났는지에 관한 실마리는 전혀 제공하지 못했다. 그럼에도 이 기사를 필두로 소피텔에서 벌어진 사건에 속속 새로운 의문을 제기하는 후속 보도가 이어졌다.[8] 저널리스트 크리스토퍼 디키는 엡스타인의 기사를 두고 스트로스칸의 변호사들이 "불러주는 대로 받아 적은 것 같다"고 평했다. 스튜어트 테일러의 견해에 동의한 디키는 "체격이 크고" "흉터가 있는" 디알로가 스스로 "유혹하는 요부" 역할을 맡았을 성싶지 않다며 트레이시의 사례와 매우 비슷한 시나리오를 제시했다.

실제로 그녀는 그가 미친 사람처럼 덤벼들었을 때 해고당할까봐 두려웠으며 특히 자신이 그를 다치게 하면 다시는 일하지 못하게 될지도 모른다며 걱정했다고 말했다. 그녀는 이 정신 나간 반백의 벌거벗은 남자가 누구인지 몰랐지만 호텔에서 가장 비싼 방에 묵는 손님이라는 점은 알고 있었다고 진술했다. 문맹 이민자인 디알로는 그가 호텔 측에 그녀에 대한 비난을 쏟아내면 억울함을 호소할 곳이 마땅치 않았을 것이다. 결국 복도 바닥에서 몸

싸움을 하는 와중에 그녀는 빨리 거기서 벗어나기 위해 DSK가 욕정을 해소하도록 내버려두기로 마음먹었다고 한다.[9]

여러 모순이 남아 있었기에 이 사건의 결과는 매우 불만족스럽게 느껴진다. 스트로스칸의 진술에 신빙성이 없었다면 검찰은 왜 기소를 추진하지 않았는가? 원고의 신상에 대한 지나칠 만큼 상세한 조사도 많은 이에게 깊은 의혹을 남겼다. 2012년 한 프랑스 검사는 2010년 워싱턴 DC의 호텔에서 스트로스칸이 어떤 여성을 강간했다는 혐의를 수사하기 시작했고, 이 사실은 소피텔 사건의 결과에 대한 의문을 더 증폭시켰다.[10]

하지만 아이러니하게도 스트로스칸 사건은 우리 사회에 약간의 긍정적인 영향을 미치기도 했다. 이제 대중은 매우 능력 있고 원만한 결혼생활을 유지한다고 알려진 공무원도 여성에게 공격적으로 추근거리는 사람일 수 있다는 사실을 깨닫기 시작했다. 이런 생각조차 하지 못하면 유명인을 고소하는 사람은 모두 거짓말을 하고 있다고 믿을 수밖에 없다.

트레이시의 변호사인 셀레스트 해밀턴은 끔찍한 괴물만이 강간을 저지르는 것이 아니라는 사실을 대중이 깨달아야 한다고 강조한다. "제리 선더스키, 줄리언 어산지, 도미니크 스트로스칸, 코비 브라이언트, 빌 클린턴, 앨 고어. 이 남성들은 모두 자기 분야에서 뛰어난 재능과 기술, 지적 능력을 증명한 사람들입니다." 그녀는 이렇게 지적한다. "이 남성들은 또한 긴 결혼생활이나 대중에 알려진 합의된 성관계 등을 통해서 자신이 매력적이며 신뢰와 애정, 그리고 동의를 얻어낼 수 있는 사람임을 입증했죠."[11]

해밀턴은 강간 피해자들이 이중으로 타격을 입는다고 말했다. 우선 둘만 있어도 괜찮다고 생각할 정도로 믿었던 사람이 자신의 성적 자기결정권을 부정하고, 적대감과 지배적 성향을 드러내며, 자신에게 모욕을 가한다는 데서 충격을 받는다. 그런 다음 강간을 신고하면 더 많은 적대감과 비난에 직면하게 된다.

그러나 최근 전례 없이 쏟아진 유명인 관련 사건은 결과적으로 대중이 면식 강간을 바라보는 관점, 나아가 강간 신고의 진실성을 판단하는 기준을 바꾸어놓을 수도 있다.

라일리를 믿어준 사람들

트레이시와 메건, 디알로가 겪은 법적 고난과 달리 라일리가 강간을 신고하며 겪은 경험은 강간을 부정하지 않는 세상이 어떤 곳일지를 보여준다. 다행스럽게도 라일리는 법의학적 검사, 철저한 경찰 수사라는 혜택을 받았고 패소를 두려워하지 않는 검사를 만났다. 하지만 과연 이것만으로 루크의 유죄 판결을 받아낼 수 있었을까?

라일리는 의도치 않게 몸에 남은 증거를 제대로 보존하는 데 성공했다. 그녀는 완전히 제정신이 아니었기에 샤워를 할 생각을 하지 못했고, 조금 뒤에는 한 현명한 친구가 목욕을 하지 말라고 조언해주었다. 다른 친구 한 명은 라일리를 병원 응급실에 데려다주었다. 나중에 재판에서 루크의 변호사는 라일리가 친구에게 사건에 대해 털어놓았다는 점을 질책하며 그 친구가 강간이라는 생각을 불어넣은 것이 아니냐고 따지고 들었다. 병원에서는 강간 피해자 전담 변호사와 성폭행에 특화된 훈련을 받은 법의간호사가 라일리를 도와 강간 검사를 마쳤다. 검사에는 자외선 등을 비춰 정액과 DNA 증거를 채취하는 절차도 포함되어 있었다. 간호사는 몸싸움을 하다 생긴 열상을 찾아내 기록했고 성병 예방 차원에서 항생제를 투여했다. 의료진이 자신의 이야기를 진지하게 받아들였다는 사실은 라일리가 경찰 신고 여부를 고려할 때 큰 영향을 미쳤다.

경찰이 내 말을 의심하면 어떻게 할까 싶었어요. 하지만 친구와 간호사, 강간 피해자 변호사가 내 말을 믿어주었으니 경찰도 그럴지 모른다는 희망이 생겼죠. 그들 덕분에 경찰에 가기 전에 마음을 더 단단히 먹을 수 있었어요.

라일리는 경찰에 강간 사실을 신고하기로 마음먹었다.

일어났던 일을 전부 설명하고 싶었어요. 모든 세부 사항을 공식 기록에 남겨 바로잡고 싶었어요. 몹시 부당한 취급을 당했다는 기분이 들었으니까요. 마침내 경찰서에 갈 때까지 사실을 받아들이는 것조차 힘들었죠. 이 분노를 이용해서 루크를 붙잡아야겠다는 생각이 들었어요. 그가 날 붙잡은 것처럼요. 물론 먹잇감을 찾았던 그와는 달리 내 의도는 정의를 실현하고 다른 강간을 막으려는 거였죠.

사건을 법 집행 기관에 신고함으로써 강간 피해자는 돌아올수 없는 다리를 건너게 된다. 이제 강간의 끔찍함을 부정하지 않고 거기 맞서야만 하는 것이다.

사실 경찰에 가는 건 사건을 기정사실로 만드는 거예요. 끔찍했던 세부 사항을 모조리 인정하고, 잔혹한 사실을 하나하나 상기하며 받아들여야 하죠. 그게 가장 힘든 부분이에요. 이제 나는 피해자이고, 통계의 일부이며, 그 일이 일어나지 않은 척하며 살거나 지워버리려 할 수 없게 된 거죠. 처음에는 이렇게 끔찍한 일이 내게 일어났다는 사실을 받아들일 수가 없어요. 그래서 강간을 신고하지 않으면, 다시는 그 사건을 떠올리지 않기 위해 스스로 고립되기 쉽죠.

라일리의 이야기는 긍정적인 반응을 얻었다. 그녀가 루크의 이름을 언급하자 담당 형사는 반색을 했다. 메건과 마찬가지로 라일리는 연쇄 강간범에게 공격을 당한 것이다.

형사는 이렇게 말했어요. "오랫동안 누군가가 나서주기를 기다리고 있었어요. 그가 다른 여성들을 폭행했다는 사실은 알고 있었지만, 그들은 기소를 거부했거든요."

DNA가 이전 사건의 증거와 일치한다는 결과가 나온 다음 라일리는 비비언 킹 검사와 면담하고 기소에 협조하기로 했다.

비비언과 얘기를 나눌 때 그녀는 어떤 절차를 거치며 그 과정이 얼마나 힘들지를 알려주었어요. 하지만 전보다 더 힘들어질 일은 없을 거라는 데 의견을 모았죠. 비슷하게 힘들 수는 있겠지만, 더 괴로운 일은 없을 거라고요. 나는 이미 살아남았고, 이제 그건 나 혼자만의 문제가 아니었어요. 여성 전체의 문제였죠. 누군가가 종지부를 찍지 않는다면 루크는 계속 그런 일을 저지를 테니까요. 누구라도 막아야 했어요. 그래서 그가 빠져나가게 놔두지 않겠다고 마음먹었어요. 복수를 원한 건 아니에요. 그를 사회에서 추락시키고, 여성들을 보호하고 싶었어요. 물론 나 자신도 보호받고 싶었고요. 내가 이런 일을 당할 여성을 단 한 명이라도 구해낸다면 (⋯) 최고의 보람을 느낄 것 같았죠. 그 생각을 하면 힘이 났어요.

라일리 외에도 같은 카운티에서 루크에게 강간당했다고 신고한 여성이 다섯 명 있었다. 전직 카운티 검사보 비비언 킹은 이렇게 설명했다. "(이 여성들은) 기소를 원하지 않았어요. 남들에게 알려지는 게 싫다고 했죠. 사건 기록을 시간 순으로 놓고 변화과정을 살펴보면 성폭행을 할 때마다 그가 발전하고 있다는 게 눈에 보였어요. 처음에는 거칠고 세련되지 못한 데다 상처를 남기는 방식을 썼지만, 다음 사건으로 넘어갈 때마다 더 능란하고 똑똑해졌죠. 그는 부상을 남기지 않고 직접적인 폭력을 가하지 않으면서 힘을 행사하는 법을 배웠어요. 이번에 잡지 못하면 다음번에 그가 강간을 저지를 때는 기소조차 못 하게 되리라는 생각이 들었죠. 거의 확신할 수 있었어요. 그래서 이 사건에 많은 노력을 기울였죠. 책임감을 느꼈으니까요. 이번에 유죄 판결을 받아내지 못하면 그가 대량 연쇄 강간범이란 사실을 알면서도 아무 조치도 취할 수 없게 되는 상황이었어요."[12]

루크는 중범죄 죄목인 강간 세 건(구강성교 두 건과 질 삽입 한 건)으로 기소되었다. 킹은 라일리에게 배심원단이 세 죄목 전부에 유죄 평결을 내리지는 않을 거라고 귀띔했다. 배심원들은 타협을 선호하는 경향이 있기 때문이었다.

킹은 면식 강간 사건을 기소하기가 쉽지 않다고 털어놓았다. 우선 사람들은 그런 일이 자기 동네에서 일어날 수 있다고 믿지 않으려 한다. 그녀는 다음과 같이 설명했다. "누가 앞으로 나서서 자신이 성폭력 피해자라고 말하면 듣는 사람의 첫 반응은 이렇습니다. '그럴 리가 없어.' 게다가 다친 데가 없거나, 강간범과 피해자가 사귀는 사이였거나, 두 사람이 아는 사이였거나, 무기가 사용되지 않았거나, 사건이 피해자의 집에서 일어났다면 더더욱 그렇죠. 죽기 직전까지 있는 힘을 다해 싸우지 않으면 믿어주지 않아요. 어떤 여자가 경찰서에 찾아가 바에서 만난 남자가 자기 집에 침입해 물건을 훔쳐간 사건을 신고했다고 생각해보세요. 어떤 상황에서도 그런 신고를 한 피해자를 공연히 의심하는 사람은 없어요. 경찰은 그 말을 사실로 받아들이고 수사를 시작하겠죠. 사실 누군가가 집에 침입하는 것과 누군가가 자기 몸에 침입하는 것은 크게 다르지 않아요."

이어서 킹은 이렇게 말했다. "사람들은 어떤 일을 피할 수 있는 능력과 그 일에 대한 책임을 혼동하고 그 둘을 같은 것으로 취급해요. 한 여자가 남자의 집에 따라갔다가 강간당하면 사람들 또는 공동체는 그녀가 제대로 처신했어야 한다고 말해요. 그런 일이 일어날 수 있는 상황에 스스로 빠졌으니 사실 자기 책임이라는 거죠. 거기에 가지 않았으면 그런 일이 생기지 않았을 거라고요. 그래서 나는 배심원단에게 정말 책임을 져야 할 사람에게 책임을 지우라고, 무언가를 피할 수 있었을 가능성과 그 일에 대한 책임을 혼동하면 안 된다고 설명하죠."

킹은 이 사건에서 유죄 판결을 받아낼 수 있을 거라 생각했을까? 윤리적으로 볼 때 검사로서 사건을 입증할 수 없으리라 생각하면 기소를 진행해서는 안 된다. 하지만 성범죄 사건에서 배심원단의 반응은 예측하기 어렵다.

"이번 사건은 식은 죽 먹기라고 생각하고 재판정에 들어갔는데 배심원단이 무죄 평결을 내린 적도 많았어요. 반대인 경우도 있었죠. 증거는 확보했지만, 배심원단이 그 증거를 믿을지는 알 수 없었어요. 그래도 시도할 가치는 있다고 여겼죠. 하지만 트집 잡힐 구석도 있었기에 어쩌면 유죄 평결을 받아내기는 어렵겠다고 생각하던 참에 배심원단이 돌아와 유죄라고 말하더군요."

사실 킹 검사에게는 비장의 무기가 있었다. 루크가 중간에 말을 바꾸었다는 증거를 확보해둔 것이다. "똑똑해지기는 했지만, 완벽하지는 못했던 거죠." 비디오테이프에 녹화된 형사와의 면담에서 그는 라일리와 어떤 종류의 신체 접촉도 하지 않았다고 말했다.

킹은 테이프 내용을 이렇게 묘사했다. "그는 매우 편안하게 앉아 있었습니다. 뒤로 기대앉아 다리를 꼰 채 형사와 잡담을 나누었고요. 걱정하는 기색은 전혀 없었습니다. 그는 이 여성과 어떤 신체적 접촉도 하지 않았다고 열아홉 번이나 단언하더군요. 키스도, 애무도 한 적이 없다고요. 'DNA 샘플을 확보했다고 치면, 거기서 당신 DNA는 나오지 않을 거란 말인가요?' '제 말이 그 말이에요. 나올 리가 없어요.' 처음에 그는 라일리를 안다는 사실도 부인했습니다. 그러더니 마치 지금 생각났다는 듯 '아, 라일리요' 하고 말했죠. 정말 믿을 수가 없었습니다. 그리고 결정적이었죠. 이 사건에 아주 결정적인 순간이었어요."

라일리는 재판이 열릴 때까지 몇 달이나 기다려야 했다. 두 사람은 캠퍼스에서 자주 마주칠 수밖에 없었으므로 루크에게는 접근금지명령이 내려져 있었다. 실제로 그는 라일리에게 말을 걸고 조롱하며 명령을 두 차례나 어겨 체포당하기도 했다.

기소장 제출 뒤부터 재판 전까지의 기간에도 루크는 공격적인 행위를 멈추지 않았다. 몇몇 여성은 루크가 그들에게 접근해 싫다고 해도 계속 추근거렸다고 경찰에 신고했다. 그는 줄곧 여성들을 따라다니며 거절당해도 계속 달라붙었지만, 다행히 큰일은 일어나지 않았다. 그의 행동은 데이비드 리잭 교수가 어떤 방법을 써도 강간을 그만두게 할 수 없다고 묘사한 상습 강간범 프로파일에 딱 들어맞는다. 이런 남성들은 "연쇄 범죄를 저지르는 경향이 있으며, 대부분 대인관계에 관련된 다양한 위법 행위를 범한다. 이들을 약탈자라고 부르는 것은 매우 정확하고 적절한 표현이다."[13]

마침내 재판이 열리는 날이 되었다. 라일리의 부모와 형제자매, 형부, 이모, 사촌을 포함한 가족 열다섯 명이 그녀를 심적으로 지원해주려고 모였다. 가족의 가까운 지인들도 참석했다. 이들은 모두 라일리를 추호도 의심하지 않는다는 점을 보여주고 싶어했다.

"우리는 라일리와 가족을 지지해주고 싶어 참석했습니다." 라일리의 사촌 리처드가 설명했다. "나는 부끄럽게도 마음 한구석에서나마 '라일리, 그 남자가 유죄 판결을 받고 감옥에 갈 거라고 큰 기대는 하지 마. 그렇게 되지 않을 때도 많다는 걸 알잖니'라고 생각했어요. 그 애 어머니와 다른 가족들은 그 점을 잘 알고 있었죠. 다만 라일리에게 소리 내어 말하지 않았을 뿐입니다. 솔직히 검사가 사건을 매우 진지하게 받아들이고 최선을 다해주어서 기뻤어요. 우리는 라일리의 진실성을 믿어 의심치 않았지만, 유죄 판결을 받아내기가 쉽지 않다는 사실도 알고 있었으니까요."[14]

리처드는 피고석에 앉은 루크를 찬찬히 살펴보았다. 덩치가 크고 어깨가 넓었으며, 강인하고 탄탄한 운동선수 같은 몸을 지닌 그는 재판 내내 라일리나 그녀의 가족과는 눈을 마주치지 않았다.

첫날은 배심원 선정에 하루가 다 지나갔다. 검사에게 배심원 선택은 강간 재판에서 가장 중요한 단계다. 킹은 자신에게 공정한 기회를 줄 배심원을 찾기 위해 고심했다. 다음과 같은 선입견을 지닌 사람이 배심원에 선정되어서는 곤란했다. "강간이라고 보려면 여자가 처녀여야 하고, 길거리를 걷다가 마스크를 쓰고 무기를 든 채 풀숲에서 뛰쳐나온 남자에게 공격당해야 한다. 여자는 저항하다 부상도 입어야 하며, DNA 증거도 있어야 한다. 여자는 즉각 신고해야 하고, 의심스러운 과거도 없어야 하며, 술도 마시지 않았어야 한다."

킹은 배심원 후보를 걸러내는 과정을 이렇게 설명했다. "가장 큰 문제는 사람들이 솔직하지 않다는 거예요. 강간에 대해 어떻게 생각하는지 정확히 말하질 않죠. 배심원 후보에게 같은 질문을 표현만 바꿔서 여러 번 물어야 해요. 그러다 보면 결국 이런 말이 나오죠. '글쎄요, 도발적인 옷을 입었다면, 그래요. 나는 당연히 그 여자가 화를 자초했다고 생각할 겁니다. 맞아요, 안 된다고 말했더라도 어떤 방식으로 말했는지에 따라서 정말 안 된다는 뜻이 아닐 가능성도 충분히 있죠.' 사람들은 그 문제에 관해서는 정말 솔직히 말하질 않아요."

루크는 증인석에 서지 않았다. 이제 그는 성관계가 있었으나 합의하에 이루어진 것이었다고 주장했다. 킹의 말에 따르면 이는 상습 강간범이 흔히 내세우는 항변이었다.

"강간범은 사건이 이런 식으로 비춰지기를 바라요. '아, 이건 완전한 오해였어요. 그녀도 나와 섹스하길 원한다고 생각했는데, 아니었나봐요. 정말 미안하게 됐네요.' 그들은 사람들이 이렇게 생각하길 원해요. 매우 의도적이고 용의주도한 작전이죠."

재판에서 킹 검사는 루크의 심문 테이프를 틀었다. 더불어 피고의 거짓말, 예를 들어 그가 캘리포니아에서 막 이사했다거나 해변에 집이 있다고 했던 말 등을 반박하는 다른 증거도 제시했다. 이제 루크의 신뢰성에 금이 가기 시작했다.

핵심은 비디오테이프였다. "테이프가 없었다면 훨씬 더 힘들었을 거예요. 아까 말했던 선입견 문제로 돌아가보자면, [배심원들은] 사건이 실제로 일어나지 않았다고 믿을 근거를 어떻게든 찾아내려 해요. '그 여자가 어떤 동기로 거짓말을 했거나, 엉뚱한 사람을 범인으로 착각했거나, 정신질환이 있어 환각을 일으켰을지도 몰라.' 그들은 피고를 놓아주기 위해 다양한 이유를 찾아내죠."

실제로 루크의 변호사는 라일리의 신뢰성을 무너뜨리는 것을 목표로 삼았다. 반대 신문에서 그는 논쟁조로 곤란한 질문을 던졌다. 라일리는 무너지지 않았지만, 리처드는 아슬아슬했다고 말했다. 그녀는 그날 어떤 속옷을 입었으며 왜 휴대전화로 도움을 요청하지 않았는지, 애초에 그 방에 간 것 자체가 어떤 의미라고 생각하는지 묻는 말에 대답해야 했다. "그 질문들은 모두 내가 잘못했다는 뜻이었죠." 라일리가 말했다. 심지어 라일리가 고른 영화인 〈코렐리의 만돌린〉까지 도마에 올랐다.

여자 주인공과 섹스를 하려고 애쓰는 장교가 나오는 전쟁 영화였어요. 그녀는 그의 접근을 거부하지만, 결국 자신이 그를 사랑한다는 사실을 깨닫고 두 사람은 사귀게 되죠. "이 영화를 선택함으로써 당신은 피고의 접근을 거부하면서도 그가 계속 당신을 원하기를 바란다는 메시지를 보낸 겁니다. 루크가 '안 돼'를 '좋아'로 생각했던 이유가 뭐겠습니까?" 우린 심지어 영화를 끝까지 보지도 않았어요. 중간쯤에 그가 날 덮쳤으니까요. 어이없는 얘기였죠.

재판은 라일리에게 깊은 트라우마를 남겼다.

내 말을 믿어주지 않는다는 것 자체가 굴욕적으로 느껴져요. 나를 뭘로 보는 걸까 궁금해지죠. 온갖 트집을 잡히고, 피고 측 변호사에게 중상모략을 당해요. 원고가 스스로를 의심하게 하는 것이 핵심이니까요.

증인석에 서지는 않았으나 루크는 재판 중에 상황을 조종하려는 시도를 포기하지 않았다. 킹의 말에 따르면 그는 휴회 시간에 여성 판사에게 다가가 수작을 걸면서 그녀와 일종의 개인적인 관계를 형성하려 했다고 한다. 판사는 접근을 단호히 거절하며 그의 행동이 부적절하다고 지적했다. 재판이 재개되자 판사는 루크의 접근과 자신의 반응을 간략히 기록에 남기라고 명령했다.

한편 배심원단은 두 가지 중대한 사실을 알지 못한 채 재판에 임했다. 재판 이전 및 최근에도 여러 여성이 루크를 신고했다는 사실은 재판과정에서 인정되지 않았다. 배심원단이 이 사건에서 유죄 또는 무죄를 판단하는 데 영향을 미칠 수 있기 때문이었다. 판사는 또한 검사가 라일리의 낭포성 섬유증을 증거로 사용할 수 없다는 결정을 내렸다. 이 사실이 사건과 관계없으며 배심원단의 동정을 유도해 피고에게 불리하게 작용할 수 있다는 이유에서였다. 검사에게는 상당히 실망스러운 결정이었다.

킹은 다음과 같이 지적했다. "라일리는 호흡기 장애가 있어 남들만큼 건강하지 않은 사람이에요. 그녀가 완벽한 목표물이라는 뜻이죠. 하지만 우리는 그 점을 배심원단에게 설명할 수 없었어요. 배심원단은 실제 일어난 일을 전체적으로 보지 못하게 된 거죠."

배심원단 협의에는 두 시간이 걸렸고, 기다림은 힘들었다. 진정제까지 먹은 라일리에게 그 시간은 "고문과도 같았다". 결국 배심원단은 루크에게 세 죄목 전부 유죄라는 평결을 내렸다. 피고 측 변호사는 극도로 흥분한 루크를 붙잡아야만 했다. 라일리와 킹 검사를 비롯해 법정 안의 다른 사람은 모두 눈시울을 붉혔다. 라일리는 "평결이 낭독될 때 우리 둘은 안심, 기쁨, 여태까지의 서러움이 섞인 눈물을 흘렸어요. 가슴이 벅차올랐죠."

평결이 발표된 뒤 배심원 두 명이 라일리와 어머니, 이모가 서 있는 곳으로 다가왔다. 그들은 배심원단이 증거를 보고 납득했다고 알려주었다. 하지만 협의 중에 한 배심원이 라일리의 끈팬티를 언급했다고 한다. 그러자 가장 젊은 배심원이자 재판 중에 종종 조는 것처럼 보이던 여성이 바로 끼어들어 요즘 젊은 여자들은 다 그런 속옷을 입으므로 사건과는 아무 관계가 없다고 목소리를 높였다. 두 배심원은 그때가 협의에서 가장 중요한 순간이었다고 말했다.

나중에 형량 심리에서 라일리는 성명을 발표하기로 하고 며칠이나 밤잠을 설치며 원고를 준비했다.

그날 밤 선택의 여지를 빼앗겼다는 기분에 계속 시달렸다고 말씀
드렸죠. 나는 망가졌고 그걸 고치려고 정말 열심히 노력하고 있
다고요. 그래서 내 글을 발표한다는 게 참 기분 좋았어요.

다음은 라일리의 성명서 일부를 발췌한 것이다.

저 말고도 루크에게 폭행당한 여성들이 있다는 사실을 알고 있
습니다. 이번 유죄 판결이 그들에게 위로가 되고 그들이 살아남
는 데 도움이 되기를 바랄 뿐입니다. 매일 아침 눈을 뜨면 저는
그 사건이 나를 망치지 못하게 하겠다고 마음을 다잡습니다. 그
리고 치유과정을 통해 조금씩 회복하는 중입니다. 상담을 받으
며 상처를 극복하려 애쓰고, 자기계발에 관한 책을 읽고, 다른
사람의 도움에 기대기도 합니다. 여기 모인 분들은 이제 이 용납
할 수 없는 폭력을 인식하고 거기에 맞서 싸울 용기를 얻으셨으
리라 믿습니다. 저는 복수를 원하지 않습니다. 다만 생존자로서
저와 같은 일을 겪는 사람이 없기를 바랄 뿐입니다.

루크는 중범죄 세 건에 대해 각각 10년 형을 선고받았지만, 형
기는 검사가 주장했던 순차 집행(죄목이 여러 건일 때 형기를 모두
더해 집행함—옮긴이)이 아닌 동시 집행(여러 형기를 동시에, 즉 가장
긴 것 하나만 집행함—옮긴이)으로 부과될 예정이었다. 그 말은 루
크가 성범죄자 의무 교화 프로그램을 이수하기만 하면 5년 뒤인
2010년에 가석방될 수 있다는 뜻이었다. 출소와 동시에 그의 이

름은 성범죄자 일람에 오르게 된다. 루크는 주립 항소 변호인 사무국의 도움으로 항소를 시도했지만, 다시 재판받을 기회는 얻지 못했다.

이러한 유죄 판결, 투옥, 교화 프로그램이 루크 같은 연쇄 강간범의 재범을 막을 수 있을까? 답은 알 수 없지만, 적어도 사법 체계는 라일리를 실망시키지 않았다. 그녀에게 이 결과는 중요한 의미를 지녔다.

내게 이 재판은 결국 자신을 치유하는 과정의 일부였어요. 마침내 그의 통제에서 벗어나 당당히 내 이야기를 하고 주도권을 되찾을 차례였죠. 다른 사람들에게 내 말을 듣고 판단해달라고 할 기회였고요. 고된 여정이었지만, 이제 밤이 오면 더 편안한 마음으로 잠자리에 들 수 있고 가해자가 감옥에 있어 다른 사람을 해칠 수 없다는 사실을 아는 것만으로도 충분한 가치가 있어요. 그렇다고 모든 것이 괜찮아지지는 않지만, 영웅이 된 기분이 들어요. 덧붙여 경찰에 신고하고 증인석에 서는 과정을 거치면서 자존감과 자신에 대한 긍정적인 감정이 서서히 되돌아왔어요. 살아남는 데 꼭 필요한 감정들이죠.

강간을 부인하지 않는 세상

라일리와 트레이시, 메건은 그들을 강간한 남자가 섹스에는 별로 관심이 없어 보였다고 반복해서 설명했다. 대신 가해자들은 힘을 행사하고 여성에게 자신을 절정에 달하게 하라고 강요한 다음 정액을 방출함으로써 여성을 모욕하는 데 관심이 있었다. 다른 사례에서 한 노스캐롤라이나 출신 남성은 여성을 강간한 다음 그녀의 복부에 커터 칼로 '내 거'라는 글자를 새겼다.[1] 강간이 항상 욕정에 휩싸인 사람이 저지르는 범죄가 아니라는 점은 분명하다. 강간은 때로 남성이 자신의 힘을 과시하고 여성의 가장 사적인 부분을 통제함으로써 피해자를 모욕하기 위해 저지르는 범죄다.

작가 클로이 안잘은 이 점을 명확히 짚어냈다.

강간이 힘에 관련된 범죄라는 사실을 잊고 그 대신 섹스에 관한 범죄라고 생각하기로 한다면 이는 끔찍한 실수다. 이 실수는 우리가 강간이라는 현상에 대처하는 방식의 모든 측면에 스며든다. 이 실수는 우리가 강간을 생각하고 논하는 방식에 영향을 미칠 뿐 아니라 우리 사회가 강간 피해자를 대하고, 강간범을 기소하며, 앞으로 강간을 막기 위해 대처하는 방식에 파괴적 영향을 준다.[2]

이 이야기를 진지하게 생각해보면, 우리 사회가 면식 강간에 대응하는 방식이 얼마나 잘못되어 있는지 금세 깨닫게 된다.

첫째, 강간 관련 연구들을 살펴보면 소수의 상습 강간범들이 엄청난 수의 면식 강간을 저지를 가능성이 있음을 알 수 있다. 하지만 대학 당국은 캠퍼스 강간이 대부분 음주로 인한 의사소통의 실패일 뿐이라고 간주하기에 학생들을 상습 강간범의 마수로부터 보호하지 못한다. 메건과 라일리의 사례에서 대학은 이미 같은 인물에 대한 신고를 여러 건 받았으면서도 그들이 캠퍼스에서 저지른 행위에 대해 조사하지 않았다.

면식 강간 사건에서 피고는 합의된 성관계였다는 변론을 자주 제기한다. 증인이 없다면 동의가 이루어지지 않았다는 점을 증명하기란 쉽지 않다. 하지만 폭행의 물적 증거가 있는 사례는 적지 않다. 이 증거와 동일인에 대한 비슷한 신고가 있었다는 점을 함께 고려하면 검찰과 대학 당국은 신고자의 이야기에 신빙성이 있다고 생각해야 마땅하다. 그러나 실제로는 이런 이용 가능한 정보조차 참작하지 않는 태도가 면식 강간 피해자를 더 답답하고 어려운 처지에 빠뜨린다.

둘째, 강간에 대한 우리 사회의 반응은 강간범이 피해자에게 가한 모멸감을 증폭시킨다. 라일리가 끈팬티에 대해 심문받고 이 화제가 배심원 협의에서도 등장했던 일을 떠올려보자. 아니면 배심원 주디 셰퍼드의 이야기에서 알래스카 여성의 생식기 사진이 법정 안 대형 TV에 띄워졌던 일을 생각해보자. 대니엘의 약혼자는 그녀가 강간당했다고 털어놓자 헤어지자고 했다. 강간범이 법정에서 유죄 평결을 받았는데도 거짓말 탐지기 테스트를 받아야 했던 (또는 증인석에서 뛰쳐나왔다고 유치장에 갇혔던) 피해자도 있다. 미스브레너 사건의 피해자는 판사의 명령으로 자신이 약에 취해 강간당하는 모습이 찍힌 영상을 봐야만 했다. 메건을 강간한 농구선수는 학교 신문에서 당당히 그녀를 창녀라고 비난했고, 그의 주장은 몇 달 동안이나 신문 지면을 차지했다.

반대로 강간으로 수사를 받거나 기소된 사람은 모욕당해도 된다고 여기는 것도 곤란하다. 체포된 범인이나 용의자를 카메라 앞에 노출시키는 '범죄자 행진perp walk'이나 현재 수사 선상에 오른 용의자의 이름을 누설하는 관행이 과연 사법 체계의 정의 구현에 긍정적인지를 생각해보아야 할 때다.

셋째, 로저 캐너프 검사가 말했듯 교회, 학교, 대학, 사회단체, 군대 등의 기관은 상습 강간범에게 꾸준히 피해자를 제공하는 공급원이 된다. 무관심하거나 못 본 척하는 태도로 이런 기관의 관리자들은 범죄 행위를 감추고 가해자가 공동체 내에 남을 수 있도록 보호한다. 예나 지금이나 이런 패턴은 쉽게 눈에 띈다. 캐너프는 이런 기관들이 외부의 민사 및 형사 사법 절차를 믿지 않

고 사법 공무원들의 접근을 막는 폐쇄적 태도를 취한다고 설명
했다. 사회에서 강간을 추방하려면 이런 주요 단체가 투명성을
두려워하지 않는 법을 배워야 한다. 캐너프는 이런 기관이 개별
적 인간을 단체의 이익보다 우선시함으로써 권력과 비밀주의를
내려놓는 것이 중요하다고 강조했다.[3]

지금까지 우리 사회가 한 방향으로 지나치게 기울어 있다는
증거를 살펴보았다. 사람들은 면식 강간을 신고하는 여성들을
무관심과 불신으로 대하며 심지어 그들을 처벌한다. 그 결과 면
식 강간범들이 활개 치게 되었고, 세상은 여성들에게 안전하지
못한 곳으로 변했다.

하지만 우리에게는 이러한 문제를 생각하는 문화 자체를 바꾸
기 위해 행동에 나설 능력이 있다. 그렇게 바뀐 문화는 어떤 모습
일까? 다음에 자세히 설명할 접근 방식들은 신뢰 문제를 해결하
는 데 큰 도움이 되며, 나아가 강간 신고를 장려하고 강간 피해자
와 가해자 양쪽에 쏟아지는 모욕을 없애는 역할을 할 것이다.

문 제 를 다 룰 기 본 원 칙
\

병원

트레이시와 메건의 이야기에서 알 수 있듯 병원과 대학은 강간
피해자 지원에서 특별하고 중요한 역할을 수행한다. 병원 응급실
과 대학 보건센터는 대개 강간을 신고하는 이들이 가장 먼저 찾

는 곳이다. 강간을 퇴치하려면 우선 의료진들이 강간 검사 키트와 데이트 강간 약물 확인을 위한 혈액 채취를 비롯해 철저한 법의학적 검사를 시행할 준비를 갖추어야 한다. 대상이 믿을 만한지, 또는 강간 검사를 시행할지 말지를 결정하는 것은 의료진의 임무가 아니다.

대학교

상습 강간범의 온상이 된 대학들은 면식 강간이 전부 음주로 인한 오해라고 치부하지 않고 문제를 심각하게 받아들이는 것만으로도 우리 사회에서 강간을 퇴치하는 데 크게 기여할 수 있다. 대학 당국이 강간 신고를 장려하면 시간이 지남에 따라 학생 중에서 상습 강간범을 가려내 그들에 대한 조치를 취할 수 있게 된다. 학생의 강간 신고는 모두 신속하게 경찰과 검찰에 보고되어야 한다. 학생들 또한 강간범을 가려내고 신고하거나 사교적 상황에서 그들의 행위를 막는 방법을 배울 필요가 있다.

대학은 증인을 소환할 수 없고 범죄 조사를 수행할 전문 인력도 없으므로 강간 사건을 다루기 어렵다고 보는 사람들도 있다.[4] 하지만 대학은 연방법에 따라 모든 학생에게 안전하고 동등한 교육 환경을 제공할 의무가 있으므로 교내 청문회는 반드시 필요하다. 대학 당국은 적절한 교육을 받은 인력으로 교내 판결 위원회를 구성하고 사건을 조사해 유죄로 밝혀진 학생을 영구 제적 처리해야 한다.[5] 2010년 한 학생 단체는 같은 위원회가 표절이나 미성년자 음주 사건과 강간 사건을 모두 처리하는 것은 강간 피해

자에게 모욕적인 처사라고 생각한다는 성명을 발표하기도 했다.[6]

경찰

앞서 언급한 대로 의료진이 증거 보존에 집중하지 않고 자신이 수사관인 것처럼 부적절한 대응을 하면 문제가 발생한다. 한편 실제 수사관인 경찰은 신고자를 검찰에 인도하는 역할을 해야 한다. 하지만 트레이시와 메건의 사례에서처럼 경찰은 종종 우세한 사회적 서사나 신념, 즉 변화를 거부하고 사건을 진지하게 수사하는 것을 방해하는 고정관념에 사로잡히기도 한다.[7] 몇몇 전문가는 경찰 훈련과정에서 경찰관의 임무란 증거를 수집하고 진실성의 판단은 검사와 판사, 배심원단에게 맡기는 것임을 강조할 필요가 있다고 지적한다.[8]

경찰관과 형사들은 상습 강간범들에 대한 최근 연구를 숙지하고 그들을 가려내는 책임을 맡아야 한다. 또, 시간이 지연되면 신고자가 위험에 처할 수도 있으므로 수사는 신고 직후 개시되어야 한다.

물론 강간 검사 키트는 주기적으로 그리고 신속하게 검사 및 DNA 대조를 위해 연구소로 보내져야 한다. 경찰이 용의자를 알고 있더라도 DNA 대조를 시행하면 다른 강간과의 연관성이 드러날 수도 있고, 이런 정보는 상습 강간범을 가려내는 데 큰 도움이 된다. 덧붙이자면 체포된 중범죄자의 DNA를 채취하는 주는 23개밖에 되지 않는다.[9] 미해결 사건에서 DNA 데이터베이스를 활용해 단서를 찾을 기회가 그만큼 줄어든다는 뜻이다. 상습 강간범들을 가려내고 격리하는 과정의 효율을 높이려면 모든 주에서 체포된 이들의 DNA를 통합 DNA 검색 시스템에 보내야 한다. 주와지방 정부 산하 연구소는 아직 자유롭게 돌아다니는 상습 강간범이 관련되어 있을지도 모르므로 강간 사건에 우선권을 주어야 하며, 각 정부도 적절한 재정을 지원하는 동시에 검사과정을 감독해야 한다.

검찰

검찰은 듀크대 라크로스팀 사건에서 잘못된 교훈을 얻어서는 안 된다. 그 사건의 검사는 직업 윤리에 어긋나는 행위를 저질렀는데, 이는 흔히 일어나는 일이 아니다. 그렇다고 검찰이 어려운 사건에서 기소를 꺼리는 것은 옳지 않다. 면식 강간 사건이 언론의 주목을 받을 때 검찰이 대중의 비판을 두려워해 기소를 포기한다고 믿을 만한 증거가 있다. 예를 들어 칼럼니스트 캐슬린 파커는 디앤자 칼리지 사건에서 용의자가 기소되지 않은 것은 듀크대 사건 담당 검사였던 마이크 니퐁이 남긴 유감스러운 유산 때문이라고 여겼다. "대신 사법 체계를 오용해 자신의 정치적 이득을 위해 세 무고한 남자를 기소한 그의 행위는 다른 죄 있는 자들이 자유롭게 걸어나가게 돕는 발판을 마련했고, 그 탓에 지금까지 적어도 열일곱 살 소녀 한 명이 정의를 찾을 기회를 잃었다."[10] 듀크대 사건의 그림자는 쿼터백 벤 뢰슬리스버거의 강간 혐의를 심의하는 검사에게도 드리워져 있었던 듯하다. 물론 모든 정보에 접근할 수 없는 대중으로서는 확실히 알 길이 없다. 검찰은 듀크대 사건 때문에 그들이 범죄자에게 법의 심판을 받게 한다는 임무를 제대로 수행하지 못하고 있지는 않은지 확실히 하기 위해 많은 노력을 기울여야 한다.

이러한 균형 맞추기는 상당히 까다롭다. 성적 착취 반대 운동 시카고 연맹 법무 이사인 캐스 모리스 호퍼는 이 문제로 오랫동안 고심했다. 그녀는 이렇게 단언했다. "배심원단이 유죄 평결을 내리지 않을 것이라는 예측은 검사가 강간 가해자를 기소하지 않을 법적 이유로 적절하지 않습니다. 그렇게 한다는 것은 마치 폭도들에게 목매달려 죽을 뻔한 흑인에게 '당신 말은 믿지만, 이 동네에서는 절대 유죄를 받아낼 수 없으니 폭도들을 기소하지 않을 겁니다'라고 말하는 것과 같죠. 기본적으로 범죄가 저질러졌다고 믿는 한 검사는 사회적 편견이 정의 구현을 방해하도록 허용해서는 안 됩니다. 물론 사람들이 신고자를 의심하게 하는 사회적 편견 탓에 유죄 판결이 어렵다고 생각된다면 피해자에게 그 사실을 말해야 하지만, 피해자가 승소 가능성이 낮음을 알면서도 강간범을 기소하기를 원한다면 검사는 항상 기꺼이 가해자를 법정에 세워야 합니다."[11]

모리스 호퍼는 이렇게 한탄하기도 했다. "강간이 불법이라고 규정된 법률이 명백히 존재하는데도 강간범들은 제대로 처벌되지 않고 있습니다. 검사 개개인이 여성들의 말을 믿지 않기 때문인지, 아니면 검찰이 어차피 대중의 동의를 얻을 수 없다고 생각하기 때문인지는 알 수 없습니다. 이유가 무엇이든 현실적으로 여성들은 마땅히 누려야 할 법적 보호를 받지 못하고 있으며, 강간범들은 벌도 받지 않고 쉽게 강간을 저지릅니다."

트레이시처럼 민사 소송을 거는 것도 면식 강간범에게 책임을 물리는 데 유효한 방법이다. 이런 유의 소송에서 강간 신고자는 검사에게 의존하지 않고도 스스로 소송을 제기할 수 있다. 하지만 언론과 대중은 대체로 이런 소송을 거는 피해자를(특히 유명 스포츠 선수를 상대로) 돈을 뜯어내려는 꽃뱀 취급한다. 다른 동기, 예를 들어 다른 여성이 같은 인물에게 강간당하는 사태를 막으려는 의도 등은 무시된다. 여성들은 아무리 많은 돈도 그들의 순수함이나 목숨 혹은 본래의 모습을 돌려주지는 못한다고 답한다. 하지만 일단 언론에 알려지면 민사 소송은 다른 여성들이 같은 강간범에게 공격당하는 일을 막는 역할을 할 수 있다. 또, 원고는 같은 가해자에게 당한 피해자들이 앞으로 나서서 경찰과 검찰이 상습 강간범을 가려내고 기소하는 데 도움이 되기를 기대한다.[12]

아동 성 학대 사건에서 대중의 무관심에 대응하기 위해 새로운 방법을 사용한 검사들도 있다. 이들은 가해자뿐 아니라 연방법에 따라 범죄를 사법 당국에 보고할 의무를 게을리했다는 혐의로 교회나 학교 관리자까지 기소했다. 일례로 2011년 10월 잭슨 카운티 검사는 미주리 주 캔자스시티 교구의 로버트 핀 주교를 경범죄로 기소했다.[13] 자신의 교구에서 한 사제가 노트북에 아동 포르노 사진 수백 장을 저장해두었다는 사실을 알고도 아동학대로 보고하지 않았다는 혐의였다. 2012년 9월 법원은 핀 주교의 경범죄 혐의에 유죄 판결을 내리고 집행유예 2년을 선고

했다.[14]

2011년 11월 펜실베이니아 주립대학교 임원 두 명은 전직 미식축구팀 디펜스 코치 제리 선더스키의 범죄를 은폐한 혐의로 기소되었다. 선더스키는 수많은 소년을 성적으로 학대한 혐의를 받고 있었다. 피해자는 모두 선더스키가 설립한 빈곤층 아동 지원 프로그램에 참여해 캠퍼스에 오게 된 아이들이었다. 두 임원은 아동 강간을 신고하지 않고 사건에 관해 대배심에서 거짓말을 했다가 법정에 서게 되었다.[15] 1년 뒤 펜실베이니아 주립대 총장 그레이엄 B. 스패니어도 비슷한 혐의로 소환되었다.[16]

언론

강간 부정을 일소하는 데 언론이 발휘할 수 있는 강력한 힘은 대단히 중요하다. 강간 출현율과 허위 강간 신고에 관해 정확한 자료를 싣는 것뿐 아니라 저널리스트들은 강간 사건을 보도할 때 양쪽 주장을 대비해서 싣는 구성 방식을 재고해볼 필요가 있다. 이 틀에 박힌 기사 구성은 모든 사건을 강간 신고자의 신뢰성 문제로 몰고 가며, 판사와 배심원단에게 선입견을 심는다. 특히 유명인이 얽힌 사건이나 전 국민의 관심을 끄는 극적인 사건에서 기자가 강간 신고자에 대한 모욕적 언사를 그대로 보도하면 그 여성은 인격 살해를 당하게 된다. 저널리스트 리베카 트레이스터는 『뉴욕 타임스 매거진』에 이런 상황을 잘 요약한 글을 썼다.

로건 본인도 성폭행을 자초하는 옷차림을 한 채 관심을 끌려고 안달한다는 맹비난을 받았다. 뉴욕 시 경찰관 두 명을 강간으로 고소한 젊은 여성은 술에 취했었다는 사실을 비롯한 여러 이유로 신뢰를 얻지 못했다. 열한 살짜리 텍사스 소녀가 19명의 남성에게 윤간당했다는 소식을 보도하며 『뉴욕 타임스』는 그녀가 습관적으로 화장을 하고 20세 여성에게나 어울릴 법한 옷을 입었다는 이웃들의 말을 인용했다. 도미니크 스트로스칸을 강간으로 고소한 메이드는 거짓말쟁이로 몰렸고, 『뉴욕 포스트』는 그녀가 성매매 여성이라고 주장했다. 스트로스칸을 강간 미수로 고소했으며 일찍이 이 사건을 소재로 소설을 썼던 프랑스 여성은 미숙하고 불안정하며 상황을 과장하는 화자로 묘사되었다.[17]

사실 잘 알려진 사건들을 쭉 살펴보면 한 가지 의문이 든다. 이 여성들이 모두 도저히 믿어줄 수 없을 만큼 부정직한 사람들일까? 그럴 리는 없다. 그런데도 모든 사건에서 언론은 대중이 의심의 여지가 있다고 믿게끔 유도한다. 그런 보도는 강간범에게 유리하게 작용할 수밖에 없다. 코비 브라이언트 사건이 보도되는 동안 콜로라도 주 볼더의 강간 위기관리 센터에 걸려오는 전화는 33퍼센트 감소했고, 전문가들은 2002~2003년 콜로라도 주립대학교 경찰서에 들어오는 성폭행 신고가 87퍼센트 감소했다고 지적했다.[18]

하지만 상황이 좋은 쪽으로 바뀔 가능성도 있다. 2011년 11월 익명을 희망한 두 명을 포함한 네 여성이 미국 대통령 후보 허먼 케인에 대해 성희롱 혐의를 제기했다. 케인은 네 건의 혐의가 모두 거짓이라고 답했으며, 앞으로도 다른 혐의가 제기될지 모르지만 그것 역시 모두 허위라고 말했다. 케인의 개연성 없는 주장은 '허위 신고' 항변이란 여성 대다수가 섹스에 관해 거짓말을 한다는 믿기 어려운 명제에 근거를 두고 있음을 적나라하게 보여준다. 칼럼니스트 캐슬린 파커가 말했듯, "언론계에서는 세 번이면 기울기 시작하고 네 번이면 판도가 바뀐다".[19]

그런데도 케인의 변호사는 성희롱을 신고한 여성들을 공격하고 위협한다는 뻔한 방식을 고수했다. 애틀랜타의 유명 변호사인 L. 린 우드는 비슷한 혐의를 제기하러 나설 것을 고려하는 다른 여성이 있다면 "다시 생각해봐야 할 것"[20]이라고 공개적으로 경고했다. 동시에 보수 성향 칼럼니스트들은 이 여성들의 사생활과 직장생활을 상세히 공개했다. 『뉴욕 포스트』는 샤론 비알렉을 "꽃뱀"이라 부르며 케인에게 "매춘부처럼 추파를 던졌다"고 묘사했고, 러시 림보는 그녀의 재정 문제를 파고들었다.[21]

언론이 강간 사건의 사실관계를 조사함으로써 검찰에게 그들의 책임을 상기시키고 오심 가능성을 차단한다는 주장도 있다. 하지만 피해자에 대한 근거 없는 공격을 대중에게 전달하고 숨은 의도가 있는 비판가들에게 지면을 내주는 것이 과연 언론의 의무일까? 하물며 언론이 서둘러 심판을 내릴 필요가 있을까? 남성이 강간을 저지른다는 사실 자체를 부정하는 이들을 방조하거나 부추기고 싶지 않다면 선동적 의견이 아니라 진짜 수사 내용과 사실을 보도하는 데 집중하기만 해도 큰 효과를 거둘 것이다.

언론 관계자들은 또한 완전히 과장된 허위 강간 신고 문제를 보도하는 것에 대해 다시 생각해봐야 한다. 연구에서 밝혀진 대로 허위 강간 신고는 중대한 문제가 아니다. 완곡어법을 쓰지 않는 것도 대중에게 강간의 심각성을 알리는 데 도움이 된다. 강간은 "미성년자와 섹스를 하는 것" 또는 "합의되지 않은 섹스"가 아니다. 이런 에두른 표현은 강간에 관련된 폭력이나 모욕을 은폐한다. 강간은 강간일 뿐이다.

강간 신고자의 이름을 밝히지 않는 관행은 그대로 유지되어야 한다. 이 책에서 다룬 여러 사례는 정체가 알려졌을 때 신고자가 어떤 위험에 처하게 되는지를 보여준다. 메건처럼 방에 침입당하거나, 가해자에게 항의를 받거나, 살해 협박을 받거나, 심지어 재차 강간당하는 일도 있다. 예를 들어 코비 브라이언트가 자신을 호텔 방에서 강간했다고 고소한 여성은 세 명의 인물에게서 70건의 욕설 섞인 살해 협박을 받았으며, 문제의 세 명은 모두 투옥되었다.[22] 이런 사례는 우리 사회에서 강간 기소가 얼마나 어려운 일인지를 보여주는 동시에, 이 책에서 다룬 다양한 유형의 강간 부정과 반발이 어디에서 왔는지를 상당 부분 설명해준다.

익명성을 배제함으로써 강간에 따라붙는 수치심과 오명을 줄일 수 있다는 주장도 있지만, 이는 근본적인 해결책이 아니다. 강간을 다른 범죄와 똑같이 취급하는 것은 효과가 없다. 강간은 다른 범죄와 똑같지 않기 때문이다. 그러나 강간으로 수사를 받거나 기소당한 사람도 익명으로 처리하는 방법은 생각해볼 가치가 있다. 강간이란 범죄의 심각성을 고려하면 기소가 완료될 때까지 쌍방의 이름을 공개하지 않는 편이 더 공정하지 않을까? 언론에서 사건을 재판하는 것이 과연 공공의 이익에 어떤 도움이 된단 말인가?

한편 강간 피해자를 지지하는 이들은 수사를 공개해야 같은 범인에게 당한 피해자들이 앞으로 나서고, 그럼으로써 검찰이 사건을 형사 기소하는 데 힘을 실어줄 수 있다고 주장한다. 일부 사건에서는 이 주장이 옳지만, 언론 보도가 줄어들면 어느 정도 사생활을 지킬 수 있으리라 보고 신고할 용기를 얻는 피해자도 적지 않을 것이다. 이렇게 신고가 증가하면 검찰과 공동체는 강간에 대해 더 많은 정보를 얻을 수도 있다. 덧붙여 사건이 공개적으로 다루어지면 가해자 못지않게 피해자도 수치심을 느끼고 상처 입는다는 사실은 쉽게 짐작할 수 있다. 피고를 모욕하고 단죄하는 보도 또한 반감을 불러일으켜 피해자의 사생활과 평판을 위협하는 결과를 부르기도 한다.

기관과 학계

강간 피해자 지원 단체는 강간 부정론자들에게 강경하게 대응하되 정확한 데이터를 근거로 삼아야 한다. 언론을 통해 실제 강간 출현율과 허위 강간 신고 자료를 전달할 기회를 놓치지 말아야 하며, 면식 강간의 실태를 언론과 대중에 알릴 방법을 찾아야한다. 대중은 최근 몇 년간 양극화된 논쟁에 노출되어왔으므로 강간 피해자 지원 단체들은 그들이 제공하는 데이터가 확실한 연구에 기반을 둔 것임을 강조할 필요가 있다.

전문 연구자들은 때로 일반 대중이 이해하기 어려운 결과를 내놓기도 한다. 하지만 강간 부정론자들이 오랫동안 끼친 영향을 고려하면 강간 연구자들은 이해하기 쉬운 보고서를 작성하는 데 각별한 노력을 기울여야 한다. 이들의 연구 결과는 언론과 대중에 널리 전파되지 않을 때가 많다. 덧붙여 누구든 통계의 기반이 되는 보고서를 읽지 않은 채 강간 출현율 수치만을 공개적으로 인용해서는 안 된다. 연구 결과가 잘못 인용되었다면 반드시 수정을 요구해야 한다. 네 명 중 한 명이라는 잘못된 캠퍼스 강간 출현율을 인용해서는 안 되며, '강간 유행병'이라는 표현이나 '2퍼센트의 허위 강간 신고율'을 고집하는 것도 그만두어야 한다.

음 주
\

먼저 면식 강간에서 음주가 어떤 역할을 하는지를 짚고 넘어갈 필요가 있다. 과연 지나치게 취했거나 의식을 잃어 동의할 수 없는 여성을 상대로 성행위를 한 남성들에게 계속 면죄부를 주어야 할까? 아니면 대니엘과 섀의 사례에 등장하는 남성들을 강간범이라고 불러야 할까?

취한 상태에서 일어난 성적 접촉을 강간으로 취급해서는 안 된다고 여기는 사람도 상당하다. 『스펙테이터』에서 한 논평가는 이렇게 지적했다.

술 취한 여자와 술 취한 남자가 섹스를 하면 미국 사법 체계는 남자를 강간범 취급한다. 이는 옳지 않을 뿐 아니라 국민을 무시하는 처사다. (…) 후회를 부르는 성적 접촉은 대부분 취하지 않은 호색한이 순진한 여성의 음료에 약을 타서 일어나는 것이 아니라 한 쌍의 바보가 부끄러워서, 경험이 없어서, 또는 습관적으로 술을 진탕 마시고 침대에 들어갈 때 일어난다.[23]

이 논평가는 만취하거나 의식을 잃은 여성에게 삽입한 남자가 "멍청이지만 범죄자는 아니다"[24]라고 주장했다. 많은 사람이 이 말에 동의한다.

하지만 아일랜드 출신 팝가수 브라이언 맥패든이 쓴 노래 가사를 한번 살펴보자.

있는 그대로의 네가 좋아 / 바에서 취한 채 춤추는 너 / 그게 마음에 들어 / 어서 널 집으로 데려가 해로운 짓을 하고 싶어 / 있는 그대로의 네가 좋아 / 내 차 뒷자리에 선뜻 타는 너 / 그게 마음에 드니까 / 어서 널 집으로 데려가 너를 이용하고 싶어[25]

가사의 의미는 명백하다. 여성이 술에 취하면 그날 밤의 파트너가 그녀를 마음대로 이용해도 된다는 뜻이다. 이런 관점은 해당 행위를 범죄가 아닌 훨씬 더 사소한 무언가로 바꾸어버린다.

맥패든을 흉내 내 여성을 '이용한' 사람에게 어떤 반응을 보여야 할까? 이 사람은 범의犯意, 즉 학대 또는 공격하려는 의도를 지니고 그런 일을 저질렀을까? 여성을 '이용하는' 행위는 강제적 삽입보다 덜 심각한가?

이런 질문을 고려할 때 중요한 점이 몇 가지 있다. 첫째, 라일리와 트레이시, 메건의 사례에는 알코올이 관련되지 않았고, 가해자가 범의가 아닌 혼란이나 오해로 그런 일을 저질렀다고 볼 근거가 전혀 없었다. 하지만 세 건 중 두 건에서 검사들은 여전히 기소를 꺼렸다. 알코올에 대해 단호하지 않은 태도를 취하는 것은 음주와 관련 없는 면식 강간을 바라보는 관점에까지 영향을 미칠 위험이 있다.

둘째, 적어도 내가 보기에는 잠들었거나 동의할 수 없는 상태인 사람에게 성기를 삽입하는 것은 용납되어서는 안 되는 행위다 (윤간은 특히 비난받아 마땅하다). 대부분의 주에서도 이를 법률로 명시하고 있다. 폭력적 강간에 비해 상대를 '이용하는 것'의 처벌 수위를 낮춘 주도 있지만, 그렇다고 강간 기소와 유죄 판결이 늘어나지는 않았다. 소설가 스콧 터로는 중편소설 『한계』에서 동의할 수 없는 상대에 대한 윤간이 어떤 것인지 정확히 짚어냈다.

그것은 인간의 도덕에서 가장 기본이 되는 요소인 연민 한 조각 없이 다른 인간을 야만적 환상의 대상으로 삼는, 가장 원초적 형태의 범죄였다. 원초적 공격성을 띠고 거칠게 내리꽂는 동작이 반복되었으며, 왁자지껄 떠들며 차례차례 서로 몸을 노출하는 소년들은 타락했다고밖에 표현할 수 없었다. 청교도적 의미에서가 아니라 조지는 이 남학생들이 평소였다면 물리쳤을 충동에 지배당하고 있음을 느껴서였다. 하지만 형법의 목적은 어떤 행동이 허용 한계를 넘어섰음을 단호히 선언하는 데 있다고 한다면, 이 것이야말로 그런 선언이 필요한 사건이었다.[26]

신고 장려하기
\

2005년 여성 폭력 방지법은 성폭행을 당한 사람이 법 집행 기관에 협조하지 않아도 무료로 법의학적 검사를 제공받을 수 있음을 명시했다. 일부 전문가는 피해자의 고소를 장려하려면 경찰이 익명 신고를 허용(위 법안에서 의무화되지 않음)해야 한다고 여긴다. 피해자에게 사건 번호를 부여하고 나중에 마음의 준비가 되면 그때 법적 절차를 밟을 수도 있다고 알려주는 방식이다. 이 방법을 쓰면 훗날의 기소를 위해 증거를 보존하되 이제 막 충격적인 사건을 겪은 피해자가 안정을 되찾고 혼란에서 벗어날 때까지 기소 여부 결정을 미룰 수 있다.[27]

익명성은 자기 이름, 또는 안전상의 이유로 가해자의 이름을 공개할 준비가 되지 않은 피해자에게 마음의 여유를 제공한다. 그러나 이 방식을 시행하려면 먼저 경찰과 검찰부터 즉시 기소하려 하지 않는 사람은 진짜 강간당한 것이 아니라고 믿는 선입견을 버려야 한다.

과거에 강간 피해자 지지자들은 피해자가 강간을 신고하지 않겠다고 하면 항상 그 결정을 존중했다. 하지만 장기적으로 보면 자신을 탓하고 수치심을 느끼는 피해자들은 의도치 않게 강간 부정에 기여하는 셈이 된다. 오늘날 강간당했다고 나서는 이들을 향한 고질적 무관심과 처벌, 예를 들어 "여자가 강간이라고 생각지 않으면 강간이 아니"라는 태도는 의심할 여지 없이 강간 신고율을 낮추고, 강간 출현율이 낮다는 강간 부정론자들의 주장에 힘을 실어준다. 그러므로 세상에 알리고 싶지 않다는 피해자의 뜻을 존중하는 동시에 그들이 자책이나 수치심을 느끼지 않고 경찰에 신고하도록 장려할 방법을 찾아야 한다. 전국적 프로젝트인 '보이시스 앤드 페이시스(www.voicesandfaces.org)'는 피해자들에게 '밖으로 나와서' 자책감을 떨쳐버릴 안전한 공간을 제공한다. 앞으로 이 귀중한 프로젝트가 재정 지원 부족으로 맥이 끊기는 일이 없기를 바란다.

데이트 강간 또는 면식 강간 피해자들은 자신들의 이야기가 라일리, 트레이시, 대니엘, 섀, 메건의 사례와 비슷할 수도 있다는 점을 이해할 필요가 있다. 스스로를 탓하기보다 그들이 불운하게도 상습범을 만났을지도 모른다는 점을 깨달아야 한다는 뜻이다. 당면 과제는 힘을 모아 면식 강간범을 가려내고 그들이 같은 일을 반복하지 못하게 막는 것이다. 이 책에서 라일리를 비롯한 여성들은 자신의 이야기를 들려줌으로써 본보기가 되고자 했다.

우리 모두는 각자 할 수 있는 역할이 있다. 면식 강간을 사소한 일로 취급하는 친구가 있다면 그렇지 않다고 설득하자. 학교나 직장에서 강간 신고가 무시되거나 부적절한 취급을 받는다면 적절한 기관에 항의할 수 있다. 강간 관련 농담에는 불쾌감을 표시하자. 강간당했다고 말하는 친구, 지인, 동료가 있다면 적극적으로 돕자. 강간 부정론자에게 지면을 할애하면서 반대되는 관점은 싣지 않는 신문 편집자에게 항의 편지를 쓸 수도 있다. 현재의 강간 부정 문화를 극복하려면 모든 사람의 노력이 필요하다.

그러나 피해자를 향한 비난은 자연스러운 심리적 반응이라는 점도 항상 염두에 두어야 한다. 강간 같은 악이 존재한다는 사실을 인정하면 삶 자체를 힘겹게 하는 취약성이 생기는 셈이다. 심리학자 파트리치아 로미토가 자신의 책 『귀를 찌르는 침묵』에서 말했듯, "피해자에게 책임을 돌림으로써 사람들은 취약하다는 느낌에서 벗어나려 한다. 피해자가 스스로 실수를 범해 폭력을 겪었다고 가정하면 우리는 세상이 공정하다는, 아니면 적어도 예측 가능하다는 믿음을 유지할 수 있고, 제대로 행동하면 자신에게는 나쁜 일이 일어나지 않을 거라고 생각하며 안정감을 찾을 수 있다".[28] 정신과 의사 주디스 허먼 또한 "잔혹 행위에 대한 일반적인 반응은 그 일을 의식에서 지워버리는 것"[29]이라고 말한 바 있다.

상황을 더 어렵게 하는 것은 실제로 겪어보지 않으면 강간이 어떤 것인지 상상하기가 불가능하다는 점이다. 강간은 엄청나게 깊은 수치심을 느끼게 하므로 겪어보지 않은 사람은 이해할 수 없다던 라일리의 말을 떠올려보자. 그녀는 이렇게 설명했다. "〔강간은〕 정상이 아니니까요. (…) 루크는 나를 쓰러뜨리고 내가 짐승인 것처럼 내 위에 사정했어요. 사람들이 그걸 이해할 리 없었죠. 이해해줄 사람이 거의 없는 일을 겪었다는 것 자체가 수치스러웠어요."

세상에 강간 부정이 없었다면, 다음과 같은 일도 벌어질 리 없었을 터이다. 은퇴한 펜실베이니아 주립대 미식축구 코치 제리 선더스키가 학교 샤워실에서 어린 소년에게 구강성교를 강요하는 광경을 목격한 대학원생 조교는 미식축구팀 감독 조 패터노에게 이 사실을 말했고, 패터노는 다시 운동부 책임자 팀 컬리에게 이를 알렸다. 곧 컬리와 학교 부총장 게리 슐츠가 소집한 회의에 불려간 조교는 자신이 목격한 강간을 상세히 설명했다.

그리고 아무 일도 일어나지 않았다. 아무도 샤워실에 있던 소년이 누구인지, 소년이 어떻게 되었는지 알아보려 하지 않았다. 경찰이나 아동복지기관에 사건을 알린 사람도 없었다. 그래서 가해자는 그 뒤로 9년 동안이나 다른 소년들을 마음대로 학대할 수 있었다. 세 임직원과 학교 총장은 모두 그의 혐의를 알고 있으면서도 손가락 하나 까딱하지 않았다. 아무도 인간의 기본적인 양심에 따라 마땅히 해야 할 일을 하지 않았다. 결과적으로 패터노 감독과 총장을 비롯한 모든 관계자는 직장을 잃었다.[30]

이들 중 아무도 학교의 존경받는 전임 코치가, 특히 곤경에 처한 소년들을 돕는 봉사활동으로 유명한 사람이 강간범이라고는 결코 생각지 않았을 것이다. 하지만 바로 그 점이 핵심이다. 『뉴욕 타임스』 칼럼니스트 프랭크 브루니의 말대로 "조심해야 할 강간범은 트렌치코트를 입고 풀숲에 숨어 있기보다 사제복을 입고 제단 옆에 서 있거나 초시계를 들고 운동장을 걷고 있을 가능성이 크다".[31]

작가 알베르 카뮈는 악에 직면했을 때 평범한 사람들은 그저

소박한 양심에 따라 반응해야 한다는 점을 이해하고 있었다. "내가 주장하는 바는 단지 이 세상에 역병과 희생자가 존재하며, 우리는 힘닿는 한 역병과 힘을 합치지 않으려 애써야 한다는 점입니다."[32] 카뮈는 또한 절대적 개념이나 사상에 의한 지배가 견딜 수 없는 상황을 만들어낸다는 점도 잘 알고 있었다. "그리고 다른 인간과의 대화와 우정 없이 살아갈 수 없는 모든 이에게 이러한 침묵은 세상의 끝과도 같습니다."

2008년 11월 국제연합UN은 열세 살짜리 소말리아 소녀가 간통죄로 고발당한 뒤 이슬람 반군에게 투석형을 당해 죽었다고 보도했다. 소녀는 전쟁으로 폐허가 된 수도 모가디슈에 사는 할머니를 만나러 도보로 여행을 하다 세 남자에게 강간당했다. UN은 폭행당한 소녀가 당국에 보호를 요청했지만, 당국은 오히려 그녀에게 간통 혐의를 씌우고 사형을 선고했다고 전했다. 소녀는 경기장 바닥에 목까지 파묻혔고, 약 1000명이 지켜보는 가운데 50명의 남자가 그녀에게 돌을 던졌다. 공무원들은 세 번이나 소녀를 끄집어내 그녀가 죽었는지 확인했다.[33]

아샤 이브라힘 두홀로의 이 잔혹한 처형은 서방세계에 엄청난 파문을 일으켰다. 이 사건은 성폭력 생존자를 비난하고 처벌하는 수백 년 묵은 관습을 적나라하게 보여준다. 하지만 비록 극단적이기는 해도 이 사례가 미국사회에서 흔히 보이는 반응과 그렇게 다를까? 우리는 생존자에게 진짜 돌을 던지지는 않아도 무관심과 적대적 반응으로 상징적인 돌을 던지고, 피해자로 하여금 진짜 죽음은 아닐지라도 사회적 죽음 또는 생지옥을 겪게 한다.

"차라리 그가 날 죽였다면 좋았을 텐데. 그러면 이런 감정은 느끼지 않아도 되고, 사람들도 날 믿어주었을 텐데"라는 메건의 말은 이를 증명한다.

이 책은 커샌드라 허낸데즈의 이야기로 시작되었고, 또 그녀의 이야기로 끝을 맺으려 한다. 19세의 공군이었던 그녀는 파티에서 세 남자에게 강간당했다고 신고했다. 그러나 정작 풍기문란으로 기소당한 쪽은 그녀였고, 세 남성은 아무 일 없이 풀려났다. 허낸데즈 사건에서 공군이 취한 조치는 소말리아 사건과 방식이 비슷하지 않은가?[34] 공군이 사건을 그녀 탓으로 여겼다고밖에 생각할 수 없지 않을까?

홀로코스트 부정처럼 이데올로기에는 확실한 사실마저 무시하는 힘이 있다. 오늘날 홀로코스트를 부정하는 이들은 미치광이라는 적절한 호칭으로 불린다. 증거는 점점 더 축적되고 있으며, 이제 강간 부정도 홀로코스트 부정처럼 용납될 수 없는 것으로 바뀔 때가 왔다. 적어도 이 책이 폭력적 강간 통계와 허위 강간 신고 연구에 논쟁의 여지가 없다는 사실을 알리는 데 도움이 되었으면 한다. 오로지 진실만이 존재하며, 우리는 모두 진실을 말해야 한다. 강간을 부정하는 것은 세상을 여성에게 위험한 곳으로 만드는 동시에 강간범들에게 자유를 주는 행위다.

강간은 강간일 뿐이다.

2010년 봄 라일리는 루크가 감옥에서 풀려났고 규정대로 그
녀가 사는 주의 성범죄자 일람에 올랐음을 알게 되었다.

그 사실을 알고 조바심이 나서 엄청나게 힘들었어요. 하지만 다
시는 그가 내게서 행복을 앗아가지 못하게 하겠다고 마음먹고
즐거운 하루를 보내기로 했죠. 이제 울지 않아요. 내가 할 수 있
는 일은 다 했으니까요.

2011년 두 달마다 입·퇴원을 반복했던 라일리는 해가 바뀌기
전에 열 번째로 부비강 수술을 받았다. 또, 성격에 좋지 않은 영
향을 미치는 것 같아 진통제도 끊기로 했다고 내게 알려주었다.
 "지금도 여전히 힘들어요." 라일리는 말했다. "이제 루크도 감
옥에서 나왔고, 내 병세는 점점 더 심해지니까요."

2011년 1월 1일 라일리는 그동안 그녀에게 사랑과 정성을 쏟으며 곁을 지켜온 청년과 결혼했다. "내가 겪은 비극을 딛고 일어나 그 경험을 넘어서는 사랑을 할 수 있어서 정말 운이 좋았다고 생각해요."

2011년 11월 나는 라일리가 전체적인 '정비'를 받으러 또 병원에 입원했음을 알게 되었다. 낭포성 섬유증은 점점 더 악화됐고, 라일리는 거의 종일 호흡 통로를 깨끗이 하느라 갖은 애를 썼으며 병의 부수적 증상과 싸워야 했다. "몸이 더 좋아지지 않을 거란 점은 알고 있어요." 그녀가 말했다. 몇 년이 흐른 뒤에도 라일리는 끔찍한 두려움과 고통, 그리고 수치를 느꼈던 그 밤, 사람들 대부분이 상상조차 하지 못할 그날 밤이 끼친 깊은 영향에서 완전히 벗어나지 못했다. 강간이 남긴 영향에 맞서고, 루크의 석방을 염려하며, 몸을 유린하는 낭포성 섬유증과 싸우면서도 면식 강간에 대한 사람들의 태도를 바꾸기 위해 자신의 이야기를 내게 들려주겠다는 그녀의 결심은 그야말로 영웅적이었다.

이 책의 초안에서 마지막 장은 재판이 끝난 뒤 고립과 단절을 겪었던 라일리가 다시 세상과 연결됨을 느꼈다는 긍정적인 말로 마무리될 예정이었다. 원고의 마지막 네 문장은 다음과 같았다.

나쁜 일이 일어나긴 했지만, 제대로 해결되었어요. 정의가 승리했죠. 세상은 이제 낯설고 이상한 곳이 아니었어요. 마침내 세상이 좋은 곳이라는 생각이 들기 시작했죠.

라일리는 여기에 지극히 정당한 이견을 제시했다. "조디, 힘찬 맺음말이라 마음에 들어요. 나도 긍정적이 되려고 노력하고 있으니까요." 하지만 라일리는 이 결론이 정확하지는 않다고 지적했다.

세상의 뒷면을 보고 난 뒤에 다시 세상의 선함을 볼 수 있게 된 건 기적이에요. 실제로 좋은 면이 보여요. 희망이 없다고 생각지도 않아요. 사람들이 그렇게 생각하길 바라지도 않고요. 하지만 나는 피해자예요. 나는 여전히 망가졌다고 느끼고, 세상이 좋은 곳이라고 전적으로 믿는 날이 올지도 잘 모르겠다는 생각이 들어요.

감사의 말

킴벌리 론스웨이, 조앤 아캄볼트, 데이비드 리젝의 연구와 분석이 없었다면 이 책은 태어나지 못했을 것이다. 그들은 지식을 아낌없이 공유하고 도움이 될 다른 자료까지 기꺼이 알려주었다.

드폴대학교 로스쿨 린 법학도서관의 키미아타 게이니는 전국의 도서관을 뒤져 책과 논문을 찾아주었고, 교무처의 헤일리 디에고는 컴퓨터에 젬병인 나를 몇 번이나 구해주었다.

수전 베츠는 시카고 리뷰 프레스에서 이 책이 나올 수 있게 해주었고, 편집 차장 리사 리어든은 원고를 구석구석 정성 들여 읽은 뒤 놀랄 만큼 유용하고 자세한 조언을 주어 훨씬 더 깔끔하고 군더더기 없는 문장으로 원고를 다듬을 수 있게 도와주었다. 편집자 켈리 월슨은 교열과 제작에 눈부신 솜씨를 발휘해주었다.

친구와 동료들도 자기 일처럼 팔을 걷고 나섰다. 캐스 모리스 호퍼와 클레어 렌제티는 지난 5년간 불평 한마디 않고 셀 수 없이 많은 버전의 원고를 읽어주었다. 케이티 파이퍼와 킴 론스웨이도 초고를 꼼꼼히 검토해주었다. 앨런 래피얼은 한마디로 늘 내 곁에 있어주었다.

켄터키대학교의 TK 로건은 내게 강간 출현율 보고서 읽는 법을 알려주고 공신력 있는 최신 연구들을 소개해주었다. 수많은 초고를 대부분 읽고 오류를 전부 수정해주었을 뿐 아니라 강간에 관한 책을 내겠다는 출판사가 도무지 나타날 성싶지 않을 때조차 멋진 책이 나올 것이라며 계속 분발하도록 나를 독려했다. 『강간은 강간이다』를 그녀에게 바치는 이유다.

주

프롤로그

1 David Zucchino, "Air Force Charges Airman Who Accused Others of Rape," *Los Angeles Times*, August 12, 2007, http://articles.latimes.com/2007/aug/12/nation/na-rape12.

2 Carol Lloyd, "She Raped Herself," *Salon*, August 9, 2007, http://www.salon.com/2007/08/09/rape_herself/.

3 Jessica Valenti, *The Purity Myth: How America's Obsession with Virginity Is Hurting Young Women* (Berkeley, CA: Seal Press, 2009), 155.

4 여기서 소개하는 이야기는 모두 남성이 여성을 공격한 사례지만, 남성이 남성을 공격하거나 여성이 여성을 공격하는 면식 강간 사례도 있다. 성전환자가 관련된 사건도 이따금 발생한다. 하지만 연구 결과에 따르면 강간 피해자는 대부분 여성이다. 이런 이유로, 그리고 간결성을 위해 이 책에서는 피해자를 여성, 가해자를 남성으로 간주한다. 덧붙여 연구에 따르면 강간은 인종이나 민족에 따라 다른 양상을 보이는 것도 아니므로, 이런 차이는 이 책에서 다루는 기본 주제와 밀접한 관련이 없다고 보고 자세히 다루지 않는다.

1 도미니크 스트로스칸의 기소

1 이 장에서 다루는 사실관계는 모두 2011년 8월 22일 뉴욕 주가 제출한 공소장 No. 02526/2011호에 대한 기각 요청서에서 발췌한 것이다. 나피사투 디알로가 언론 인터뷰에서 실명 공개를 허락했으므로 여기서도 실명을 그대로 사용한다.

2 "L'affaire DSK: Le summum du bruit médiatique," *Radio France Internationale*, May 26, 2011, www.rfi.fr/france/20110526-affaire-dsk-le-bruit-mediatique-chiffres.

3 "The Downfall of DSK," *Economist*, May 21, 2011.

4 라일리는 실명이지만, 비밀을 보장하기 위해 성은 생략했다. 맨 처음 라일리를 인터뷰한 것은 2008년 11월 15일이었고, 그 뒤로 계속 이메일과 전화로 연락을 주고받았다. 라일리의 말은 모두 인터뷰 내용을 그대로 인용한 것이다.

5 2008년 11월 20일 리처드가 저자와 나눈 대화에서 발췌. 리처드는 라일리의 익명성을 보호하기 위해 사용한 가명이다. 리처드의 말은 모두 인터뷰 내용을 그대로 인용한 것이다.

6 Wendy Kaminer, "Feminism's Identity Crisis," *Atlantic Monthly*, October 1993, 67.

7 Nicola Gavey, Just Sex? The Cultural Scaffolding of Rape (New York: Routledge, 2005), 68.

2 강간 통계의 왜곡: 누가, 왜 통계를 왜곡하는가

1 Susan Brownmiller, *Against Our Will: Men, Women, and Rape* (New York: Simon and Schuster, 1975), 15.

2 브라운밀러는 강간이 린치처럼 근절될 수 있는 정치적 범죄라고 보았지만, 이는 강간을 일탈 행위가 아닌 성차별의 논리적 결과라고 보아야만 가능했다. 위의 책, 254. 브라운밀러의 글은 『타임』에도 이런 취지로 인용된 적이 있다("Women's Liberation Revisited," *Time*, March 20, 1972, www.time.com/time/magazine/article/0,9171,942512,00. html).

3 소설 속에서 교외에 사는 한 주부가 자기 딸이 강간당한 뒤 한 말이다. 문장 전체는 다음과 같다. "사람들 앞에서 어떤 식으로 살든, 남자들과 어떤 사이로 지내든, 여자와의 관계에서 남자는 모두 강간범이고, 그게 바로 남자란 존재다." (Marilyn French, *The Women's Room* [New York: Summit Books, 1977; New York: Penguin, 2009], 427) 『로스앤젤레스 타임스』는 이 소설이 200만 부나 팔렸다고 보도했다(Elaine Woo, "Marilyn French Dies at 79: Author of Feminist Classic 'The Women's Room,'" *Los Angeles Times*, May 5, 2009, http://articles.latimes.com/2009/may/05/local/me-marilyn-french5).

4 Catharine A. MacKinnon, *Women's Lives, Men's Laws* (Cambridge, MA: Harvard University Press, 2005), 247.

5 예를 들어 보수주의 활동가 캐리 L. 루카스는 매키넌이 확장 가능한 강간의 정의를 만들어 냈고, 이는 "여성이 나중에 성관계를 강간으로 보기로 마음먹지 않으리라고 남성이 확신할 수 있는 경우는 아예 없는 것이나 마찬가지라는 뜻"이라고 썼다(Carrie L. Lukas, *The Politically Incorrect Guide to Women, Sex, and Feminism* [Washington, DC: Regnery Publishing, 2006], 71). 일부 페미니스트도 강간이 이성애적 성 관습의 본질이라고 보는 것은 불리한 전략임을 파악하고, 강간에 대해 논할 때 이성애적 섹스 자체를 비난하는 것으로 비칠 만한 표현을 삼가려고 주의를 기울였다(Gavey, *Just Sex?*, 34~35, 232).

6 위의 책, 34.

7 Kathleen Parker, *Save the Males: Why Men Matter, Why Women Should Care* (New York: Random House, 2008), 31.

8 크리스티나 호프 소머스는 가부장제라는 개념 자체를 거부했다. "'90년대 무렵 이미 미국은 전 세계에서 여성이 가장 자유로우며 해방된 나라가 되었다고 생각합니다. 집단으로서 여성이 남성보다 훨씬 더 못한 처지에 있다는 말은 이제 '타당하지' 않습니다. 물론 여전히 불공평한 부분은 있지만, 미국 사회를 '가부장제'라고 칭하거나 미국 여성이 2등 시민이라고 말하는 것은 사실 터무니없는 일입니다." (Christina Hoff Sommers, "What's Wrong and What's Right with Contemporary Feminism?," [lecture, Hamilton College, Clinton, NY, January 8, 2009], www.aei.org/files/2008/11/19/20090108_ContemporaryFeminism.pdf) 소머스는 가부장적 여성 혐오가 아닌 폭력 범죄가 문

제라고 보았고, 여성만을 향한 공격이 아닌 사람을 향한 전반적 폭력 문제가 존재할 뿐이라고 말했다(Christina Hoff Sommers, *Who Stole Feminism? How Women Have Betrayed Women* [New York: Simon and Shuster, 1994], 223–24).

9 Alison Go, "Bowling Green Antifeminist Bake Sale Draws Ire," *U.S. News & World Report*, April 16, 2008, http://www.usnews.com/education/blogs/paper-trail/2008/04/16/bowling-green-antifeminist-bake-sale-draws-ire.

10 Sommers, *Who Stole Feminism?*, 21.

11 Lukas, *The Politically Incorrect Guide*, 60.

12 Sommers, *Who Stole Feminism?*, 91.

13 독립여성포럼은 큰 정부 프로그램을 지지하기 위해 피해자 규모를 과장하는 단체에 대안을 제시한다. 이 의견의 핵심 내용을 살펴보려면 다음을 참조. Abby Scher, "Post-Palin Feminism," *Public Eye* 23, no. 4 (2008), www.publiceye.org/magazine/v23n4/post_palin_feminism.html. 독립여성포럼은 주지사 세라 페일린이 레드 스테이트 페미니스트의 예라고 생각한다. Kay S. Hymowitz, "Red-State Feminism," *City Journal*, September 8, 2008, http://www.city-journal.org/2008/eon0908kh.html 및 Ronnee Schreiber, *Righting Feminism: Conservative Women and American Politics* (New York: Oxford University Press, 2008) 참조.

14 Kate O'Beirne, *Women Who Make the World Worse and How Their Radical Feminist Assault Is Ruining Our Families, Military, Schools, and Sports* (New York: Sentinel, 2006), 19.

15 RADAR, *Women Ask: "Has VAWA Lived Up to Its Promises?"* (Westfield, NJ: Respecting Accuracy in Domestic Abuse Reporting), http://www.mediaradar.org/docs/RADARflyer-Has-VAWA-Lived-Up-to-its-Promises.pdf, 2010년 4월 13일에 접속.

16 Mary P. Koss, Christine A. Gidycz, and Nadine Wisniewski, "The Scope of Rape: Incidence and Prevalence of Sexual Aggression and Victimization in a National Sample of Higher Education Students," *Journal of Consulting and Clinical Psychology* 55, no. 2 (1987): 168. 연구자들은 심리적 압박 관련 내용을 포함한 10개 문항을 사용했지만, 강간 출현율을 구할 때는 물리적 폭력에 관한 문항만을 집계했다. Mary P. Koss, "Defending Date Rape," *Journal of Interpersonal Violence* 7, no. 1 (1992): 123 참조.

17 Koss, Gidycz, and Wisniewski, "The Scope of Rape," 168. 전년도 6개월 동안 피해를 본 여성의 비율은 3.8퍼센트, 즉 1000명 중 38명 꼴이었다(위의 글, 168).

18 Mary P. Koss and Sarah L. Cook, "Facing the Facts: Date and Acquaintance Rape Are Significant Problems for Women," in *Current Controversies on Family Violence*, Richard J. Gelles and Donileen R. Loseke 편집 (Newbury Park, CA: Sage Publications, 1993), 104.

19 Koss, Gidycz, and Wisniewski, "The Scope of Rape," 167.

20 Koss, "Defending Date Rape," 123.

21 Neil Gilbert, "The Phantom Epidemic of Sexual Assault," *Public Interest* 103 (1991): 59, 61.

22 Koss and Cook, "Facing the Facts," 106.

23 Gavey, *Just Sex?*, 67.

24 Katie Roiphe, "Date Rape's Other Victim," *New York Times Magazine*, June 13, 1993, www.nytimes.com/1993/06/13/magazine/date-rape-s-other-victim.html?pagewanted=1.

25 Sommers, *Who Stole Feminism?*, 211~13.

26 위의 책, 215~16.

27 위의 책, 213.

28 Koss, "Defending Date Rape," 124.

29 위의 책, 125.

30 Sarah L. Cook, Christine A. Gidycz, Mary P. Koss, and Megan Murphy, "Emerging Issues in the Measurement of Rape Victimization," *Violence Against Women* 17, no. 2 (2011): 291~318.

31 "When No Means No," *National Review*, June 10, 1991, 12~13.

32 Wendy McElroy, "Rape Scandal Turns Sympathy into Skepticism," FoxNews.com, April 21, 2004, www.foxnews.com/story/0,2933,117690,00.html.

33 L. Lukas, "One in Four? Rape Myths Do Injustice, Too," National Review Online, April 27, 2006, http://old.nationalreview.com/lukas200604270647.asp; Carrie L. Lukas, "One in Four? Rape Myths Do Injustice, Too," Independent Women's Forum, April 27, 2006, http://www.iwf.org/news/2432517/One-in-Four-Rape-myths-do-injustice-too; Carrie L. Lukas, *The Politically Incorrect Guide*, 55~74.

34 Lukas, "One in Four?"

35 Heather Mac Donald, "The Campus Rape Myth," City Journal 18, no. 1 (winter 2008), www.city-journal.org/2008/18_1_campus_rape.html. "What Campus Rape Crisis?," *Los Angeles Times*, February 24, 2008, http://articles.latimes.com/2008/feb/24/opinion/op-mac_donald24도 참조.

36 Robert VerBruggen, "Mac Donald vs. Koss on the Prevalence of Campus Rape," *National Review Online*, March 5, 2008, www.nationalreview.com/phi-beta-cons/42712/mac-donald-vs-koss-prevalence-campus-rape. 보수주의 활동가인 데이비드 호로위츠는 맥 도널드의 글을 자신의 블로그 frontpagemag.com에 게재했다. 이 글을 조회할 수 있는 다른 URL로는 www.savethemales.ca/campus_rape_crisis_is_politica.html (October 15, 2009)와 www.thetruthseeker.co.uk/oldsite/print.asp?ID=11480 (October 15, 2009) 등이 있다.

37 "Take Back the Nonsense," *The Western Right* (blog), April 20, 2008, http://wmugop.blogspot.com/2008/04/take-back-nonsense.html과 "Rape Statistics Far Less Scary than Columnist Claims," *Cornell Daily Sun*, April 19, 2007, http://cornellsun.com/node/2309 참조.

38 Kathleen Parker, *Save the Males: Why Men Matter, Why Women Should Care* (New York: Random House, 2008), 20~35.

39 Barry Deutsch ("Ampersand"), "Why Don't They Give Up on Attacking Koss Already?," *Alas, a Blog*, January 26, 2005, www.amptoons.com/blog/archives/2005-01/26/why-dont-they-give-up-on-attacking-koss-already.

40 Barry Deutsch, "Response to Christina Hoff Sommers, Part 3: Truths and Lies," *Blog by Barry*, January 27, 2009, http://barrydeutsch.wordpress.com/2009/01/27/response-to-christina-hoff-sommers-part-3-truths-and-lies/.

41 Valenti, *The Purity Myth*, 164.

42 위의 책.

43 Leslie H. Gelb, Power Rules: How Common Sense Can Rescue American Foreign Policy (New York: HarperCollins, 2009), 294.

44 이 인용문은 2009년 8월 12일 다음 글에 대한 블로그 댓글에서 발췌했다. "Myths or Facts in Feminist Scholarship? An Exchange Between Nancy K. D. Lemon and Christina Hoff Sommers," *Chronicle Review*, August 10, 2009, http://chronicle.com/article/Domestic-Violence-a/47940.

45 Koss, "Defending Date Rape," 125.

46 "Valedictorian of UC Berkeley Tells Graduating Class That Men Are Raping Women on Campus with Abandon," *False Rape Society* (blog), May 26, 2009, http://falserapesociety.blogspot.com/2009/05/valedictorian-of-uc-berkeley-

tells.html.

47 위의 글.

48 이 인용문들은 2004년 1월 16일 앵그리 해리에 올라온 글에서 발췌했다(www.angry-harry.com/esMostRapeAllegationsAreFalse.htm).

49 "Guide to Feminist Nonsense," *Angry Harry*, 2009년 6월 15일에 접속, http://www.angryharry.com/notefeminismforstudents2.htm?main.

50 2004년 8월 14일 앵그리 해리에 올라온 글에서 발췌한 내용이다(www.angryharry.com/esRapeBaloney.htm).

51 Stuart Taylor Jr. and KC Johnson, *Until Proven Innocent: Political Correctness and the Shameful Injustices of the Duke Lacrosse Rape Case* (New York: St. Martin's Press, 2007), 392.

52 Stuart Taylor Jr., " 'Rape' and the Navy's P.C. Police," *Atlantic magazine*, April 10, 2007, http://www.theatlantic.com/magazine/archive/2007/04/rape-and-the-navys-pc-police/305857/.

53 위의 글.

54 Stuart Taylor Jr., "An Outrageous Rush to Judgment," *Atlantic magazine*, May 2, 2006, www.theatlantic.com/magazine/archive/2006/04/an-outrageous-rush-to-judgment/4904. 크리스티나 호프 소머스는 강간에 정치적 올바름이 적용된 또 한 건의 유감스러운 사례를 다음과 같이 인용한다.
"최근 바사대학교에서 몇몇 남학생이 데이트 강간으로 무고하게 기소된 일이 있었다. 그들의 무죄가 확정된 뒤 부학생처장 캐서린 커민스는 이들이 겪은 고난에 대해 이렇게 말했다. '이들은 커다란 고통을 겪었지만, 이 고통이 불필요한 것이었다고는 생각지 않습니다. 이상적으로 보면 이를 통해 자기 성찰의 과정이 시작될 수도 있으니까요. '내가 여자를 어떻게 보고 있는가?' '실제로는 그녀를 강간하지 않았지만, 그럴 수도 있었을까?' '내게 씌워진 혐의를 실제로 실행할 마음이 있지는 않았을까?' 이런 질문들은 던져볼 가치가 있습니다.' 커민스 처장은 '유죄로 밝혀질 때까지는 무죄로 추정한다'는 법의 원칙 대신 '무죄로 밝혀진다 해도 유죄'라는 페미니스트식 원칙을 적용하는 것이 옳다고 여기는 것이 틀림없다. 사실 커민스는 이 학생들이 진정으로 무고하다고는 믿지 않는다. 어째서일까? 남성이며, 가부장적 문화에서 자랐다는 사실만으로도 그들이 실제로는 저지르지도 않은 강간을 '충분히 저지를 수 있었다'고 믿기 때문이다. 커민스는 남성 문제에 있어서만큼은 집단적 유죄가 적용된다고 진심으로 믿는 모양이다(*Who Stole Feminism?*, 92)."

55 Karen D'Souza, " 'Doubt' Certainly Raises Questions," *Mercury News*, November 5, 2006.

56 Elizabeth Kolbert, "The Things People Say: Rumors in an Age of Unreason," *New Yorker*, November 2, 2009, 112.

57 위의 글, 112~113

58 Kathryn Joyce, "Men's Rights Groups Have Become Frighteningly Effective," *DoubleX* (blog), November 5, 2009, http://www.doublex.com/section/news-politics/mens-rights-groups-have-become-frighteningly-effective.

59 위의 글.

60 위의 글.

61 Paul Elam, "John Jasper's Hate Campaign and What to Do About It," *A Voice for Men* (blog), February 9, 2011, http://www.avoiceformen.com/feminism/feminist-lies-feminism/josh-jaspers-hate-campaign-and-what-to-do-about-it/.

62 저자는 2007년 4월 3일과 2007년 5월 10일에 트레이시를 인터뷰했다. 트레이시의 말은 모두 이 인터뷰에서 그대로 인용한 것이다. 트레이시는 익명성을 보장하기 위해 사용한 가명이다.

3 페미니스트들의 공격: 면식 강간은 여성의 성적 자유에 따르는 대가다?

1 Laura Kipnis, *The Female Thing: Dirt, Sex, Envy, Vulnerability* (New York: Pantheon Books, 2006), 131.

2 Jennifer Scanlon, *Bad Girls Go Everywhere: The Life of Helen Gurley Brown* (New York: Oxford University Press, 2009), 215.

3 Camille Paglia, *Sex, Art and American Culture: Essays* (New York: Vintage Books, 1992), 71.

4 위의 책, 63

5 Katie Roiphe, *The Morning After: Sex, Fear, and Feminism on Campus* (Boston: Little, Brown and Company, 1993), 80.

6 위의 책, 79

7 위의 책, 75

8 위의 책, 53~54

9 위의 책, 42

10 위의 책, 53~54

11 위의 책, 54

12 Linda Martin Alcoff, "On Prejudging the Duke Lacrosse Team Scandal" (연설, the Institute for the Study of the Judiciary, Politics and the Media at Syracuse University, Syracuse, NY, September 2006), www.alcoff.com/content/dukelacrosse.html.

13 Lizz Winstead, "Jezebelism," *Huffington Post*, July 4, 2008, www.huffingtonpost.com/lizz-winstead/jezebelism_b_110903.html.

14 Linda Hirshman, "The Trouble with Jezebel," *DoubleX* (blog), May 12, 2009, www.doublex.com/section/news-politics/trouble-jezebel.

15 Katha Pollitt, "Amber Waves of Blame," *Nation*, June 15, 2009, 10. 작가 나오미 울프 또한 개인적이며, 섹스에 초점을 맞추는 현대 페미니즘에는 역사와 정치가 결여되어 있다는 약점이 있다고 비판했다. "페미니즘은 스스로 변화할 필요가 있었다. 제2의 물결 (1960년대 후반의 여성운동 — 옮긴이) 시대처럼 극도로 진지하고 때로 비판적인 어조를 유지할 수는 없었다. 하지만 자신의 역사를 알지 못한다면 페미니즘은 위험에 봉착하게 되며, 외설적 문신과 콘돔이 혁명을 일으켜주지는 않는다(Naomi Wolf, "Who Won Feminism?," *Washington Post*, May 3, 2009)."

16 Susannah Breslin, "Trigger Warnings Don't Work. Here's Why," *True/Slant* (blog), April 14, 2010, http://trueslant.com/susannahbreslin/2010/04/trigger-warnings-dont-work-heres-why.

17 Vanessa, "Susannah Breslin: Certifiable Asshole," *Feministing*, April 13, 2010, http://feministing.com/2010/04/13/susannah-breslin-certifiable-asshole.

18 Kipnis, *The Female Thing*, 136.

19 Allen J. Beck and Paige M. Harrison, *Sexual Victimization in State and Federal Prisons Reported by Inmates, 2007* (Washington, DC: US Department of Justice, Bureau of Justice Statistics, December 2007), http://bjs.ojp.usdoj.gov/content/pub/pdf/svsfpri07.pdf.

20 2008~2009년 설문 결과 강간 피해자가 4만8300명으로 집계되었다. 이를 2008년 FBI 통계의 8만9000건, 2008년 전국 범죄 피해 조사의 20만3830건과 비교해보라. 2008년 연구에서는 수감자 중 여성의 4.7퍼센트, 남성의 2.9퍼센트가 강간 피해자로 밝혀졌다. 이 결과는 조사 당시 교도소에 있었던 이들의 경험만을 수집한 것이므로 실제 교도소 강간 수치는 이보다 높다. 그러나 여성 피해자 수가 남성 피해자보다 많은 현상은 그대로일 것이다. Allen J. Beck and Paige M. Harrison, *Sexual Victimization in Prisons and Jails Reported by Inmates, 2008~2009* (Washington, DC: US Department of Justice, Bureau of Justice Statistics, August 2010), 7, http://bjs.ojp.usdoj.gov/

content/pub/pdf/svpjri0809.pdf; Federal Bureau of Investigation, *Crime in the United States 2008* (Washington, DC: Federal Bureau of Investigation, 2008), http://www2.fbi.gov/ucr/cius2008/index.html; Michael R. Rand, Criminal Victimization, 2008 (Washington, DC: US Department of Justice, Bureau of Justice Statistics, September 2009), 1, http://bjs.ojp.usdoj.gov/content/pub/pdf/cv08.pdf 참조.

21 Federal Bureau of Investigation, *Crime in the United States*, 2007 (Washington, DC: Federal Bureau of Investigation, 2007), http://www2.fbi.gov/ucr/cius2007/index.html.

22 Michael Rand and Shannan Catalano, Criminal Victimization, 2007 (Washington, DC: US Department of Justice, Bureau of Justice Statistics, December 2007), 1, http://bjs.ojp.usdoj.gov/content/pub/pdf/cv07.pdf.

23 Kipnis, The Female Thing, 131.

24 위의 책.

25 위의 책.

26 David Allen Green, "Why Assange Lost," *New Statesman*, February 28, 2011.

27 위의 글.

28 Karla Adam, "Julian Assange's Unauthorized Autobiography Released in London," *Washington Post*, September 22, 2011.

29 "Julian Assange Extradition Appeal Hearing—Tuesday 12 July 2011," *Guardian News* Blog, http://www.guardian.co.uk/media/2011/jul/12/julian-assange-extradition-live-coverage.

30 Alexander Cockburn, "Julian Assange: Wanted by the Empire, Dead or Alive," *CounterPunch*, December 3~5, 2010, http://www.counterpunch.org/2010/12/03/julian-assange-wanted-by-the-empire-dead-or-alive/.

31 Naomi Wolf, "Julian Assange Captured by World's Dating Police," *Huffington Post*, December 7, 2010, http://www.huffingtonpost.com/naomi-wolf/interpol-the-worlds-datin_b_793033.html.

32 위의 글.

33 Naomi Wolf, "Julian Assange's Sex-Crime Accusers Deserve to Be Named," *Guardian*, January 5, 2011, http://www.guardian.co.uk/commentisfree/2011/jan/05/julian-assange-sex-crimes-anonymity.

34 Katha Pollitt, "The Case of Julian Assange," *Nation*, January 10/17, 2011.

35 Mark Whittington, "Nir Rosen Makes Light of Lara Logan Sexual Assault," *Yahoo! Voices*, February 16, 2011, http://voices.yahoo.com/nir-rosen-makes-light-lara-logan-sexual-assault-7871726.html.

36 Mary Elizabeth Williams, "What Not to Say about Lara Logan," *Salon*, February 15, 2011, http://www.salon.com/2011/02/15/lara_logan_rape_reaction/.

37 위의 글.

38 Alex Knepper, "Dealing with AU's Anti-sex Brigade," *Eagle*, March 28, 2010, www.theeagleonline.com/opinion/story/dealing-with-aus-anti-sex-brigade.

39 Jonelle Walker, letter to the editor, *Eagle*, March 29, 2010, www.theeagleonline.com/opinion/story/letters-to-the-editor-000.

4 보수주의자들의 공격: 여성이 헤퍼서 강간이 벌어진다?

1 "The Future of Feminism: An Interview with Christina Hoff Sommers," by Scott London, *Scott London* (blog), 2009년 8월 20일 접속, www.scottlondon.com/

interviews/sommers.html.

2 Heather Mac Donald, "The Campus Rape Myth," *City Journal*, Winter 2008, www.city-journal.org/2008/18_1_campus_rape.html.

3 위의 글.

4 Naomi Schaefer Riley, "Ladies, You Should Know Better: How Feminism Wages War on Common Sense," *Wall Street Journal*, April 14, 2006, http://www.ncdsv. org/images/LadiesYouShouldKnowBetter.pdf.

5 Kathleen Parker, "'Save the Males': Ho Culture Lights Fuses, but Confuses," *New York Daily News*, June 30, 2008, www.nydailynews.com/lifestyle/2008/06/30/2008-06-30_save_the_males_ho_culture_lights_fuses_b.html.

6 Charlotte Allen, "The New Dating Game: Back to the New Paleolithic Age," *Weekly Standard*, February 15, 2010, www.weeklystandard.com/print/articles/new-dating-game.

7 Jessica Valenti, *The Purity Myth: How America's Obsession with Virginity Is Hurting Young Women* (Berkeley, CA: Seal Press, 2009), 157.

8 Dan Rottenberg, "Male Sex Abuse and Female Naivete," *Broad Street Review*, June 6, 2011, http://www.broadstreetreview.com/index.php/main/article/male_sex_abuse_and_female_naivete.

9 위의 글.

10 Jessica Wakeman, "Male Editor Blames Lara Logan's Boobs for Her Assault, Extols 'Conquering an Unwilling Sex Partner,'" *The Frisky*, June 9, 2011, www.thefrisky.com/post/246-creepy-philly-editor-blames-lara-logan-for-her-assault-extols-conquer.

11 Laura Sessions Stepp, "A New Kind of Date Rape," Cosmopolitan, www.cosmopolitan.com/sex-love/tips-moves/new-kind-of-date-rape, accessed October 17, 2007. 훅업 문화와 '회색 강간'에 대해 더 자세히 알고 싶다면 Laura Sessions Stepp, *Unhooked: How Young Women Pursue Sex, Delay Love and Lose at Both* (New York:Penguin, 2007) 참조.

12 위의 글.

13 Wendy Shalit, *A Return to Modesty: Discovering the Lost Virtue* (New York: Free Press, 1999), 42.

14 위의 책, 44.

15 Wendy Shalit, *Girls Gone Mild: Young Women Reclaim Self-Respect and Find It's Not Bad to Be Good* (New York: Random House, 2007), 277.

16 Jessica Valenti, "Speechifying: So-called Hook Up Culture and the Antifeminists Who Love It," Feministing, February 20, 2009, http://feministing.com/2009/02/20/speechifying_so-called_hook_up/ 참조. 페미니스트들의 관점을 요약한 내용을 보려면 Stephanie Rosenbloom, "A Disconnect on Hooking Up," New York Times, March 1, 2007, http://www.nytimes.com/2007/03/01/fashion/01hook.html?pagewanted=all 참조.

17 Americanchoicegirl, 2009년 2월 20일 http://feministing.com/2009/02/20/speechifying_so-called_hook_up/에 달린 댓글.

18 Suzanne Venker and Phyllis Schlafly, *The Flipside of Feminism: What Conservative Women Know—and Men Can't Say* (Washington, DC: WND Books, 2011), 152.

19 위의 책.

20 Alan Travis, "David Cameron Urged to Sack Kenneth Clarke over Rape Comments," *Guardian*, May 18, 2011.

21 Jane Martinson, "Rape Is Rape, Ken Clarke," *Guardian*, May 18, 2011.

22 Carine M. Mardorossian, "Toward a New Feminist Theory of Rape," *Signs* 27 (2002): 753, 756.

23 Carine M. Mardorossian, "Toward a New Feminist Theory of Rape," *Signs* 27 (2002): 753, 756.

24 Charles J. Sykes, *A Nation of Victims: The Decay of the American Character* (New York: St. Martin's Press, 1992), 185.

25 Meloy and Miller, *Victimization*, 26.

26 Sharon Lamb, *The Trouble with Blame: Victims, Perpetrators, and Responsibility* (Cambridge, MA: Harvard University Press, 1996), 184.

27 Rachel Coen, "The Stossel Treatment: Selective Editing and Other Unethical Tactics," *Fairness & Accuracy in Reporting*, March/April 2003, www.fair.org/index.php?page=1134.

28 Jenna Johnson, "AU Date Rape Column Angers Students," *Washington Post*, March 29, 2010, http://voices.washingtonpost.com/campus-overload/2010/03/column_questions_date_rape_ang.html.

29 Amy Dickinson, Ask Amy, *Chicago Tribune*, November 27, 2009.

30 Amy Dickinson, Ask Amy, *Chicago Tribune*, December 8, 2009.

31 BBC News, "Women Say Some Rape Victims Should Take Blame," February 15, 2010, http://news.bbc.co.uk/2/hi/8515592.stm.

32 James C. McKinley Jr., "Vicious Assault Shakes Texas Town," *New York Times*, March 9, 2011.

33 Shelby Knox, 저자와 교환한 이메일에서 인용, 2011년 3월 11일.

34 Arthur S. Brisbane, "Gang Rape Story Lacked Balance," *Public Editor's Journal* (blog), New York Times, March 11, 2011, http://publiceditor.blogs.nytimes.com/2011/03/11/gang-rape-story-lacked-balance/.

35 위의 글. 몇 주 뒤 해당 신문에 후속 기사가 실렸지만, 사법 당국에서 공개한 정보가 빠져 있어 오히려 혼란을 가중했다. 게다가 성폭행에 관한 서술에 "그 자리에 있던 남성 몇 명과 성관계를 맺고 구강성교를 했다"와 같은 구절이 포함돼 있었다(James C. McKinley and Erica Goode, "3-Month Nightmare Emerges in Rape Inquiry," *New York Times*, March 28, 2011, http://www.nytimes.com/2011/03/29/us/29texas.html?pagewanted=all).

36 Jason Linkins, "In Wake of Texas Gang Rape, Florida Lawmaker Proposes School Dress Code Legislation," Huffington Post, March 16, 2011, http://www.huffingtonpost.com/2011/03/16/texas-gang-rape-aftermath-florida-law_n_836841.html.

37 Joanne Ardovini-Brooker and Susan Caringella-MacDonald, "Media Attribution of Blame and Sympathy in Ten Rape Cases," *Justice Professional* 15 (2002): 16.

38 Sady Doyle, "John Boehner's Push to Redefine Rape," Salon, February 1, 2011. *No Taxpayer Funding for Abortion Act: Hearing on H.R. 3, Before the Subcommittee on the Judiciary, House of Representatives, 112th Cong., First Session* (2011), http://judiciary.house.gov/hearings/printers/112th/112-9_64404.PDF도 참조.

39 Editorial, "The Repugnant Code Behind Todd Akin's Words," *Washington Post*, August 20, 2012.

40 Emily Bazelon, "Charmaine Yoest's Cheerful War on Abortion," *New York Times Magazine*, November 2, 2012.

41 Sam Stein, "Obama on Todd Akin: 'Rape Is Rape,'" *Huffington Post*, August 20, 2012.

42 American Congress of Obstetricians and Gynecologists, "Statement on Rape and

Pregnancy," news release, August 20, 2012, http://www.acog.org/About_ACOG/ News_Room/News_Releases/2012/Statement_on_Rape_and_Pregnancy.

43 Vera Bergelson, *Victims' Rights and Victims' Wrongs: Comparative Liability in Criminal Law* (Stanford, CA: Stanford University Press, 2009), 41~43.

44 위의 책, 101.

45 위의 책, 43.

46 Vanessa Place, *The Guilt Project: Rape, Morality, and Law* (New York: Other Press, 2010).

47 위의 책, 144.

48 "Chicago Police Don't Give a Shit About Women," *Feministing*, April 30, 2010, http://community.feministing.com/2010/04/chicago-police-dont-give-a-shi. html.

49 Jessica Valenti, "SlutWalks and the Future of Feminism," *Washington Post*, June 3, 2011.

50 Paul W. Valentine, "Maryland Judge Under Fire for Comments on Rape," *Washington Post*, May 9, 1993.

51 Lynn Hecht Schrafran, 저자와 이메일로 나눈 대화에서 인용, 2010년 7월 27일.

52 Betsy Stanko and Emma Williams, "Reviewing Rape and Rape Allegations in London," in *Rape: Challenging Contemporary Thinking*, A. H. Horvath and Jennifer M. Brown 편집 (Portland, OR: Willan Publishing, 2009), 215.

53 위의 책, 219.

54 Teresa P. Scalzo, *Prosecuting Alcohol-Facilitated Sexual Assault* (Alexandria, VA: American Prosecutors Research Institute, 2007), 20.

55 Joseph Shapiro, "Myths That Make It Hard to Stop Campus Rape," National Public Radio, March 4, 1010, http://www.npr.org/templates/story/story. php?storyId=124272157.

56 Scott Turow, *Limitations* (New York: Picador, 2006).

57 이러한 사실과 사건 경과에 관한 정보는 모두 다음 글에 정리되어 있다. Christy Gutowski and Georgia Evdoxiadis, "'I Feel Great,'" *Daily Herald*, March 4, 2006.

58 John Bisognano, "Juror: Tape Key to Verdict," *Chicago Tribune*, March 9, 2006.

59 위의 글.

60 Dan Rozek, "Judge: Woman Need Not View Tape," *Chicago Sun-Times*, March 2, 2006.

61 Eric Zorn, "Why the 'Make Her Watch' People Are Wrong," *Chicago Tribune*, March 2, 2006.

62 Art Golab, "I Suffered More than Girl, Says Missbrenner," *Chicago Sun-Times*, March 9, 2006.

63 Eric Zorn, "Why the 'Make Her Watch' People Are Wrong."

64 "The Case of Beckett Brennan: Katie Couric Reports on One Woman's Claim of an In-Campus Sexual Assault and How It Was Handled," *60 Minutes*, April 17, 2011, www.cbsnews.com/stories/2011/04/17/60minutes/main20054339.shtml.

65 Richard Huff, "Lara Logan: 'Life Is Not About Dwelling on the Bad,'" *New York Daily News*, January 22, 2012.

66 Steven Pinker, *The Better Angels of Our Nature: Why Violence Has Declined* (New York: Viking, 2011), 397.

67 Deborah Tuerkheimer, "Slutwalking in the Shadow of the Law" (working paper, DePaul University College of Law, Chicago, 2012), http://papers.ssrn.com/sol3/papers.cfm?abstract_id=2009541.

68 저자는 2009년 1월 30일에 대니엘을 인터뷰했다. 대니엘의 말은 모두 이 인터뷰에서 그

대로 인용한 것이다. 대니엘은 익명성을 보장하기 위해 사용한 가명이다.

69 저자는 2009년 1월 29일에 새를 인터뷰했다. 새의 말은 모두 이 인터뷰에서 그대로 인용한 것이다. 새는 익명성을 보장하기 위해 사용한 가명이다.

5 강간이 '유행병'인가?

1 *Rape in America: A Report to the Nation* (Arlington, VA: National Victim Center and Crime Victims Research and Treatment Center, Medical University of South Carolina, 1992), 3, 6, http://www.musc.edu/ncvc/resources_prof/rape_in_america.pdf.

2 Dean G. Kilpatrick 외, *Drug-Facilitated, Incapacitated, and Forcible Rape: A National Study* (Charleston, SC: Medical University of South Carolina, 2007), 27, 44, www.ncjrs.gov/pdffiles1/nij/grants/219181.pdf. 인구 증가의 영향으로 1991년에서 2006년 사이 폭력적 강간을 당한 것으로 추정되는 성인 여성의 절대적 숫자도 증가한다는 점에 유의하라. 설문에는 강간을 확인하기 위한 질문 여섯 개 문항이 포함되었지만, 알코올과 약물에 대한 질문은 폭력적 강간 질문과 별개로 분리되어 있다. 1. 성인/미성년 남성이 폭력을 쓰거나 당신 또는 당신과 가까운 사람을 해치겠다고 위협해 당신과 성교를 한 적이 있습니까? 오해가 없도록 보충하자면, 여기서 성교란 음경을 질에 넣는 행위를 말합니다. 2. 남성 또는 여성이 폭력을 쓰거나 해치겠다는 위협을 가해 당신에게 구강성교를 하게 한 적이 있습니까? 오해가 없도록 보충하자면, 여기서 구강성교란 성인/미성년 남성이 음경을 당신 입에 넣는 것, 또는 누군가가 당신의 질 또는 항문에 입술이나 혀를 집어넣는 것을 말합니다. 3. 누군가가 폭력을 쓰거나 해치겠다는 위협을 가해 당신에게 항문성교를 한 적이 있습니까? 여기서 항문성교란 누군가가 음경을 당신의 항문이나 직장에 넣는 행위를 말합니다. 4. 당신이 원하지 않는데도 누군가가 폭력을 쓰거나 해치겠다는 위협을 가해 손가락이나 기타 물체를 당신의 질이나 항문에 넣은 일이 있습니까? 5. 당신이 술을 많이 마셔서 심하게 취했거나 의식을 잃은 상태에서 당신이 원하지 않았는데도 누군가가 당신에게 성행위를 한 적이 있습니까? 여기서 성행위란 성인/미성년 남성이 음경을 당신의 질, 항문 또는 입에 넣는 것을 가리킵니다. 6. 누군가가 당신에게 약물을 주어서, 또는 당신이 약물을 복용해서 심하게 취했거나 의식을 잃은 상태에서 당신이 원하지 않았는데도 그 사람이 당신에게 성행위를 한 적이 있습니까? 여기서 성행위란 성인/미성년 남성이 음경을 당신의 질, 항문 또는 입에 넣는 것을 가리킵니다 (위의 보고서, 16).

3 위의 보고서, 56

4 Michele C. Black 외, *The National Intimate Partner and Sexual Violence Survey* (*NISVS*): *2010 Summary Report* (Atlanta, GA: National Center for Injury Prevention and Control, Centers for Disease Control and Prevention), 18~19, http://www.cdc.gov/ViolencePrevention/pdf/NISVS_Report2010-a.pdf.

5 Roni Caryn Rabin, "Nearly 1 in 5 Women in U.S. Survey Say They Have Been Sexually Assaulted," *New York Times*, December 14, 2011.

6 Christina Hoff Sommers, "How the CDC Is Overstating Sexual Violence in the U.S.," *Washington Post*, January 27, 2012.

7 1995~1996년 연구자들은 미국에서 여성 8000명을 인터뷰했다. 이 표본에서 완료된 강간에 대한 평생 출현율은 14.8퍼센트였다. 강간은 "피해자의 동의 없이 강제로 이루어진 질, 구강, 항문 삽입"으로 정의되었다(Patricia Tjaden and Nancy Thoennes, *Extent, Nature, and Consequences of Rape Victimization: Findings from the National Violence Against Women Survey* [Washington, DC: US Department of Justice, 2006], 9, www.ncjrs.gov/pdffiles1/nij/210346.pdf). 2001~2003년 연구자들은 무작위 전화 설문 4877건을 시행해 10.6퍼센트의 여성(1170만 명)이 평생 최소 한 차례 강

제적 성행위를 겪었다는 결과를 얻었다. 같은 피해를 겪었다고 답한 남성은 2.1퍼센트였다. 강제적 성행위는 "자신의 의지에 반해 일어난 질, 구강, 항문 삽입 또는 성교"로 정의되었다(Kathleen C. Basile 외, "Prevalence and Characteristics of Sexual Violence Victimization Among U.S. Adults, 2001~2003," *Violence and Victims* 22, [2007]: 441). 다양한 최근 조사의 요약본과 결과 비교를 보고 싶다면 Dean G. Kilpatrick and Kenneth J. Ruggiero, "Making Sense of Rape in America: Where Do the Numbers Come from and What Do They Mean?," (paper, National Online Resource Center on Violence Against Women, 2004), http://new.vawnet.org/Assoc_Files_VAWnet/MakingSenseofRape.pdf를 참조하자.

8 예를 들어 Roni Caryn Rabin, "Nearly 1 in 5 Women in U.S. Survey Say They Have been Sexually Assaulted," *New York Times*, December 14, 2011을 참조.

9 위의 글.

10 Jessica Ravitz, "Rape Victims Offer Advice to Today's College Women," CNN, December 15, 2009, http://articles.cnn.com/2009-12-15/living/sexual.assaults. college.campuses_1_rapes-students-today-sexual-assault?_s=PM:LIVING.

11 Piper Fogg, "Programs Proliferate, but 'It's Hard to Know' Whether They Work," *Chronicle of Higher Education*, November 29, 2009, http://chronicle.com/article/Rape-Prevention-Programs/49151.

12 Kilpatrick 외, Drug-Facilitated, *Incapacitated, and Forcible Rape*, 27~28. 앞서 시행된 조사에서는 대학생들의 평생 강간 출현율이 이보다 좀 더 높은 수치인 13.1퍼센트로 나타났다("Youth Risk Behavior Surveillance: National College Health Risk Behavior Survey—United States," Morbidity and Mortality Weekly Report 46 [1995], www.cdc.gov/mmwr/preview/mmwrhtml/00049859.htm).

13 위의 책, 44.

14 Bonnie S. Fisher, Francis T. Cullen, and Michael G. Turner, *The Sexual Victimization of College Women* (Washington, DC: US Department of Justice, December 2000), 10, http://www.ncjrs.gov/pdffiles1/nij/182369.pdf.

15 위의 책, 23.

16 Christopher P. Krebs 외, *The Campus Sexual Assault* (CAS) Study (Research Triangle Park, NC: RTI International, 2007), 5~2, www.ncjrs.gov/pdffiles1/nij/grants/221153.pdf.

17 Danice K. Eaton 외, "Youth Risk Behavior Surveillance—United States, 2009," *Surveillance Summaries* 59, 5 (2010): 6, http://www.cdc.gov/MMWR/preview/mmwrhtml/ss5905a1.htm.

18 Kilpatrick 외, *Drug-Facilitated, Incapacitated, and Forcible Rape*, 23.

19 Black, *National Intimate Partner*, 22.

20 위의 책, 30.

21 Tjaden and Thoennes, *Extent, Nature, and Consequences*, 21.

22 Raquel Kennedy Bergen, *Marital Rape: New Research and Directions* (Harrisburg, PA: National Online Resource Center on Violence Against Women, 2006), http://vawnet.org/assoc_files_vawnet/ar_maritalraperevised.pdf.

23 David Lisak and Paul M. Miller, "Repeat Rape and Multiple Offending Among Undetected Rapists," *Violence and Victims* 17 (2002): 78.

24 위의 책, 81.

25 Stephanie K. McWhorter 외, "Reports of Rape Reperpetration by Newly Enlisted Male Navy Personnel," *Violence and Victims* 24 (2009): 209~210, 213.

26 Michael Rand, "The National Crime Victimization Survey: 34 Years of Measuring Crime in the United States," *Statistical Journal of the United Nations* ECE 23 (2006): 291.

27 위의 책, 299.

28 Kilpatrick and Ruggiero, "Making Sense of Rape in America," 5.

29 Bonnie S. Fisher, *Measuring Rape Against Women: The Significance of Survey Questions* (Washington, DC: US Department of Justice, 2004), 1~4, 10, www. ncjrs.gov/pdffiles1/nij/199705.pdf.

30 Jennifer L. Truman and Michael Rand, *Criminal Victimization*, 2009 (Washington, DC: US Department of Justice, 2010), 11, http://bjs.ojp.usdoj.gov/content/pub/pdf/cv09.pdf. Jennifer L. Truman, *Criminal Victimization*, 2010 (Washington, DC: US Department of Justice, 2011), 14, http://bjs.ojp.usdoj.gov/content/pub/pdf/cv10.pdf.

31 Michael R. Rand, *Criminal Victimization*, 2007 (Washington, DC: US Department of Justice, 2008), 2, http://bjs.ojp.usdoj.gov/content/pub/pdf/cv07.pdf.

32 Truman, *Criminal Victimization*, 2010, 1.

33 Pinker, *The Better Angels of Our Nature*, 402.

34 Jennifer L. Truman and Michael Planty, Criminal Victimization, 2011 (Washington, DC: US Department of Justice, 2012), 8, http://bjsdata.ojp.usdoj.gov/content/pub/pdf/cv11.pdf.

35 예를 들어 2007년 여성 3000명을 표본으로 한 조사에서는 18퍼센트만이 폭력적 강간을 경찰관에게 신고했다고 밝혔다(Kilpatrick 외, *Drug-Facilitated, Incapacitated, and Forcible Rape*, 43). 1995~1996년 여성 8000명을 표본으로 한 설문에서는 19.1퍼센트가 강간을 신고했다고 답했다(Tjaden and Thoennes, *Extent, Nature, and Consequences*, 33). 여성 대학생 4446명을 표본으로 한 설문에서는 경찰에 강간 또는 강간 미수를 신고했다고 말한 응답자가 5퍼센트 미만이었다. 다만 피해자 가운데 3분의 2는 다른 사람에게 사건에 대해 알렸다고 답했다(Fisher, Cullen, and Turner, *The Sexual Victimization of College Women*, 23).

36 여성 3000명을 표본으로 한 조사에서 강간 피해자의 63퍼센트는 가족이나 다른 사람에게 알리고 싶지 않다고 말했고, 73퍼센트는 보복이 두렵다고 했으며, 52퍼센트는 증거가 부족하다고 생각했고, 44퍼센트는 법 집행 기관에서 불쾌한 대우를 받을까 걱정했고, 55퍼센트는 신고 방법을 몰랐다고 답했다(Kilpatrick 외, *Drug-Facilitated, Incapacitated, and Forcible Rape*, 48).

37 통합 범죄 보고서에서 폭력적 강간은 "여성의 의지에 반하여 물리력을 동원해 행하는 성교"라고 정의된다. 폭력 또는 폭력을 쓰겠다는 협박에 의한 성추행과 강간 미수도 포함된다. 하지만 폭력을 수반하지 않은 의제강간과 기타 성범죄는 제외되었다(Kilpatrick and Ruggiero, "Making Sense of Rape in America," 4).

38 Charlie Savage, "U.S. to Expand Its Definition of Rape in Statistics," *New York Times*, January 7, 2012.

39 Jeremy Kohler, "Philadelphia's Pain: Parents Blame Police Practice in Daughter's Killing," *St. Louis Post-Dispatch*, August 29, 2005.

40 위의 글. 뉴올리언스에서도 비슷한 일이 있다는 의심이 제기되었다(Laura Maggi, "NOPD Downgrading of Rape Reports Raises Questions," *Times Picayune*, July 11, 2009). 다른 도시의 문제에 대해 자세히 알아보려면 Mark Fazlollah, "City, National Rape Statistics Highly Suspect," *Women's eNews*, January 8, 2001, http://womensenews.org/story/rape/010108/city-national-rape-statistics-highly-suspect 참조. 뉴욕 시에서는 몇몇 경찰관이 강간 신고 여러 건을 불법침입으로 분류했다. 그 결과 한 연쇄 강간범은 체포될 때까지 여섯 건의 강간을 저지를 수 있었다(Graham Rayman, "NYPD Tapes 3: A Detective Comes Forward About Downgraded Sexual Assaults," *Village Voice*, June 8, 2010).

41 Federal Bureau of Investigation, *Crime in the United States* (Washington, DC: Federal Bureau of Investigation, 2011), http://www.fbi.gov/about-us/cjis/ucr/

crime-in-the-u.s/2011/crime-in-the-u.s.-2011/tables/table-1. 보고된 수치는 다음과 같다.

연도	강간 건수
2000	90,178
2001	90,863
2002	95,235
2003	93,883
2004	95,089
2005	94,347
2006	94,472
2007	92,160
2008	90,750
2009	89,241
2010	85,593
2011	83,425

42 "Rape Statistics," Wikipedia, 2012년 10월 17일 마지막으로 수정됨, http://en.wikipedia.org/wiki/Rape_statistics.

43 위의 글.

44 수많은 웹사이트가 "전 세계 여성 3분의 1은 살면서 한 번 이상 강간당하거나 구타당한다(http://www.guardian.co.uk/society/video/2012/sep/25/rosario-dawson-1bn-rising-video)"는 극작가 이브 엔슬러의 말을 그대로 인용한다. 이 통계의 출처는 알 수 없지만, 어쨌거나 이는 전 세계를 기준으로 가정 폭력까지 포함한 수치다. 하지만 몇몇 웹사이트에서는 이 수치가 더욱 왜곡된 형태로 나타난다. 예를 들어 '강간에 맞서는 여성들의 모임Women Organized Against Rape, WOAR' 웹사이트에는 "미국 여성[3분의 1]은 살면서 성적 학대를 당한다(http://www.woar.org/resources/sexual-assault-statistics.php)"는 글이 올라와 있다.

45 베이츠 칼리지 웹사이트에는 여학생 네 명 중 한 명이 캠퍼스에서 성폭행을 당한다는 글이 있다(http://abacus.bates.edu/admin/offices/scs/salt7.html, 2010년 4월 20일에 접속). 뉴욕주립대 버펄로 캠퍼스의 보건 교육 서비스 웹페이지에도 '네 명 중 한 명'이라는 통계가 실려 있고(http://wellness .buffalo.edu/wes/rapesa.php), 스키드모어 칼리지 웹사이트에도 언급되어 있다(http://cms.skidmore.edu/health/education/sexual_Health/rape-and-sexual-assault.cfm). 매사추세츠공과대학 신문에는 설문에 응한 여성 네 명 중 한 명이 재학 중 강간 또는 강간 미수 피해자였다는 기사가 실렸다(Eliot Levine and Carol Waldmann, "Rape Has Become an Epidemic in the College Environment," *Tech Online Edition*, April 21, 1989, http://tech.mit.edu/V109/N19/levine.19o.html).

46 Emma Shaw Crane, "A Time to Rejoice, and a Time to Be Heartbroken," *Press Democrat*, May 24, 2009. http://www.pressdemocrat.com/article/20090524/NEWS/905241040.

47 TK Logan, 저자에게 보낸 이메일, 2012년 10월 16일.

48 Barry Deutsch ("Ampersand"), "Rape Prevalence Statistics on Donohue," *Alas, a Blog*, February 6, 2003, http://www.amptoons.com/blog/2003/02/06/rape-

prevalence-statistics-on-donohue/.

49 Ann Wright, "Is There an Army Cover Up of Rape and Murder of Women Soldiers?," *Common Dreams*, April 28, 2008, www.commondreams.org/archive/2008/04/28/8564.

50 Chicago Foundation for Women, "News: Analysis," *Tuesday Blast*, May 27~June 2, 2008, www.cfw.org/Page.aspx?pid=916.

51 Rob Quinn, "Sex Assaults Against Women in Military 'Epidemic,' " *Newser*, August 1, 2008, www.newser.com/story/33913/sex-assaults-against-women-in-military-epidemic.html.

52 사우스캐롤라이나 가정폭력 및 성폭력 반대 협회는 주지사 헤일리가 2012년 강간 대책 본부 설립 기금에 거부권을 행사한 데 반발해 강간은 "사우스캐롤라이나 주민의 건강을 위협하는 가장 심각한 유행병 중 하나"라는 성명을 발표했다(www.sccadvasa.org/about/newsroom/232-press-statement-in-response-to-governor-haleys-veto-of-funding-for-rape-crisis-centers.html). 텍사스 주의 단체인 '강간 위기관리 센터'는 영화 〈보이지 않는 전쟁〉이 "가해자를 보호하고 이런 유행병이 지속되게 하는 상황을 잘 담아냈다"고 홍보했다(www.rapecrisis.com/events.php). 미국 여성 대학생 협회 American Association of University Women, AAUW는 한 보고서에서 성폭력을 "소리 없이 퍼지는 유행병"이라고 표현했다(www.aauw.org/act/laf/library/assault_stats.cfm).

53 Lonnie Bristow, MD, as quoted in "Sexual Assault: The Silent, Violent Epidemic," Infoplease Database, 2007, www.infoplease.com/ipa/A0001537.html.

54 "Epidemic," *Free Dictionary*, 2010년 8월 23일에 접속, http://medical-dictionary.thefreedictionary.com/epidemic.

55 Christina Hoff Sommers, "What's Wrong and What's Right with Contemporary Feminism?"

56 "Must-Read Op-ed Piece Exposes the Lie That Rape Is Rampant," *False Rape Society* (blog), April 20, 2009, http://falserapesociety.blogspot.com/2009/04/must-read-op-ed-piece-exposes-myth-that.html.

57 Jennifer Epstein, "Overreporting Sexual Assaults," *Inside Higher Ed*, October 2, 2009, www.insidehighered.com /news/2009/10/02/davis.

58 Michael Specter, Denialism: *How Irrational Thinking Hinders Scientific Progress, Harms the Planet, and Threatens Our Lives* (New York: Penguin, 2009), 21.

59 Barbara Ehrenreich, *Bright-Sided: How the Relentless Promotion of Positive Thinking Has Undermined America* (New York: Henry Holt, 2009), 205.

60 저자는 2010년 2월 1일, 3일, 5일에 메건을 인터뷰했다. 메건의 말은 모두 이 인터뷰에서 그대로 인용한 것이다. 메건은 익명성을 보장하기 위해 사용한 가명이다.

6 허위 강간 신고에 관한 진실

1 2009년 2월 24일 "Woman Reports Rape on UC San Diego Campus," *San Diego Union-Tribune*, www3.signonsandiego.com/stories/2009/feb/24/1m24pubsafe00183-public-safety에 달린 댓글.

2 위의 글.

3 Christina Hoff Sommers, "Rape and Holocaust Denial," 편집자에게 보낸 편지, *Women's Review of Books* 26 (January/February 2009): 2.

4 Kimberly Lonsway, *Successfully Investigating Acquaintance Sexual Assault: A National Training Manual for Law Enforcement* (Beverly Hills, CA: National Center for Women and Policing, 2001), www.mincava.umn.edu/documents/

acquaintsa/participant/allegations.pdf.

5 위의 글.

6 Eugene J. Kanin, "False Rape Allegations," *Archives of Sexual Behavior* 23 (1994): 81~90.

7 위의 책, 83.

8 Joanne Archambault and Kimberly Lonsway, *VAWA 2005 Restricts the Use of Polygraphs with Victims of Sexual Assault* (Addy, WA: End Violence Against Women International, 2006), www.ncdsv.org/images/VAWAPolygraphPromising%20Practices.pdf. 은퇴한 성범죄 수사관이자 현재 경찰 교관으로 일하는 아캄볼트는 이런 글을 썼다. "때로는 이러한 심문 전술 탓에 피해자가 위축되어 협조를 거부하거나 심지어 신고를 철회함으로써 '허위 신고'가 생겨난다는 사실을 발견했다."

9 Kanin, "False Rape Allegations," 85.

10 위의 책, 90.

11 위의 책, 84.

12 David Lisak, "False Allegations of Rape: A Critique of Kanin," Sexual Assault Report 11 (September/October 2007): 2.

13 Kanin, "False Rape Allegations," 90.

14 사건 개요는 Taylor and Johnson, *Until Proven Innocent* 16~102, 317~331에서 주로 발췌했다.

15 위의 책, 372.

16 위의 책, 374.

17 Linda Fairstein, 저자에게 보낸 이메일, 2007년 10월 12일.

18 Taylor and Johnson, *Until Proven Innocent*, 375.

19 http://durhamwonderland.blogspot.com.

20 Cathy Young, "Who Says Women Never Lie About Rape?," *Salon*, March 10, 1999, http://www.salon.com/1999/03/10/cov_10news/.

21 Wendy McElroy, "False Rape Accusations May Be More Common than Thought," FoxNews.com, May 2, 2006, http://www.foxnews.com/story/0,2933,194032,00.html.

22 Taylor and Johnson, *Until Proven Innocent*, 373.

23 "In today's politically correct" "Judge Dismisses Rape Charges in Pawtucket Case," *False Rape Society* (blog), April 23, 2009, http://falserapesociety.blogspot.com/2009/04/judge-dismisses-rape-charges-in.html.

24 위의 글.

25 위의 글.

26 "Rape Baloney," *Angry Harry* (blog), August 14, 2004, www.angryharry.com/esRapeBaloney.htm.

27 위의 글.

28 위의 글.

29 위의 글.

30 위의 글.

31 Charles Pierce, *Idiot America: How Stupidity Became a Virtue in the Land of the Free* (New York: Doubleday, 2009), 41.

32 Jan Jordan, *The Word of a Woman: Police, Rape and Belief* (Basingstoke, UK: Palgrave Macmillan, 2004), 243.

33 배리 도이치의 블로그인 'Alas, a Blog'에는 허위 강간 신고 연구에 관해 더 정확한 최신 정보가 올라온다. 그가 블로그에 캐닌의 연구에 대한 비판을 올린 날에는 방문자 수가 5800명에 달했다고 한다. "'Alas' 같은 블로그의 지속적 유용성은 구글 검색 사용자들에게 정보를 제공한다는 데 있습니다. 이제 구글에 '유진 캐닌'을 검색하면 제 글이 최

상위에 뜨고, '캐넌 허위 강간'이나 '허위 강간 신고'를 검색하면 6위 안에 올라옵니다 (Barry Deutsch, 저자에게 보낸 이메일, 2009년 5월 4일)."

34 "O'Reilly Slams Group Who Convicted Duke Players Already," *O'Reilly Sucks* (blog), April 21, 2006, http://vps.thehotweb.net/~oreilly/viewtopic.php?p=144 01&sid=d6f5e7766293b7727516748086837ff3.

35 Gail Dines, "CNN's 'Journalism' Is a Fool's Paradise," *Common Dreams*, January 19, 2007, http://www.commondreams.org/views07/0119-21.htm.

36 Rachel Smolkin, "Justice Delayed," *American Journalism Review*, August/September 2007, www.ajr.org/Article.asp?id=4379.

37 Wendy Murphy, interview by Tucker Carlson, *The Situation with Tucker Carlson*, MSNBC, June 5, 2006, http://www.msnbc.msn.com/id/13165471/ns/msnbc-the_ed_show/t/situation-tucker-carlson-june/#.UIB7KWeltiw.

38 Brownmiller, *Against Our Will*, 387. 에드워드 그리어는 브라운밀러와 이야기를 나누고 그녀가 뉴욕 시 변호사 협회 모임에서 2퍼센트라는 수치를 언급했던 연설 대본을 입수했다. 하지만 대본을 쓴 사람 중 2퍼센트라는 수치가 어떻게 나왔는지 정확히 기억하는 사람은 없었다(Edward Greer, "The Truth Behind Legal Dominance Feminism's 'Two Percent False Rape Claim' Figure," *Loyola of Los Angeles Law Review* 33 [2000]: 957).

39 예를 들어 페미니스트 법학자 데버러 로드는 책에서 2퍼센트라는 수치를 인용했고, 카사 폴릿은 『애틀랜틱 먼슬리』의 리뷰에서 이렇게 말했다. "로드의 말대로 정부 통계를 활용하는 연구자들은 강간 신고의 2퍼센트만이 허위이며 다른 범죄에 비해 높지 않다는 강력한 의견일치를 보인다(Katha Pollitt, "Feminism's Unfinished Business," Atlantic Monthly, November 1997, http://www.theatlantic.com/past/docs/issues/97nov/pollitt.htm)." 에드워드 그리어는 로 리뷰에서 허위 강간 신고율이 2퍼센트라고 단언하는 24편의 글을 찾아냈다(Greer, "The Truth Behind Legal Dominance," 949).

40 Jeremy Kohler, "Philadelphia's Pain: Parents Blame Police Practice in Daughter's Killing," St. Louis Post-Dispatch, August 20, 2005.

41 Kimberly A. Lonsway, Joanne Archambault, and David Lisak, "False Reports: Moving Beyond the Issue to Successfully Investigate and Prosecute Non-stranger Sexual Assault," Voice 3 (2009): 2, www.ndaa.org/pdf/the_voice_vol_3_no_1_2009.pdf.

42 위의 글.

43 위의 글.

44 위의 글.

45 위의 글, 3.

46 위의 글.

47 David Lisak 외, "False Allegations of Sexual Assault: An Analysis of Ten Years of Reported Cases," *Violence Against Women*, 16 (2010): 1327~1331.

48 위의 책, 1329.

49 Joanne Belknap, "Rape Too Hard to Report and Too Easy to Discredit Victims," *Violence Against Women* 16 (2010): 1335~1344.

50 Liz Kelly, "The (In)credible Words of Women: False Allegations in European Rape Research," *Violence Against Women* 16 (2010): 1351.

51 Federal Bureau of Investigation, Uniform Crime Reporting Handbook (Clarksburg, WV: Federal Bureau of Investigation, 2004), 77~78, www2.fbi.gov/ucr/handbook/ucrhandbook04.pdf. Lisak 외, "False Allegations of Sexual Assault."도 참조.

52 Lonsway, Archambault, and Lisak, "False Reports," 5; Lisak 외, "False Allegations of Sexual Assault," 1319~1321.

53 2009년 9월 4일 한 FBI 분석가가 이메일을 통해 이 자료를 저자에게 보내주었다. 2011년 보고서에는 지방 경찰 기관이 '혐의 없음'으로 분류한 강간 사건의 2001~2009년 전국 평균이 5.66퍼센트라고 나와 있다. 같은 연구에서 같은 기간에 시카고 경찰서의 무혐의 처리된 강간 신고율 평균은 전국 평균의 세 배에 달하는 17퍼센트였다. 이런 높은 비율은 해당 경찰서가 '무혐의'에 다른 요소를 포함한 것은 아닌가 하는 심각한 의문을 불러일으킨다(Tracy Siska, *Felony Sex Crime Case Processing: Report, Analysis, & Recommendations* [Chicago: Chicago Justice Project, 2011], http://www.chicagojustice.org/research/long-form-reports/felony-sex-crime-case-processing-report-analysis-recommendations/CJP_Felony_Sex_Crime_Case_Processing_Report_Analys.0.pdf).

54 위의 책.

55 Cathy Young, "The Feminine Lie Mystique," Weekly Standard, July 29, 2011.

56 Roy Black, "Why We Should Protect Those Accused of Rape," Salon, July 27, 2011. http://www.salon.com/2011/07/27/dsk_kobe_assange_flatley/.

57 "False Accusation of Rape," Wikipedia, 2012년 6월 13일 마지막 수정됨, http://en.wikipedia.org/wiki/False_accusation_of_rape 참조.

58 Lonsway, "Trying to Move the Elephant," 1358.

59 Jordan, *The Word of a Woman*, 72.

60 Patrick Wintour, "Nick Clegg Signals Rethink over Rape Trial Anonymity," *Guardian*, June 10, 2010.

61 Lynn S. Chancer, *High-Profile Crimes: When Legal Cases Become Social Causes* (Chicago: University of Chicago Press, 2005), 262.

62 Jordan, *The Word of a Woman*, 5. Jenny Kitzinger, "Rape in the Media," in *Rape: Challenging Contemporary Thinking*, Miranda A. H. Horvath and Jennifer M. Brown 편집 (Portland, OR: Willan Publishing, 2009): 82도 참조.

63 Nicola Gavey and Virginia Gow, " 'Cry Wolf,' Cried the Wolf: Constructing the Issue of False Rape Allegations in New Zealand Media Texts," *Feminism Psychology* 11 (2001): 354. 2010년 웹진 '슬레이트'는 허위 강간 신고 문제를 다루었다: Emily Bazelon and Rachel Larimore, "How Often Do Women Falsely Cry Rape?," *Slate*, October 1, 2009, http://www.slate.com/articles/news_and_politics/jurisprudence/2009/10/how_often_do_women_falsely_cry_rape.html. BBC 뉴스에서도 허위 강간 신고가 무고한 남성에게 미치는 영향을 조명했다: Andrea Rose, "Forever Accused," BBC News, February 27, 2008, http://news.bbc.co.uk/2/hi/uk_news/magazine/7265307.stm. 『뉴욕 타임스』 또한 강간 유죄 판결을 받았으나 DNA 검사 결과 무죄로 밝혀진 남성들에 대해 여러 번 기사를 냈다: Adam Liptak, "Study Suspects Thousands of False Convictions," *New York Times*, April 19, 2004; Adam Liptak, "DNA Exonerations Highlight Flaws in U.S. Justice System," New York Times, July 22, 2007.

64 Kevin Jackson, "Who's the Victim Here?," *ESPN Page 2*, accessed June 4, 2009. http://espn.go.com/page2/s/jackson/030721.html.

65 Renae Franiuk 외, "Prevalence and Effects of Rape Myths in Print Journalism," Violence Against Women 14 (2008): 293, 302.

66 Jeff Benedict, "The Science of the Brief Encounter," Sports Illustrated, August 31, 2004, http://sportsillustrated.cnn.com/vault/article/magazine/MAG1106407/index.htm.

67 Bob Raissman, "Journalism Basics Are News to ESPN While Covering Ben Roethlisberger Civil Suit," *New York Daily News*, July 24, 2009, www.nydailynews.com/sports/football/2009/07/24/2009-07-24_while_dealing_with_ben_rjournalism_basics_are_news_to_espn.html.

68 Associated Press, "Legal Experts: Roethlisberger May Pay Even if Innocent," *USA Today*, July 26, 2009, www.usatoday.com/sports/football/nfl/steelers/2009-07-24-roethlisberger-analysis_N.htm.

69 Todd Kaufmann, "Is Ben Roethlisberger Guilty of More than Just Bad Judgment?" *Bleacher Report*, March 9, 2010, http://bleacherreport.com/articles/359794-is-ben-roethlisberger-guilty-of-more-than-just-bad-judgment.

70 Annie Shields, "Apologizing for Ben Roethlisberger," *Ms.* magazine, March 10, 2010, http://msmagazine.com/blog/blog/2010/03/10/apologizing-for-ben-roethlisberger.

71 Jaclyn Friedman, "Sports Misogyny and the Court of Public Opinion," *American Prospect*, July 27, 2009, www.prospect.org/cs/articles?article=sports_misogyny_and_the_court_of_public_opinion.

72 Steve Kornacki, "3 Reasons to Doubt the Al Gore Sex Assault Story," *Salon*, July 23, 2010.

73 June Purvis, "Arthur Koestler and Women," 편집자에게 보낸 편지, *Times Literary Supplement*, August 13, 2010, 6; Tony Judt, *Reappraisals: Reflections on the Forgotten Twentieth Century* (New York: Penguin, 2008), 34.

74 Jordan, *The Word of a Woman*, 243.

75 창세기에 나오는 이 이야기는 여러 곳에서 인용된다. 예를 들어 Brownmiller, *Against Our Will*, 22.

76 Harper Lee, *To Kill a Mockingbird* (New York: HarperPerennial, 2002). 이 책은 매년 거의 백만 권이 팔리고, 지난 5년간 미국에서 두 번째로 많이 팔린 구간 도서였다 (Julie Bosman, "A Classic Turns 50, and Parties Are Planned," *New York Times*, May 24, 2010).

77 Jordan, *The Word of a Woman*, 36.

78 여성에 대한 문화적 견해에서 신화가 차지하는 역할을 알고 싶다면 Elizabeth Fallaize, "Beauvoir and the Demystification of Woman," in A History of Feminist Literary Criticism, Gill Plain and Susan Sellers 편집 (New York: Cambridge University Press, 2007), 89 참조.

79 Didier Eribon, *Conversations with Claude Lévi-Strauss* (New York: Basic Books, 1963), 209.

80 위의 책.

81 Han Israels and Morton Schatzman, "The Seduction Theory," *History of Psychiatry* 4 (1993): 48.

82 Keith Burgess-Jackson, "A History of Rape Law," in *A Most Detestable Crime: New Philosophical Essays on Rape*, Keith Burgess-Jackson 편집 (New York: Oxford University Press, 1999), 16~18. Susan Caringella, *Addressing Rape Reform in Law and Practice* (New York: Columbia University Press, 2009)도 참조.

83 위의 책, 22~23.

84 Burgess-Jackson, "A History," 15~31.

85 Deborah Lipstadt, *Beyond Belief: The American Press and the Coming of the Holocaust, 1933~1945* (New York: Free Press, 1986), 27.

86 위의 책.

87 Patrizia Romito, *Deafening Silence: Hidden Violence Against Women and Children* (Bristol, UK: Polity Press, 2008), 39.

88 Judy Shepherd, "Reflections on a Rape Trial: The Role of Rape Myths and Jury Selection in the Outcome of a Trial," *Affilia* 17 (2002): 75~80.

89 위의 책, 83~84.

90 위의 책, 88.

91 위의 책, 91~92.

92 David Lisak, "Behind the Torment of Rape Victims Lies A Dark Fear: Reply to the Commentaries," *Violence Against Women* 16 (2010): 1373.

7 스트로스칸을 변호하다

1 Bernard Henri-Lévy, "Bernard-Henri Lévy Defends Accused IMF Director," *Daily Beast*, May 16, 2011, http://www.thedaily beast.com/articles/2011/05/16/bernard-henri-lvy-the-dominique-strauss-kahn-i-know.html.

2 David Rieff, "An Indefensible Defense: French Intellectuals' Despicable Response to Dominique Strauss-Kahn's Arrest," *New Republic*, May 18, 2011.

3 위의 글.

4 "After DSK: What Did They Know?," *Economist*, May 26, 2011.

5 위의 글.

6 Steve Clemons, "The Meaning of Strauss-Kahn," *Huffington Post*, May 16, 2011, http://www.huffingtonpost.com/steve-clemons/the-meaning-of-strauss-ka_b_862357.html.

7 Naomi Wolf, "A Tale of Two Rape Charges," *The Great Debate* (blog), Reuters, May 23, 2011, http://blogs.reuters.com/great-debate/2011/05/23/a-tale-of-two-rape-charges.

8 "The Downfall of DSK," *Economist*, May 21, 2011.

9 Andrew Osborn, "Vladimir Putin Hints at Dominique Strauss-Kahn Conspiracy," *Telegraph*, May 29, 2011.

10 Laura Italiano, "Maid Cleaning Up as Hooker," *New York Post*, July 2, 2011.

11 Jennifer Bain and Bob Fredericks, "IMF Accuser in Apt. for HIV Vics," *New York Post*, May 18, 2011.

12 Robert Kuttner, "Applying Occam's Razor to Strauss-Kahn," American Prospect, June 30, 2011, http://blog.prospect.org/robert_kuttner/2011/06/applying-occams-razor-to-strau.html.

13 Cathy Young, "The Noble Lie, Feminist Style," *Weekly Standard*, August 1, 2011.

14 Kathleen Parker, "Dominique Strauss-Kahn: Sex, Drugs and Then," *Washington Post*, July 1, 2011.

15 셀레스트 해밀턴, 저자와의 인터뷰, 2009년 11월 23일. 셀레스트 해밀턴은 트레이시의 익명성을 보호하기 위해 사용한 가명이다. 해밀턴의 말은 모두 인터뷰 내용을 그대로 인용한 것이다.

8 부인의 효과: 위험한 무관심

1 Kimberly A. Lonsway and Joanne Archambault, "The 'Justice Gap' for Sexual Assault Cases: Future Directions for Research and Reform," *Violence Against Women* 18, no. 2 (2012): 147.

2 *Rape in America: A Report to the Nation*, 6, http://academicdepartments.musc.edu/ncvc/resources_pprof/rape_inamerica.pdf; Kilpatrick 외, *Drug-Facilitated, Incapacitated, and Forcible Rape*, 27, 44.

3 Jennifer L. Truman and Michael Planty, *Criminal Victimization*, 2011 (Washington, DC: US Department of Justice, 2012), 8, http://bjsdata.ojp.usdoj.gov/content/pub/pdf/cv11.pdf. Eric P. Baumer, Temporal *Variation in the Likelihood*

of Police Notification by Victims of Rapes, 1973~2000 (report submitted to the US Department of Justice, 2004), 7, www.ncjrs.gov/pdffiles1/nij/grants/207497. pdf도 참조.

4 위의 책, 10.

5 Lonsway and Archambault, "The Justice Gap," 150.

6 *"I Used to Think the Law Would Protect Me"*: *Illinois's Failure to Test Rape Kits* (Washington, DC: Human Rights Watch, 2010), http://www.hrw.org/reports/2010/07/07/i-used-think-law-would-protect-me-0.

7 Megan Twohey, "Women Charged Rape: Doctor Still Practiced," *Chicago Tribune*, April 30, 2010.

8 Megan Twohey, "Sex Charges Against Gynecologist," *Chicago Tribune*, August 5, 2010. 이 기사가 나가고 한 달 만에 검찰은 그 의사를 2002년 강간 사건으로 기소했다.

9 Christy Gutowski, "Could Erin Justice Have Been Saved?," *Daily Herald*, July 3, 2005; Art Barnum, "Naperville Man Gets Life in Prison," *Chicago Tribune*, March 16, 2011.

10 Five thousand cases Armen Keteyian, "Exclusive: Rape in America: Justice Denied," *CBS News*, November 9, 2009, www.cbsnews.com/stories/2009/11/09/cbsnews_investigates/main5590118.shtml. 로스앤젤레스에 미검 키트 1만3000개가 있으며 이 중 7000개는 로스앤젤레스 경찰서 관할에, 5625개는 카운티 보안관서에 있다고 보도한 뉴스도 있다(Amy Goodwin, "Rape Kits in Cold Storage," *Ms.* magazine, Winter 2009, www.msmagazine.com/winter2009/RapeBacklog.asp). 법 집행 기관 2000곳 이상을 조사한 결과를 담은 미 사법부 보고서에 따르면 미결 강간 사건 중 법의학적 증거가 과학수사연구소로 보내지지 않은 사례는 18퍼센트에 달했다(Editorial, "Respect for Rape Victims," *New York Times*, November 14, 2009).

11 2010년 연방 정부는 DNA 검사 적체를 줄이기 위해 주 정부와 지방 정부에 115건의 지원금(총액 6400만 달러)을 지급했다. 일리노이 주는 250만 달러를 받았다(National Institute of Justice, "DNA Analysis Backlog Elimination Act of 2010, Report to Congress," January 25, 2011, www.nij.gov/topics/forensics/lab-operations/evidence-backlogs/dra-backlog-reduction-report-to-Congress-2010.pdf)

12 Megan Twohey, "Dozens of Rape Kits Not Submitted for Testing by Chicago Suburban Police Departments," *Chicago Tribune*, June 14, 2009.

13 Nancy Ritter, *The Road Ahead: Unanalyzed Evidence in Sexual Assault Cases* (Washington, DC: National Institute of Justice, 2011), www.nsvrc.org/publications/road-ahead-unanalyzed-evidence-sexual-assault-cases.

14 CBS News, "Moldy Rape Kits Found in Illinois Police Department," March 19, 2010, www.cbsnews.com/stories/2010/03/19/national/main6316143.shtml.

15 Frank Main, "Cook Co. Corrections Officer Charged in 1997 Rape of 10-Year-Old Girl," *Chicago Sun-Times*, September 22, 2011.

16 Nicholas D. Kristof, "Is Rape Serious?," *New York Times*, April 30, 2009.

17 위의 글.

18 Sexual Assault Evidence Submission Act, Public Act 096-1011 (passed September 1, 2010).

19 Megan Twohey, "State Has Backlog of Rape Evidence," Chicago Tribune, February 18, 2011.

20 『뉴욕 타임스』는 한 사설에서 이를 "DNA 증거를 수집하기 위해 신체를 침해당하는 기나긴 절차를 견뎌낸 강간 피해자들에게 가하는 커다란 모욕"이라고 지칭했다(Editorial, "Respect for Rape Victims," *New York Times*, November 13, 2009.) 강간 키트에 대한 정보를 알아보려면 Diane K. Beebe, "Emergency Management of the Adult Female Rape Victim," American Academy of Experts in Traumatic Stress, www.

aaets.org/article130.htm를 참조.

21 Kari Lydersen, "Law Came Too Late for Some Rape Victims," *New York Times*, July 9, 2010.

22 위의 글.

23 Graham Rayman, "NYPD Tapes 3: A Detective Comes Forward About Downgraded Sexual Assaults," *Village Voice*, June 8, 2010.

24 "Evidence to the Bichard Inquiry Arising from the Soham Murders," March 25, 2004, http://www.womenagainstrape.net/SohamLetter2.htm.

25 "Huntley Guilty of Soham Murders," BBC News, December 17, 2003, http://news-vote.bbc.co.uk/2/hi/uk_news/3312551.stm.

26 David Batty, "Cambridgeshire Police Chief Resigns," *Guardian*, June 1, 2005.

27 Ofelia Casillas and Manya A. Brachear, "DCFS Failed to Notify Archdiocese in Priest Abuse Case," *Chicago Tribune*, February 22, 2006. 기사에서 시카고 대주교 관할 교구도 똑같이 적극적 조사에 나서지 않은 실수를 저질렀다고 인정했다.

28 Laurie Goodstein and David Callender, "For Half a Century, Deaf Boys Raised Alarm on Priest's Abuse," *New York Times*, March 27, 2010.

29 Pope Benedict XVI, "Pastoral Letter of the Holy Father Pope Benedict XVI to the Catholics of Ireland," March 19, 2010, www.vatican.va/holy_father/benedict_xvi/letters/2010/documents/hf_ben-xvi_let_20100319_church-ireland-en.html.

30 Megan Twohey, "School Districts Struggle to Deal with Dating Violence Among Students," *Chicago Tribune*, January 10, 2010.

31 Cynthia Dizikes and Matthew Walberg, "Parents Outraged That Sexual Assault Suspect Was Still Driving His School Bus," *Chicago Tribune*, August 30, 2010. 처음에 검찰은 사건 기소를 거절했으나 나중에 그가 경찰에 가면 죽이겠다고 위협했다는 피해 학생의 말을 듣고 협박죄로 기소했으며, 두 번째 사건이 벌어진 뒤에는 결국 강간죄로 기소했다.

32 Kristen Lombardi, "A Lack of Consequences for Sexual Assault," Center for Public Integrity, February 24, 2010, www.publicintegrity.org/investigations/campus_assault/articles/entry/1945.

33 위의 글.

34 Matthew Saltmarsh, "Swiss Court Approves Bail for Polanski," *New York Times*, November 25, 2009. 저자는 2009년 10월 20일 CNN 뉴스 앵커가 뉴스 요약에서 이 문구를 반복하는 것을 들었다.

35 Katha Pollitt, "What's with These Friends of a Rapist?," *Chicago Tribune*, October 2, 2009.

36 Janet Bavelas and Linda Coates, "Is It Sex or Assault? Erotic Versus Violent Language in Sexual Assault Trial Judgments," *Journal of Social Distress and the Homeless* 10 (2001): 39.

37 Stephanie Gilmore, "Disappearing the Word 'Rape,'" *On the Issues*, February 9, 2011, www.ontheissuesmagazine.com/cafe2/article/138.

38 Arthur S. Brisbane, "Confusing Sex and Rape," *New York Times*, November 19, 2011.

39 Adrian Nicole Leblanc, "Hard Laughs," *New York Times*, December 28, 2008.

40 Poppy Gallico, "Why Rape Jokes Aren't Funny," *Poppy Gallico*, August 3, 2009, http://poppygallico.com/me/why-rape-jokes-arent-funny(사이트 폐쇄됨).

41 Stephanie Reitz, "Yale Fraternity Under Fire for Alleged Misogyny," *Boston Globe*, October 19, 2010.

42 "New's View: The Right Kind of Feminism," *Yale Daily News*, October 18, 2010.

43 "At Yale, Sharper Look at Treatment of Women," *New York Times*, April 8, 2011.

44 위의 글.

45 Jason Kessler, "Yale Suspends Fraternity for Raunchy Chants," CNN, May 18, 2011, http://articles.cnn.com/2011-05-18/us/connecticut.yale.frat_1_dke-yale-students-fraternity-activities?_s=PM:US.

46 Mike Donoghue, Joel Baird, and Adam Silverman, "UVM Suspends Fraternity After Survey Asks Members Who They Want to Rape," *Burlington Free Press*, December 13, 2011.

47 Vanessa, "Facebook Removes Rape 'Joke Pages,'" *Feministing*, November 7, 2011, http://feministing.com/2011/11/07/facebook-removes-rape-joke-pages.

48 Patrizia Romito, *Deafening Silence*: Hidden Violence Against Women and Children (Bristol, UK: Polity Press, 2008), 165.

49 Jessica Valenti, "Georgia Rape Case Dismissed Because of Victim's Sexual History?," *Feministing*, May 15, 2008, http://feministing.com/archives/009206.html.

50 Walter Putnam, "Woman Appeals Sex Assault Case to State Supreme Court," *Atlanta Journal-Constitution*, April 15, 2008, www.ajc.com/metro/content/metro/stories/2008/04/15/assault_0415.html.

51 Aya Mueller, "GW Sued for Negligence, Malpractice," *GW Hatchet*, October 4, 2007, http://www.gwhatchet.com/2007/10/04/gw-sued-for-negligence-malpractice/.

52 Rachel Dissell, "Cleveland Woman Says She Fought, Fled Anthony Sowell in 2008 Attack but Authorities Didn't Believe Her," *Cleveland Plain Dealer*, November 16, 2009, http://blog.cleveland.com/metro/2009/11/Cleveland_woman_says_police_fa.html.

53 Richard Connelly, "On Top? It's Not Rape, and Full-Service Journalism," *Houston Press*, August 20, 2009, http://www.houstonpress.com/2009-08-20/news/on-top-it-s-not-rape-and-full-service-journalism/.

54 Rachel Dissell, "Cuyahoga Juvenile Court Judge Alison Floyd Orders Sex Assault Victims to Take Polygraph Tests," *Cleveland Plain Dealer*, March 19, 2010.

55 Jessica Valenti, "Ohio Judge Forces Rape Victims to Take Polygraph Tests," Feministing, March 22, 2010, www.feministing.com/archives/020445.html.

56 Archambault and Lonsway, VAWA 2005 Restricts the Use of Polygraphs.

57 James Joyner, "Oregon Teen Sentenced for False Rape Charge," *Outside the Beltway*, December 4, 2005, www.outsidethebeltway.com/archives/oregon_teen_sentenced_for_false_rape_charge.

58 Ellen Tumposky, "Pictures in Accused Rapist's Camera Provide Chilling Evidence Against Him," ABC News, April 15, 2011, http://abcnews.go.com/US/pictures-accused-rapists-camera-clear-woman-false-rape/story?id=13382917#.UIA42meltiw.

59 Shannon P. Duffy, "3rd Circuit Revives Rape Victim's Civil Rights Case," Law.com, August 4, 2010, www.law.com/jsp/article.jsp?id=12024642230329rd_Circuit_Revives_Rape_Victims_Civil_Rights_Case.

60 이 사실들은 다음 문서에서 발췌했다. Sara R. Reedy v. Frank S. Evanson, United States Court of Appeals for the Third Circuit, opinion August 2, 2010, 615 F. 3d 197. 이 여성은 경찰관을 상대로 피해 보상 민사 소송을 걸었다. 비록 지방법원에서는 기각되었지만, 연방 제3순회항소법원은 그녀의 소송을 다시 받아들여 "리디가 체포될 당시 합리적 수준의 능력을 갖춘 경찰관이라면 체포할 이유가 없다는 판단을 내렸어야 한다"고 판결하고 사건을 하급법원으로 돌려보내 정식 재판이 이루어지게 했다.

61 Helen Pidd, "Rape Case Woman to Appeal Against Jailing for Withdrawing Allegations," *Guardian*, November 8, 2010.

62 Helen Pidd, "Woman Jailed for Falsely Retracting Rape Claim Is Freed," *Guardian*, November 23, 2010.

63 Amelia Hill, "Woman Fails to Quash Conviction for Falsely Retracting Rape Claim," *Guardian*, March 13, 2012.

64 Don Terry, "Eavesdropping Laws Mean That Turning On an Audio Recorder Could Send You to Prison," *New York Times*, January 22, 2011.

65 Jason Meisner and Ryan Haggerty, "Woman Who Recorded Cops Acquitted of Felony Eavesdropping Charges," *Chicago Tribune*, August 25, 2011. 2012년 5월 제7순회항소법원은 일리노이 주 도청법이 위헌이라고 판결했다(Ryan Haggerty, "Ban on Eavesdropping Enforcement," Chicago Tribune, May 9, 2012).

66 Valerie Kalfrin, "Rape Victim's Arrest Prompts New Policy," *Tampa Tribune*, January 31, 2007. 사건 이후 경찰서장 스티븐 호그는 해당 여성의 체포를 야기한 경찰서 규정을 개정했다.

67 Brian Ross, Maddy Sauer and Justin Rood, "Victim: Gang-Rape Cover-up by U.S., Halliburton/KBR," ABC News, December 10, 2007, http://abcnews.go.com/Blotter/story?id=3977702&Page=1.

68 Jessica Valenti, "University of Portland Changes Rape Reporting Policy," Feministing, March 4, 2009, www.feministing.com/archives/014027.html.

69 위의 글.

70 Bryan Polcyn, "Nearly a Thousand Rape Kits Sit Untested by Crime Labs," FOX6 News, http://fox6now.com/news/investigators/witi-100725-rape-kits,0,410663.story.

71 "Judge Locked Up Rape Case Witness," BBC News, February 2, 2009, http://news.bbc.co.uk/2/hi/uk_news/scotland/tayside_and_central/7876649.stm.

72 "Rape Witness in Cell Ordeal Anger," BBC News, February 23, 2009, http://news.bbc.co.uk/2/hi/uk_news_scotland_tayside_and_central_7906389.stm.

73 Lorraine Davidson, "Sheriff Who Jailed 'Rape Victim' to Talk on Handling Witnesses: Fellow Judges Condemn Invitation to Seminar," *Times* (London), July 11, 2009.

74 C. W. Nevius, "Alleged Rape Victim's Rescuers Threatened: Soccer Players Are Called Names After Intervening at Party," San Francisco Chronicle, June 3, 2007, http://articles.sfgate.com/2007-06-03/news/17250740_1_sexual-assault-team-soccer-players-girl.

75 Nicholas D. Kristof, "If This Isn't Slavery, What Is?," *New York Times*, January 4, 2009.

76 Magnus Enzensberger, 저자에게 보낸 이메일, 2005년 12월 10일: "이 모든 일의 배경에는 강간 피해자를 탓하는 오래된 풍토, 길고 수치스러운 전통에 뿌리를 둔 태도가 있다고 생각합니다."

77 매건의 익명성을 보호하기 위해 이 기사는 인용하지 않는다.

78 Cormac Eklof, "Trouble Brewing at Notre Dame Several Weeks After Elizabeth Seeberg Tragedy," *From the Bleachers*, November 22, 2010.

79 Stacy St. Clair and Todd Lighty, "Family Criticizes Notre Dame in 2nd Sex Attack Case," *Chicago Tribune*, February 17, 2011.

80 위의 글.

81 Kristen Lombardi, "Education Department Touts Settlement as 'Model' for Campus Sex Assault Policies," Center for Public Integrity, December 8, 2010, www.publicintegrity.org/articles/entry/2747.

82 Todd Lighty, Stacy St. Clair, and Jodi S. Cohen, "Arrests, Convictions Rare in College Cases," Chicago Tribune, June 17, 2011.

83 위의 글.

84 Ryan Haggerty and Stacy St. Clair, "Marquette Failed on Attack Reports," *Chicago Tribune*, June 22, 2011.

85 Lauren Sieben, "Education Dept. Issues New Guidance for Sexual-Assault Investigations," *Chronicle of Higher Education*, April 4, 2011, http://www2.ed.gov/about/offices/list/ocr/letters/colleague-201104.html.

86 Russlynn Ali, "Dear Colleague Letter," Department of Education, April 4, 2011, http://www2.ed.gov/about/offices/list/ocr/letters/colleague-201104.html.

87 Heather Mac Donald, "Don't Buy into Tale of Campus-Rape Crisis," *Chicago Sun-Times*, April 6, 2011.

88 Cathy Young, "The Politics of Campus Sexual Assault," *Real Clear Politics*, November 6, 2011, www.realclearpolitics.com/articles/2011/11/06/the_politics_of_campus_sexual_assault_111968.html; Sandy Hingston, "The New Rules of College Sex," Philadelphia Magazine, September 2011, www.phillymag.com/articles/the_new_rules_of_college_sex.

89 Peter Berkowitz, "College Rape Accusations and the Presumption of Male Guilt," *Wall Street Journal*, August 20, 2011.

90 Roger Canaff, 저자와 나눈 개인적 대화, 2010년 12월 2일.

91 Jessica Valenti, "Colleges' Rape Secret," Daily, March 19, 2011, http://www.thedaily.com/page/2011/03/19/031911-opinions-column-campus-rape-valenti-1-2/.

9 스트로스칸의 석방

1 The People of the State of New York Against Dominique Strauss-Kahn, Recommendation for Dismissal, Indictment No. 02526/2011, August 22, 2011, www.talkleft.com/legal/dskmotiontodismiss.pdf.

2 Christopher Dickey and John Solomon, "The Maid's Tale," *Newsweek*, July 25, 2011.

3 Roger Canaff, 저자와 나눈 개인적 대화, 2011년 8월 25일.

4 Stuart Taylor Jr., "Drop the DSK Charges," *Atlantic*, August 8, 2011, www.theatlantic.com/national/archive/2011/08/drop-the-dsk-charges/243262.

5 Steven Erlanger and Maia de la Baume, "Strauss-Kahn Concedes 'Error' in Sexual Encounter with Maid," *New York Times*, September 18, 2011.

6 "Strauss-Kahn Sex Assault Investigation Dropped," France 24, October 13, 2011, www.france24.com/en/201111013-french-prosecution-sex-assault-inquiry-banon-rape-attempt-france-justice. 2012년 5월 도미니크 스트로스칸은 반대 소송을 걸어 디알로에게 백만 달러를 요구했다("Dominique Strauss-Kahn Files $1M Countersuit Against New York Maid," *Guardian*, May 15, 2012).

7 Edward Jay Epstein, "What Really Happened to Strauss-Kahn?," *New York Review of Books*, December 22, 2011.

8 예를 들어 Paul Harris, "New Questions Raised over Dominique-Strauss Kahn Case," Guardian, November 26, 2011 참조.

9 Christopher Dickey, "Why Dominique Strauss-Kahn Needs to Tell his Side of the Story," *Daily Beast*, November 28, 2011, www.thedailybeast.com/articles/2011/11/28/why-dominique-strauss-kahn-needs-to-tell-his-side-of-the-story.html.

10 Doreen Carvajal and Maia de la Baume, "Strauss-Kahn Faces Allegations of

Sexually Assaulting Woman at a Hotel in Washington," *New York Times*, May 5, 2012.

11 Celeste Hamilton, 저자와의 인터뷰, 2011년 9월 13일.

12 Vivian King, 저자와의 인터뷰, 2009년 4월 1일. 비비언 킹은 라일리의 익명성을 보호하기 위한 가명이다. 비비언 킹의 말은 모두 인터뷰 내용을 그대로 인용한 것이다.

13 David Lisak, "Understanding the Predatory Nature of Sexual Violence" (paper, University of Massachusetts Boston, undated), http://www.middlebury.edu/media/view/240951/original/PredatoryNature.pdf.

14 Richard, 저자와의 인터뷰, 2008년 11월 20일.

10 강간을 부인하지 않는 세상

1 Chloe Angyal, "Sex and Power, from North Carolina to Congo," *Huffington Post*, March 11, 2010, www.huffingtonpost.com/chloe-angyal/sex-and-power-from north_b_495296.html.

2 위의 글.

3 이 견해는 2012년 2월 8일 로저 캐너프가 드폴대 로스쿨에서 한 강연에서 인용한 것이다.

4 Kristen Lombardi, "A Lack of Consequences for Sexual Assault," Center for Public Integrity, February 24, 2010, www.publicintegrity.org/investigations/campus_assault/articles/entry/1945.

5 Jaclyn Friedman, "To Combat Rape on Campus, Schools Should Stop Keeping It Quiet," *Washington Post*, March 14, 2010.

6 Alyssa Colby, Caitlin Libby, and Ariel Perry, "Guest Post: How Does Your Private College Respond to Rape and Sexual Assault?," *Feministing*, May 12, 2010, www.feministing.com/archives/021177.html.

7 Jordan, The Word of a Woman, 247. 조던은 수백 년간 지속된 부정적 태도가 "강간을 법전에 실린 것 중 가장 은폐되고 과소평가되고 오해 받는 범죄"로 만들었기에 이런 편견 어린 믿음을 실제로 바꾸는 것은 불가능에 가깝다고 말했다.

8 Stephanie O'Keeffe, Jennifer M. Brown, and Evanthia Lyons, "Seeking Proof or Truth: Naturalistic Decision-Making by Police Officers When Considering Rape Allegations," in *Rape: Challenging Contemporary Thinking*, Miranda A. H. Horvath and Jennifer Brown 편집 (Portland, OR: Willan Publishing, 2009), 252.

9 Joanne Archambault, "A Little Bit of DNA History," *Sexual Assault Report* 14, no. 3 (2011): 35.

10 Kathleen Parker, "Picking Up After Duke Debacle," *Orlando Sentinel*, June 20, 2007.

11 Kaethe Morris Hoffer, 저자와의 인터뷰, 2010년 4월 16일.

12 Barbara Blaine, 드폴대 로스쿨 공개토론회에서 한 말, 2011년 4월 14일.

13 Mitchell Landsberg, "Charge Against Catholic Bishop Unprecedented in Sex Abuse Scandal," *Los Angeles Times*, October 14, 2011.

14 John Eligon and Laurie Goodstein, "Kansas City Bishop Convicted of Shielding Pedophile Priest," *New York Times*, September 6, 2012.

15 Eugene Robinson, "In Penn State's Scandal, Where Was the Leadership," *Washington Post*, November 7, 2011.

16 Steve Eder, "Former Penn State President Is Charged in Sandusky Case," *New York Times*, November 1, 2012, http://www.nytimes.com/2012/11/02/sports/ncaafootball/graham-b-spanier-former-penn-state-president-charged-in-

sandusky-case.html?pagewanted=all&_r=0.

17 Rebecca Traister, "Ladies, We Have a Problem: Sluts, Nuts, and the Clumsiness of Reappropriation," *New York Times Magazine*, July 24, 2011.

18 Renae Franiuk, "The Impact of Rape Myths in Print Journalism," *Sexual Assault Report* 12, no. 2 (2009): 8.

19 Kathleen Parker, "Herman Cain Can't Park His 'Woman' Problem," *Seattle Times*, November 8, 2011.

20 Jim Rutenberg, "Cain's Lawyer on Accusing: 'Think Twice,'" *New York Times*, November 9, 2011.

21 Libby Copeland, "Cain's Accuser Must Be a Money-Grubbing Slut," *Slate*, November 7, 2011, www.slate.com/blogs/xx_factor/2011/11/07/rush-limbaugh_implies_sharon_bialek_is_well_a_hooker.html; Irin Carmon, "Right-Wing Smears of Herman Cain Accusers Karen Kraushaar and Sharon Bialek Are Disgusting and Offensive," *New York Daily News*, November 11, 2011.

22 Associated Press, "Man Sentenced to 9 Months for Threatening Bryant Accuser, Prosecutor," June 27, 2005.

23 Carol Sarler, "The Hangover from Hell," *Spectator*, February 5, 2010.

24 위의 글.

25 Chloe, "Pop Star Brian McFadden Pens New Ode to Date Rape," *Feministing*, February 28, 2011, http://feministing.com/2011/02/28/pop-star-brian-mcfadden-pens-new-ode-to-date-rape/.

26 Turow, *Limitations*, 37.

27 Sabrina Garcia and Margaret Henderson, "Options for Reporting Sexual Violence: Developments over the Past Decade," *FBI Law Enforcement Bulletin*, May 2010.

28 Patrizia Romito, *Deafening Silence: Hidden Violence Against Women and Children* (Bristol, UK: Polity Press, 2008), 57.

29 Judith Lewis Herman, *Trauma and Recovery* (New York: BasicBooks, 1997), 1.

30 Associated Press, "Penn State Scandal Timeline: Key Dates in the Jerry Sandusky Sex Abuse Case," *Huffington Post*, January 11, 2012, www.huffingtonpost.com/2011/11/09/penn-state-scandal-timeline-jerry-sandusky_n1084204.html.

31 Frank Bruni, "The Molester Next Door," *New York Times*, November 7, 2011.

32 Albert Camus, *Camus at Combat: Writing 1944~1947* (Princeton: Princeton University Press 2006), 259.

33 "Islamists Stone Somali Woman to Death for Adultery," *Reuters*, October 28, 2008, http://www.reuters.com/article/2008/10/28/us-somalia-stoning-idUSTRE49R47P20081028?sp=true.

34 프롤로그 참조. 그녀가 그리스 신화에서 아폴론의 접근을 거부했다가 아무에게도 믿음을 얻지 못하는 저주를 받은 인물인 카산드라와 같은 이름을 지닌 것도 우연치고는 절묘하다.

관련 단체

강간 피해자 지원 관련

전미 성폭력 핫라인The National Sexual Assault Hotline

1-800-656-HOPE (4673) | www.rainn.org

위 핫라인은 피해자들에게 가까운 곳에서의 상담 및 변론 서비스와 전화 상담을 연결시켜 준다. 피해자가 전화 통화를 원치 않으면 웹사이트를 통해서도 개인 상담이 가능하며, 정보를 읽거나 지역 내 지원 서비스에도 접근할 수 있다.

보이시스 앤드 페이시스 프로젝트

www.voicesandfacesproject.org

이 프로젝트는 강간 피해자를 위해 그들이 피해 사례를 공유할 수 있는 포럼을 마련한다.

미국 내 강간 관련 정보

다음 두 웹사이트에서는 강간의 확산 및 강간에 대한 잘못된 주장을 비롯한 여러 주제에 관한 다양한 연구 조사를 제공한다.

CounterQuo www.counterquo.org

National Sexual Violence Resource Center www.nsvrc.org

참고문헌

강간 관련 연구 조사
일반 통계

Basile, Kathleen C., Jieru Chen, Michele C. Black, and Linda E. Saltzman. "Prevalence and Characteristics of Sexual Violence Victimization Among U.S. Adults, 2001~2003." *Violence and Victims* 22 (2007).

Black, Michele C., Kathleen C. Basile, Matthew J. Breiding, Sharon G. Smith, Mikel L. Walters, Melissa T. Merrick, Jieru Chen, and Mark R. Stevens. *The National Intimate Partner and Sexual Violence Survey* (NISVS): 2010 Summary Report. Atlanta, GA: National Center for Injury Prevention and Control, Centers for Disease Control and Prevention. http://www.cdc.gov/ViolencePrevention/pdf/NISVS_Report2010-a.pdf.

Kilpatrick, Dean G., Christine N. Edmunds, and Anne Seymour. *Rape in America: A Report to the Nation.* Arlington, VA: National Center for Victims of Crime and the Crime Victims Research and Treatment Center, 1992. www.musc.edu/ncvc/resources_prof/rape_in_america.pdf.

Kilpatrick, Dean G., Heidi S. Resnick, Kenneth J. Ruggiero, Lauren M. Conoscenti, Jenna McCauley. *Drug-Facilitated, Incapacitated, and Forcible Rape: A National Study.* Charleston, SC: Medical University of South Carolina, 2007. www.ncjrs.gov/pdffiles1/nij/grants/219181.pdf.

Tjaden, Patricia, and Nancy Thoennes. *Extent, Nature, and Consequences of Rape Victimization: Findings from the National Violence Against Women Survey.* Washington, DC: US Department of Justice, 2006. www.ncjrs.gov/pdffiles1/nij/210346.pdf.

캠퍼스 강간

Eaton, Danice K., Laura Kann, Steve Kinchen, Shari Shanklin, James Ross, Joseph

Hawkins, William A., Harris, Richard Lowry, Tim McManus, David Chyen, Connie Lim, Lisa Whittle, Nancy D. Brener, and Howell Wechsler. "Youth Risk Behavior Surveillance—United States, 2009." *Surveillance Summaries* 59, no. 5 (2010): 6. http://www.cdc.gov/MMWR/preview/mmwrhtml/ss5905a1.htm.

Fisher, Bonnie S., Francis T. Cullen, and Michael G. Turner. *The Sexual Victimization of College Women*. Washington, DC: US Department of Justice, December 2000. http://www.ncjrs.gov/pdffiles1/nij/182369.pdf.

Kilpatrick, Dean G., Heidi S. Resnick, Kenneth J. Ruggiero, Lauren M. Conoscenti, Jenna McCauley. *Drug-Facilitated, Incapacitated, and Forcible Rape: A National Study*. Charleston, SC: Medical University of South Carolina, 2007. www.ncjrs.gov/pdffiles1/nij/grants/219181.pdf.

Krebs, Christopher P., Christine H. Lindquist, Tara D. Warner, Bonnie S. Fisher, and Sandra L. Martin. *The Campus Sexual Assault (CAS) Study*. Research Triangle Park, NC: RTI International, 2007. www.ncjrs.gov/pdffiles1/nij/grants/221153. pdf.

약탈적 강간범

Lisak, David, and Paul M. Miller. "Repeat Rape and Multiple Offending Among Undetected Rapists." *Violence and Victims* 17 (2002): 73~84.

McWorther, Stephanie K., Valerie A. Stander, Lex L. Merrill, Cynthia J. Thomsen, and Joel S. Milner. "Reports of Rape Reperpetration by Newly Enlisted Male Navy Personnel." *Violence and Victims* 24 (2009): 204~18.

강간 확산, 잘못된 주장, 사법기관의 대처에 관한 연구

Fisher, Bonnie S. *Measuring Rape Against Women: The Significance of Survey Questions*. Washington, DC: US Department of Justice, 2004. www.ncjrs.gov/ pdffiles1/nij/199705.pdf.

Kilpatrick, Dean, and Jenna McCauley. *Understanding National Rape Statistics*. Harrisburg, PA: VAWnet/National Resource Center on Domestic Violence, 2009. http://new.vawnet/org/Assoc_Files VAWnet/AR_RapeStatistics.pdf.

Lisak, David, Lori Gardinier, Sarah Cope, and Ashley M. Cote. "False Allegations of Sexual Assault: An Analysis of Ten Years of Reported Cases." *Violence Against Women* 16, no. 12 (2010): 1318~34.

Lombardi, Kristen. "A Lack of Consequences for Sexual Assault." Center for Public Integrity, February 24, 2010. www.publicintegrity.org/investigations/campus_assault/articles/entry/1945.

Lonsway, Kimberly A., and Joanne Archambault. " 'The Justice Gap' for Sexual Assault Cases: Future Directions for Research and Reform." *Violence Against Women* 18, no. 2 (2012): 145~68.

Lonsway, Kimberly A., Joanne Archambault, and David Lisak. "False Reports: Moving Beyond the Issue to Successfully Investigate and Prosecute Nonstranger Sexual Assault." *Voice* 3 (2009): 1~11.

National Institute of Justice. 2010 DNA *Analysis Backlog Elimination Act of 2000: Report to Congress*, January 25, 2011. Washington, DC: US Department of Justice, 2011. www.nij.gov/topics/forensics/lab-operations/evidence-backlogs/ dna-backlog-reduction-report-to-Congress-2010.pdf.

Scalzo, Teresa P. *Prosecuting Alcohol-Facilitated Sexual Assault*. Alexandria, VA: American Prosecutors Research Institute, 2007. http://vawnet.org/category/ Documents.php?docid=1160.

단행본

Brownmiller, Susan. *Against Our Will: Men, Women, and Rape*. New York: Ballantine Books, 1993.

Estrich, Susan. *Real Rape*. Cambridge, MA: Harvard University Press, 1988.

Friedman, Jaclyn, and Jessica Valenti. *Yes Means Yes: Visions of Female Sexual Power and a World Without Rape*. Berkeley, CA: Seal Press, 2008.

Gavey, Nicola. *Just Sex? The Cultural Scaffolding of Rape*. New York: Routledge, 2005.

Jordan, Jan. *The Word of a Woman: Police, Rape and Belief*. Basingstoke, UK: Palgrave Macmillan, 2004.

Romito, Patrizia. *Deafening Silence: Hidden Violence Against Women and Children*. Bristol, UK: Polity Press, 2008.

Solomon, John. *DSK: The Scandal That Brought Down Dominique Strauss-Kahn*. New York: St. Martin's Press, 2012.

Valenti, Jessica. *The Purity Myth: How America's Obsession with Virginity Is Hurting Young Women*. Berkeley, CA: Seal Press, 2009.

찾아보기

인명

71